外派船员人身伤亡损害赔偿法律问题研究

王亚男 著

东南大学出版社
SOUTHEAST UNIVERSITY PRESS
·南京·

图书在版编目(CIP)数据

外派船员人身伤亡损害赔偿法律问题研究 / 王亚男著. —南京:东南大学出版社,2017.8

ISBN 978-7-5641-7410-1

Ⅰ.①外… Ⅱ.①王… Ⅲ.①劳务出口-船员-工伤事故-赔偿-研究-中国 Ⅳ.①D922.504

中国版本图书馆 CIP 数据核字(2017)第 204998 号

外派船员人身伤亡损害赔偿法律问题研究

出版发行	东南大学出版社
出 版 人	江建中
社　　址	南京市四牌楼 2 号(邮编:210096)
网　　址	http://www.seupress.com
责任编辑	孙松茜(E-mail:ssq19972002@aliyun.com)
经　　销	全国各地新华书店
印　　刷	虎彩印艺股份有限公司
开　　本	700mm×1 000mm　1/16
印　　张	11.5
字　　数	232 千字
版　　次	2017 年 8 月第 1 版
印　　次	2017 年 8 月第 1 次印刷
书　　号	ISBN 978-7-5641-7410-1
定　　价	49.80 元

(本社图书若有印装质量问题,请直接与营销部联系。电话:025-83791830)

目　　录

引　言

一、研究的缘起

人身权是民法赋予民事主体的基本权利，“系其他一切权利存在之本和派生之源，且实为人类一切福祉维系与发展的原点和目标”①。

将视野限缩于海商领域，船员是海运的重要参与者，在当今世界和国家经济发展中起着助推器的作用。我国作为拥有丰富的船员劳动力资源的大国之一，船员劳务输出在我国对外贸易中占据重要地位。从 1979 年第一批中国船员走向国际海员劳务市场开辟远洋外派之路开始，中国船员外派产业迅速发展起来。据我国海事主管部门的统计，目前，我国丰富的海员资源已经使我国成为世界十大海员输出国之一，外派海员规模在 4 万人左右。中国的外派海员劳务市场分布已从过去的新加坡和韩国等扩大到亚洲、欧洲和美洲许多国家和地区。

本书之所以将“外派船员人身伤亡损害赔偿”从普通人身损害赔偿中分离出来单独研究，主要是基于外派船员自身的特殊性。

说其特殊，一则是因为它的雇佣模式相对于普通船员来说要复杂。在我国现有法律框架下②，船员外派劳务合同应是境外船东与外派船员在船员外派机构的辅助参与下达成的。从这个意义上讲，船员外派机构是我国船员外派过程中不可逾越的环节，在船员外派过程中起着桥梁和纽带作用。由于船员外派机构的参与，外派船员的雇佣模式就显得相对复杂，除去外派船员与境外船东外，还存在一个“第三者”，即船员外派机构，他们三方之间形成了一个三角形的法律关系，同时各司其职。船员外派机构承担向外派船员支付工资、缴纳社会保险、保障外派船员无工作期间的最低工资收入等义务；而境外船东则对外派船员进行实际意义上的监

① 杨立新. 人身权法论[M]. 北京：人民法院出版社，2002：15.

② 参见《对外劳务合作经营资格管理办法》第 4 条；《中华人民共和国船员服务管理规定》第 22 条。

督、指挥和管理。这样传统意义上的雇主的权利和义务转由两个独立的单位来分别承担。这种“雇佣”与“使用”相分离的雇佣模式，一方面是对传统劳动法律关系的突破，即“雇人不用人，用人不雇人”；另一方面也导致了外派船员人身损害赔偿案件牵涉多方主体，案件的处理牵涉多方利益，尤其是船员外派机构的利益，法律关系也更为复杂。在外派船员遭遇人身伤亡损害后，船员外派机构与境外船东相互推诿的情况时有发生，导致外派船员的正当权益受损，不能得到及时的赔偿。近年来，外派船员人身伤亡的案件的频发使得如何保障外派船员合法权益的问题显得日益迫切，而该问题在实践中也存在较多的争议。

二来，缘于船员海上劳动的特殊风险以及由此衍生出的一系列海事制度。俗话说“行船跑马三分险”，外派船员工作的环境不同于陆地，作为船员群体的一部分，其工作地点基本上是在船上。由于海上固有的特殊风险使得船员要长期面对恶劣天气、海上风浪甚至是近几年层出不穷的海盗的威胁，加之漂泊海上所遭受的强磁场、强震荡以及昼夜不停的船舶噪音影响等，船员在身体和心理上承受着巨大的压力，这一切也解释了船员这一特殊职业群体的弱势地位[①]。虽然航海技术的进步使航运业的危险性有所降低，但船员仍被列为十大最危险职业之一。海上的特殊风险是诸多海事制度产生的根源，而船员人身伤亡损害赔偿制度作为海事制度体系之一，其不可避免地与船舶优先权、海事赔偿责任限制等一些海事制度密切相关，这也导致船员人身伤亡损害呈现出不同于其他人身损害的诸多特点。可见，外派船员人身伤亡损害与普通主体的人身损害之间区别的关键，其实并非仅仅由于发生在“海上”这一空间上的特殊性，更在于隐含在这个特殊空间背后更为深刻的原因，即船员海上劳动的特殊风险以及由此衍生出的一系列海事制度。因此在远离陆地的船上，在缺乏医疗资源的情况下，一旦发生伤病往往会对外派船员的生命造成严重威胁，此时外派船员在海上应该如何进行紧急医疗处理，后续如何安排治疗与理赔给付？

航运发展，以人为本。一方面，船员的社会价值和自身价值越来越重要；另一方面，其自身安全和个体利益也越来越受到来自多方面的威胁，人身权利受到侵害的各种危险无时不在。为了维护外派船员的价值、尊严和安全，立法应不断加强对其人身权进行法律保护的职能，不断地完善人身权保护的立法体系。然而，我国对

① Judge John R Brown. Admiralty Moot Court Competition Bench Memo and Winning Briefs [M]. San Francisco: University of San Francisco Maritime Law Journal, 2009.

于外派船员人身伤亡损害赔偿的立法现状不容乐观。相关法律规定或过于原则，无法解决具体的实践问题；或过于陈旧，不能适应目前情况的发展。面对实践中的诸多现实困境，均无力回应。如何寻求解决之道，已成为摆在海商法学人面前无法回避的问题。

二、研究现状

在现代社会，人身权的研究已成为民法体系中的一个独具特色的、严密的分支系统，与财产权法一道，构成现代民法的两大支柱之一。最近十几年，我国人身权法理论研究沿着两条线索发展。一方面，通过研究侵权法来研究人身权法，这种研究途径的焦点聚集在精神损害赔偿问题上；另一方面，对人身权进行专门研究，在研究人身权的同时，研究人身权的法律保护问题。而本书的研究属于后者，即以“外派船员”为研究对象，从人身权的视角，对外派船员的身体权、健康权、生命权进行研究，重点放在对损害的救济，即人身损害赔偿领域。

外派船员人身伤亡损害具有不同于一般人身损害的诸多特殊性，而我国对于外派船员人身伤亡损害赔偿的立法现状却不容乐观，导致实践中的诸多现实困境均无力回应。从笔者所掌握的资料来看，我国目前在人身损害赔偿研究领域尚未有以“外派船员”为研究对象的专题研究。近年来，国内相关方面的研究主要围绕与海上人身伤亡损害赔偿相关的具体理论以及具体制度展开。

国内关于海上人身损害赔偿问题的专题研究始于司玉琢教授与吴兆麟教授所著的《船舶碰撞法》[①]一书，该书首次对海上人身伤亡损害，特别是船舶碰撞造成的海上人身伤亡损害中的赔偿范围、计算方法以及精神损害赔偿等问题进行了专门的论述；此外相关的专题研究也很繁荣，如司玉琢教授主编的《海商法专题研究》、司玉琢教授与单红军教授主编的《海商法》、司玉琢教授与李志文教授主编的《中国海商法基本理论专题研究》以及胡正良教授和韩立新教授主编的《海事法》等国内海事海商法著作中都对海上人身伤亡损害的赔偿问题进行了系统的专题研究。尤其值得一提的是，作为大连海事大学修改海商法课题组研究成果之一的《〈中华人民共和国海商法〉修改建议稿条文、参考立法例、说明》，其中新增了一章“海上人身伤亡损害赔偿”，对赔偿责任的归责原则、雇主责任、赔偿范围以及精神损害赔偿数

① 司玉琢，吴兆麟．船舶碰撞法[M]．大连：大连海事大学出版社，1991：150．

额等诸多实践难题均提出了颇有见地的立法建议。

虽然目前尚未有外派船员人身伤亡损害赔偿的专著问世，但研究这一问题的论文已是佳作频现，很多学者、海事法官和律师纷纷在《中国海商法年刊》和《海事司法论坛》等业内权威刊物上撰文，针对外派船员人身伤亡损害赔偿的疑难问题发表各自的观点和见解；亦有十几篇硕士论文以此为题展开不同程度的研究。这些研究成果都为笔者进行外派船员人身伤亡损害赔偿领域的研究提供了灵感和思路。

三、研究的主要内容

本书从基础性概念的界定入手，以"外派船员人身伤亡损害"的主体问题为基础，围绕着主体之间的"权利"和"责任"展开讨论。对主体问题、责任关系问题、归责原则问题、赔偿范围及程序问题进行深入的研究，并针对目前我国外派船员人身伤亡损害赔偿方面的立法所存在的问题与不足，提出修改和完善的意见和建议，以求推动和促进我国外派船员人身伤亡损害赔偿方面问题的解决。

外派船员人身伤亡损害赔偿的概念不仅是损害赔偿法律规范适用的前提和基础，更是研究这类损害赔偿责任问题的起点，所以其重要性不言而喻。在外派船员人身伤亡损害赔偿法律关系之中，"外派船员"是该法律关系的主体，"人身权"是受侵害的权利的客体，而"损害赔偿"则是该法律关系的内容。外派船员人身伤亡损害作为一类特殊主体的人身权损害，在对其概念进行界定时应着重于强调其与一般人身伤亡损害的不同点。他们之间区别的关键其实并非仅仅由于发生在"海上"这一空间的特殊性，更在于隐含于这个特殊空间背后更为深刻的原因，即船员海上劳动的特殊风险以及由此衍生出的一系列海事制度。因此可以说，"海上"这一空间要求只是外派船员人身伤亡损害的形式条件，而"海上"背后所体现的海事相关性才是其实质要件。因此，笔者在归纳法律法规层面以及学界对船员人身伤亡损害的基础上，通过把握船员人身伤亡损害的形式要件和实质要件，同时借鉴其他国家的相关做法对船员人身伤亡损害进行界定。

主体问题是人身伤亡损害赔偿法律制度中的基础，也是确定损害赔偿范围以及赔偿数额等相关内容的基础。就赔偿权利主体而言，按照其自身的人身权是否直接遭受侵害分为两大类：直接受害人和间接受害人。确定了受害船员本人、其近亲属以及其具有扶养义务的被扶养人在不同情形下的赔偿权利主体资格，否定了船员外派机构的主体资格和船舶优先权的获得。就责任主体而言，分别针对合同责任与侵权责任下不同的责任主体资格进行论述。在合同责任下，以船员外派各方法律关系为基础，确立了境外船东、船员外派机构与国内航运公司在外派船员人身伤亡损害时的责任主体地位；在侵权责任下，针对不同情形下的侵权主体进行分析，尤其在确定境外船东作为赔偿责任主体时，对在不同的租船合同下境外船东作为责任主体进行识别。同时提出外派船员人身伤亡损害赔偿的责任主体应由传统的单一的"控制论"逐渐向"利益论"转变。

在外派船员遭遇人身伤亡损害后，船员外派机构与境外船东之间相互推诿，导致外派船员的正当权益受损，不能得到及时的赔偿，因此在本书中笔者首先就与外派船员人身伤亡损害赔偿请求权相关的法律关系进行梳理，针对外派船员人身伤亡损害赔偿的实际情况，对境外船东承担雇主责任的多种情形进行详细的分析；然后就如何处理侵权损害赔偿、雇主责任、工伤保险和商业保险之间关系的问题进行论述。

归责原则是责任构成的进一步抽象，把握了归责原则也就把握了责任构成，进而可以了解责任的本质。本书对于外派船员人身伤亡损害赔偿所涉及的侵权责任以及合同责任两方面的归责原则分别进行阐述。在外派船员人身伤亡损害赔偿之侵权责任归责原则的论述上，围绕侵权损害赔偿归责原则的问题，一直存在着一元论、二元论以及三元论不同观点，笔者提出我国损害赔偿应采用"2＋1"元论的归责原则体系；同时，对于过错责任原则与无过错责任原则的内涵及在具体损害赔偿案件中的适用问题进行分析，并大胆提出以过错责任原则、过错推定责任原则、无过错责任原则来构建外派船员人身伤亡损害赔偿之侵权责任归责原则体系，以充分体现现代海事侵权法之"人命优位"的价值理念；在对海上违约行为导致的外派船员人身伤亡损害赔偿归责原则的论述上，笔者首先对违约责任的归责原则进行重新思考，并以船员外派合同三方之间的法律关系为基础，对在不同性质的合同关系下分别适用的归责原则进行分析。

外派船员一旦发生人身伤亡事故，受害者及其亲属最关心的法律问题莫过于能否获得赔偿以及赔偿的数额多少，这样就涉及损害赔偿的范围和赔偿金额问题。因此赔偿问题无疑是本书的第一要务，"损害赔偿范围的确定与计算，既涉及损害赔偿责任的承担亦即损害的量化问题，本质上又属于损害赔偿之债自身的问题；其既可视为一个事实问题，又可视为一个法律问题。”[①]因此，本书围绕外派船员遭受人身伤亡损害时根据怎样的赔偿原则来确定责任主体的赔偿范围以及具体的赔偿金额，也就是说它解决的是“怎样赔”“赔什么”及“赔多少”的问题。

就外派船员人身损害赔偿案件而言，仅通过相关的实体法来确定当事人应得的赔偿是远远不够的，还需借助相关程序性的法律规定来确保赔偿的最终实现。诉讼程序作为一种法律程序，包括为公正有效地解决该纠纷而设立的阶段、步骤、方式和方法的总和，可以说它是一个具有时间性和空间性特点的法律运用过程。其中确定案件的海事管辖权使得外派船员的权益通过海事法的救济得以实现；有效地保全受害人的索赔请求，将名义上的损害赔偿落到实处；客观地鉴定受害人的受损程度，将损失与赔偿尽量准确对应。可见，在损害赔偿中，相关程序问题的妥善解决与当事人实体权利的明确是同等重要的环节。

四、研究方法

研究方法的确立有助于研究者厘清研究思路，进而更准确地把握该项研究的意义并提出自己的观点与意见，而且还有助于研究者梳理自己的研究路径，避免毫无益处地浪费精力甚或出现自相矛盾的现象。就本书而言，鉴于外派船员人身伤亡损害赔偿涉及的实践问题较多，本书在分析不同的问题时主要运用了以下研究方法：

第一，历史分析法。船员外派本身是历史发展的结果，有关船员外派的法律调整机制也历经了历史的洗礼，这不仅是制度自身内在运动的结果，也是与社会历史互动的结果。科学的研究方法自然不能回避对相关历史的研究，进而发现历史中的规律性联系。因此，有必要从历史发展的角度来阐释外派船员产生的源流，同时在归责原则、损害赔偿等方面也具有一定的历史连续性与继承性。只有厘清历史发展脉络，才能在传统与积淀的基础上对现有规则体系进行深度的思考与重构。

第二，比较分析法。比较分析法主要是对国外立法对比分析，由于国外海事立法较为完备，相关的判例更为丰富，对于理论上的研究与探讨也较为深入，因此可以通过比较研究的方法汲取和借鉴国外立法的合理内容，为我所用；同时对国外船员人身权保护的异同进行辨别，找出这种差别的制度性背景，探讨在相异的制度背

① 曾世雄.损害赔偿法原理[M].北京：中国政法大学出版社，2001：62.

景下借鉴外国相关制度的可能性与现实性。尤其海运业更多地具有国际性的特点，船员的培训、流动、待遇与安全保障等也颇具国际性，各国海事法律在国际性方面的趋同性也较为明显。除了对国外法与国内法进行比较研究之外，还注重将作为特别法的船员人身损害赔偿法律同一般人身损害赔偿的法律进行比较，找出共同的理论基础，进而对因海上特殊环境而必须做出的变通进行有侧重的研究。

第三，案例分析法。案例分析是英美法系的主要分析形式，与普通法的传统一脉相承，近年来大陆法系学者也呼吁采用案例分析的方式进行法律学习和教学。本书中涉及了大量案例，在不同的案例中讨论怎样采取不同的法律救济措施实现效率目标。与纯理论分析相比，案例分析不但能增强直观效果，而且使考查更加深化和量化，反映不同损害赔偿方式的效率性。本书结合具体案例分析雇主责任的不同情形，提出不同案例采取不同救济方式的主张。可以说，案例分析是本书的重要研究方法之一。

第1章

外派船员人身伤亡损害赔偿概述

文章的题目决定文章的内容，在笔者决定了该书的写作方向后，关于书名问题着实思量了很久，原因在于“人身伤亡”的称谓上。

在查找资料时笔者发现，民法与海商法关于人身权遭受损害时的称谓并不相同，民法学界一般直接称之为“人身损害”，随之将这个领域的赔偿制度称为“人身损害赔偿制度”。而在海商法的相关著作与论文中，除少数学者有不同意见外[①]，绝大多数学者都把发生在海上的人身权损害称为海上“人身伤亡”损害，这两字之差仅是习惯上的叫法不同还是两者之间存在着深层的含义不同？

关于这个问题，笔者认为，应要从学界关于“海上人身伤亡”这一称谓的最早提出谈起。“人身伤亡”这一提法最早出现于司玉琢教授和吴兆麟教授于1991年发表的著作《船舶碰撞法》中[②]，该书对发生于海上的人身权损害，尤其是因船舶碰撞造成的人身权损害的相关问题进行了特别论述。在这之后，相关领域的研究与论述中基本都沿用了“海上人身伤亡”的提法，这与相关领域的英文著作使用“maritime personal injury and death”与“loss of life and personal injury at sea”有着密切的关系[③]，“海上人身伤亡”这一提法已被我国海商法界较为普遍地接受，并且已经出现在最高人民法院制定的司法解释中。例如：《关于审理涉外海上人身伤亡案件损害赔偿的具体规定（试行）》，该规定作为审理具有涉外因素的海上人身伤亡案件的具

① 参见：余根荣．海事人身伤害赔偿法研究——关于美国港口工人伤害赔偿若干问题的探讨[J]．大连海运学院学报，1986(2)：36．另外陈琦博士曾在她的博士论文的开篇第一章中进行过讨论，按照她的观点，将发生在海上的人身权遭受损害的事故称为“海上人身伤亡损害”有其局限性，这样将损害结果似乎仅局限在伤残和死亡两项，而由于人身权遭受损害而导致的赔偿权利人的精神损害不能概括其中，因此应统称为“人身损害”为好。

② 司玉琢，吴兆麟．船舶碰撞法[M]．大连：大连海事大学出版社，1991：15．

③ 按字面意思直接翻译过来就是“海上人身伤亡”。

体法律依据，正式确认了“海上人身伤亡”的提法，自此“海上人身伤亡”这一称谓在法律层面上得到初步的确认。随后颁布的《中华人民共和国海商法》（以下简称《海商法》）作为调整海上运输和船舶关系的特别法，在其法律条文中也使用了“人身伤亡”①这个称谓。可见，无论从学界论述还是法律规定来看，“海上人身伤亡”已经成为对于发生在海上的人身权损害约定俗成的习惯称谓。

“人身伤亡”不仅体现了称谓上的约定俗成，而且还概括了人身权损害的后果。从“损害赔偿”本身出发，损害的存在是赔偿的前提，人身权的损害后果主要体现为伤残和死亡两种，称谓中的“伤亡”二字可以准确地反映人身损害的内容。同时伤亡的痛苦应理解为不仅体现在生理上，还体现在心理上的精神损害，因此在赔偿时不仅包括对于受害人生理性损害结果的赔偿（如医疗费、误工费、护理费、交通费、住宿费、住院伙食补助费以及必要的营养费等），还应该包括对受害人精神损害的赔偿（残疾赔偿金和死亡赔偿金）。赔偿是损害的逻辑结果或损害在法律上的后果，“无损害即无责任”②。因此笔者使用“外派船员人身伤亡损害赔偿法律问题研究”作为本书的书名，这样不仅能保持海商法界对于人身权损害的一贯称谓，而且还可以将这个题目拆分成“外派船员”“人身伤亡”“损害赔偿”三个关键词来进行分析。

“概念是法律思想的基本要素，是我们将杂乱无章的具体事项进行重新整理归类的基础。”③“有了概念，人们就有可能在只有较少规则的场合下工作，并有把握应付那些没有现成规则可循的各种新情况。”④具体到外派船员人身伤亡损害赔偿的概念而言，它不仅是损害赔偿法律规范适用的前提和基础，更是研究这类损害赔偿责任问题的起点，重要性不言而喻。在外派船员人身伤亡损害赔偿的法律关系中，“外派船员”是该法律关系的主体之一，“人身权”是受侵害的权利客体，而“损害赔偿”则是该法律关系的内容。正如博登海默所言：“概念乃是解决法律问题所必不可少的工具。没有限定严格的专门概念，我们便不能清楚和理性地思考法律问题。没有概念，我们便无法将我们对法律的思考转变为语言，也无法以一种可理解的方式把这些思考传达给他人。”⑤

---

① 参见《海商法》第169条第3款规定：“互有过失的船舶，对造成的第三人的人身伤亡，负连带赔偿责任。”

② 张西安，程丽庄．俄罗斯联邦民事诉讼法（执行程序法）[M]．北京：中国法制出版社，2002：22.

③ 《牛津法律大辞典》（中译本）[M]．北京：光明日报出版社，1988：533.

④ 沈宗灵．现代西方法理学[M]．北京：法律出版社，1983：86－87.

⑤ [美]博登海默．法理学[M]．邓正来，译．北京：中国政法大学出版社，1999：486.

1.1 外派船员

1.1.1 外派船员的概念

对外派船员的研究应建立在对船员这一上位概念的分析和理解之上。船员是船舶在航海过程中进行劳动的具有特定身份的劳动者(laborers),其劳动力价值要通过在具体的船舶上从事具体岗位的劳动来实现。

对于“船员”这一概念,各国根据自身的立法习惯以及实际需要有着不同的规定。有的国家将其定义在海商法或商船法等民商法之中,还有一部分国家则制定了专门的从属于劳动法律部门的船员法。但无论是将其规定在民商法中还是规定在劳动法中,其内容大多是对船员的法律地位、任职资格以及船员劳动权利义务等方面予以规定。

考查各国相关立法,对船员的含义以及范围的确定不尽相同,且对船员的称谓亦有所不同。以英美为代表的普通法系国家采用分别规定的方法,即将船长和船员分开规定,因此船员相关的立法大多不适用于船长,例如:按照英国法律,船员雇佣合同必须由船长作为船东的代理人签字。而以德、日为代表的大陆法系国家,则采用将船长与船员合并规定的方式,即将船长和其他在船上任职的人员统称为船员,船长和其他船员在适用法律上并无区别,例如:《德国商法》第 481 条规定,“船员是指船长、船舶职员、船舶属员及所有在船上的其他成员”。日本《船员法》也有相似的规定①。我国法律对船员的含义以及范围采取的也是将船长与普通船员合并规定的方式,例如:我国《海商法》第 31 条规定,“船员,是指包括船长在内的船上一切任职人员”;另外,《中华人民共和国船员条例》中也有相同的规定②。可见,我国相关立法对“船员”的定义采用广义说。本书对外派船员人身伤亡损害赔偿法律问题的研究,以更加全面地保障船员的合法权益为出发点,对“船员”亦采用广义的定义,即包括船长在内的船上一切任职人员。

这里需要注意的是,在我国,“船员”与“海员”往往不加区分地被作为同义语使用,这从我国相关的法律用语中即可以得到证实。例如,最高院 1989 年规定的海

① 参见日本《船员法》第 1 条规定:“船员是指在船上服务的船长、船员及其预备船员。”

② 参见船员条例第 4 条规定:“本条例所称船员,是指依照本条例的规定经船员注册取得船员服务簿的人员,包括船长、高级船员、普通船员。”

事法院受案范围包括"海员劳务合同纠纷案件",而2001年最高院《关于海事法院受理案件范围的若干规定》中则使用了"船员劳务合同纠纷案件",我国《海商法》中使用的也是"船员"这个概念。在船员外派过程中,船员与船员外派机构签订的劳务合同有时被称为"海员劳务合同",有时又被称为"高级船员合同"。故本书中对"船员"与"海员"的称谓也不做区分。

外派船员,顾名思义就是服务于外轮的本国船员,它的产生伴随着大规模现代意义上的国际船员劳务合作。1890年阿尔弗雷德·萨尔·马汉出版了历史著名的《海权论》(全称《海权对历史的影响》),马汉在该书中坚称:"一个国家的海上力量不仅仅包括强大的海军舰队,还应当包括海上和平贸易和商船运输业。"[①]正是这一理论促使西方发达国家特别是美国和英国大力发展本国海上力量,发展本国的商船建造业和海上航运业[②]。因此在很长时间内,海上大规模的航运船队都属于欧美发达国家,船员也都来自于这些国家。外派船员的产生是世界经济发展到一定历史阶段的产物。

首先,亚洲金融危机造成航运发达国家船员短缺是外派船员产生的主要原因。20世纪末,亚洲金融危机致使各国进出口贸易额锐减,航运业更是遭受了不可抗拒的打击。据资料记载,在20世纪90年代的中后期,数不清的船东纷纷倒闭,或被法院执行卖船抵债,或被迫宣告破产,或负债累累,或惨淡经营。与此同时,势力较雄厚的船东则趁机通过收购兼并等方式形成新的企业垄断势力,使竞争愈加惨烈。船东为了生存,千方百计降低成本,不得不对船舶也实行减员减薪,使船员劳动负荷增加,报酬反而减少。船员薪水的优势降低,人们特别是青年人因追求陆上舒适安全的生活而不愿从事船上工作,从而造成大批船员尤其是欧洲国家船员的严重流失。据*LLOYD'S SHIP MANAGER* 1997年报道,欧盟成员方国家的船员在过去十年减少了10万人,还有报道说英国船员将以10%的数量逐年递减。日本1985年有远洋船员22 563人,而到了1997年则只有4 561人了[③]。目前,日本国内船员已严重不足;韩国、新加坡以及我国的台湾和香港地区从事船员的人数也越来越少。为此,这些国家和地区被迫招募其他国家和地区的船员工作,这为船员外派的发展创造了市场。

其次,船舶开放登记制度的出现,打破了某些国家船东不允许雇佣外国船员的

① [美]Alfred Thayer Mahan. 海权对历史的影响[M]. 范利鸿,译. 西安:陕西师范大学出版社,2007:375.

② 参见:[日]伊藤宪一. 国家与战略[M]. 北京:军事科学出版社,1989:94.

③ Lloyd's Register of Shipping[M]. London: Lloyd's Ship Manager,1997:33.

限制，为外派船员的产生和发展提供了广阔的空间[①]。船舶开放登记主要包括方便旗船籍制度与国际船舶登记(第二船籍)制度。第二次世界大战后，一些发达国家的船东，为规避本国的高税制和严格的船员配备条件，纷纷将船舶移籍国外(主要是开放登记国)，以达到降低营运成本和实现高额利润的目的。同时一些实行传统的封闭式船舶登记制度的海运国家，也开始纷纷效仿方便旗国的某些措施，通过调整本国海运政策，放松对本国船舶登记的管制。以挪威为代表的欧洲海运发达国家推出了"船舶离岸登记制度(OFF-SHORE)"和"国际船舶登记制度(ISR)"[②]，即在本国或本土附近的自治岛屿(或属地)开设新的船舶登记处，这便是第二船籍制度[③]。第二船籍制度允许配备外国船员，解决了雇佣本国劳动力费用昂贵的问题。20 世纪 90 年代后期，世界范围的金融危机造成许多国家货币大幅度贬值，使造船价格猛跌，因而引发了新一轮造船狂潮。对于逐渐加剧的船员短缺现象，经济发达国家的航运公司纷纷调整船员配备政策，使其拥有的船队越来越多改挂"方便旗"，或采用第二船籍登记制度，以便于招募外籍船员，这一变化打破了某些国家不允许船东雇佣外国船员的限制，使那些在本国不能配备外国船员的船东得以大量配备外国船员。许多世界主要航运公司和船队都将目光转向具有巨大潜力的发展中国家，大量的发展中国家的船员迅速进入国际航运劳务市场，也促进了开放登记的进一步发展，进而推动国际海运一体化。

再次，国际航运业快速发展为发展中国家的船员就业提供了机遇。随着世界经济的复苏和贸易的扩大，国际航运业快速发展，各船队的扩充速度非常快。欧美等航运大国的船舶所有人与经营人不愿意雇佣价格昂贵的本国船员，在国际航运劳务市场的可行法律框架下，转而寻求那些主要存在于亚洲地区低工资标准的廉价船员。国际船员市场的变化和缺口，为发展中国家的船员就业提供了机遇，同时也缓解了发展中国家劳动力过剩的矛盾。目前，船员劳务供给很明显已从经济合作与发展组织(OECD)国家转向亚洲地区。大批东南亚国家，例如菲律宾、缅甸、越南、马尔代夫等国的船员纷纷涌入国际船员劳务市场，他们以极端廉价的优势赢得了船东的青睐。各船员输出国政府，对船员劳务输出都十分重视，并且在政策上给予鼓励。同时又吸引发达的海运国家投资，在本国进行船员的联合培训，不断扩大船员外派队伍，拓展船员劳务市场。

---

① 张金蕾. 我国外派船员权利保护法律问题研究[J]. 辽宁大学学报(哲学社会科学版)，2014(3).

② Bernaerts Arnd. Law of the Sea[M]. London: Fairplay Publications LTD，1988：23.

③ 黄西柳. 服务型船员管理的新探索[J]. 航海技术，2016(1)：73－74.

我国作为拥有丰富的船员劳动力资源的大国之一，船员劳务输出在我国对外贸易中占据重要地位。我国交通部1992年颁布的《外派海员培训管理办法（试行）》将其定义为“由外派单位根据有效海员劳务合同，派到外籍船务公司担任船上职务并提供劳务服务，由船东支付劳务费用的我国海员”①。

从1979年第一批中国船员走向国际海员劳务市场从而开辟了远洋外派之路开始②，中国船员外派产业迅速发展起来。据我国海事主管部门的统计，目前，我国丰富的海员资源已经使我国成为世界十大海员输出国之一，外派海员规模在4万人左右③。中国的外派海员劳务市场分布已从过去的新加坡和韩国等扩大到亚洲、欧洲和美洲许多国家和地区。多年来，随着外派船员总量的增长，我国外派船员的内部结构以及技术层次也不断提高，从初期的以普通船员为主，发展到目前的包括船长、轮机长、大副、大管轮在内的所有级别的高级船员，其与普通船员约2∶3的比例，从过去的只能派零散船员、半套船员班子扩大到可向外轮派全套班子。同时，我国的船员外派市场已不再仅仅局限于最初的日本、新加坡等东南亚国家和地区，外派船员市场已逐步扩展到挪威、丹麦、德国、美国、希腊等国家和地区，为进一步开展外派船员劳务合作打下基础。

船员对外劳务输出对于我国的经济发展有十分积极的意义。它不但可以利用国内劳动力资源来开拓国际劳务市场，带动上下游产业链，促进劳动力资源的合理分配并缓解国内船员的就业压力，还能开阔视野，扩大我国的对外交流和对外影响，增加我国的外汇收入，促进我国海运业、航海教育培训的发展，加快我国与国际海事通行规则接轨的步伐。正因如此，我们应当把船员输出当作一项重要的产业来做大做强。2008年交通运输部在全国船员发展会议上明确提出：“到2020年成

① 参见《外派海员培训管理办法（试行）》第3条。

② 1979年3月17日，时任国务院副总理的六位领导合批了交通部“关于我远洋船员受雇到外国船上工作的请示”。6月25日，中国远洋运输总公司与日本饭野海运公司在北京签订雇用我船员协议，合同期一年。合同签订后，天津远洋运输公司随即派出29名船员到日本饭野海运公司所属6万吨级油轮“睦邦丸”上工作。这是新中国第一批成建制的船员被派到外轮工作。8月15日，交通部专门就此事致函我国驻日本大使馆，请我驻日本大使馆在该轮航行日本期间，对我外派船员给予检查和指导。此后，交通部外交部还联合致函我驻外使领馆，要求对受雇到外轮上工作的中国船员予以领导。自此，我国的船员外派拉开了帷幕，同时也开辟了远洋外派之路，从此中国船员外派产业迅速发展起来。经过多年的不懈努力，已经形成了一定的外派规模，并逐渐成为国际船员劳务市场的一支重要力量。

③ 全球航运业高级海员短缺都来中国“抢人”，http://cache.baidu.com/c，访问日期2011年6月21日。

为船员劳务输出大国，实现我国从船员大国到船员强国的目标。”①

虽然近年来中国外派船员的对外劳务输出呈现增长之势，但还远远不够，除东欧国家外，在亚洲已经落后菲律宾、印度等国。就当前船员外派的状况来看，人口只有7 000万的菲律宾是世界第一的船员输出国，每年输出船员约20万人，拥有高级船员超过5万名，而普通船员则超过18万。作为世界第一人力资源大国的中国，年均船员输出量仅为4万多人次，目前的外派船员总人数还不到20万。从这个意义上讲，我国的船员外派产业发展程度还比较低，还存在相当大的发展空间。其主要原因之一就是外派船员法律保护方面的不完善，另外我国虽为国际海事组织的A类理事国，但长期以来一直没有统一、明确和全面的船员管理法规和政策，缺乏对外派船员队伍建设和发展的长期规划，使外派船员队伍的整体发展滞后于国际航运发展需要。正是因为缺乏有效的、有针对性的法律和行政措施，我国外派船员队伍的发展总体上显得有些盲目，结构层次严重不合理，整体素质与传统船员输出大国的船员相比还有相当大的差距。近年来，中远、中海等大型航运企业纷纷致力于船员外派的发展。据统计，中远下属各船员劳务公司从事劳务外派的船员总数接近2万人。如果能够顺利打开欧美的船员市场，那么到2012年我国的船员外派总量有望达到8万人。这对于我国的经济发展将会是一个推动力。

1.1.2 外派船员的特殊性

本书之所以将“外派船员”从普通人身伤亡损害赔偿中分离出来单独研究，主要是由于外派船员的特殊性。

1.1.2.1 外派船员雇佣模式的特殊性

外派船员作为船员群体一个特殊的组成部分，说其特殊，是因为它的雇佣模式相对于普通船员来说要复杂。普通船员的雇佣模式，就雇佣关系的主体而言是一对一的直线形法律关系，即用人单位—船员。此时船员隶属于某一船员公司(例如大连远洋运输公司)，与之建立劳动合同关系，接受船员公司行政上的领导。但一国船员到悬挂他国国旗的船舶上工作却需要通过一定的方式，纵观目前主要船员输出大国的做法，不外乎以下几种外派模式：

(1) 船员直接与境外船东签订劳务合同。这种情况下，外派船员是劳务合同

① 许艳，王海潮. 立足民生奏响船员科学发展新乐章——首届全国船员发展大会在深圳召开[J]. 中国海事，2008(5)：7.

的主体，关于劳务合同所有内容均由船员与船东双方协商，这对外派船员来说是最能自控的外派模式，目前世界多数国家的船员外派均是采用这种模式。此种外派模式下的外派船员与境外船东之间的法律关系和普通船员与境内船东之间的关系几乎无异。

(2) 船员在其所属公司的安排下到外籍船上工作。此种模式下又分两种情况，一是其所属航运公司由于人员富余而安排外派，另一种是通过专门从事船员招募业务的船员外派机构的安排，外派到外籍的船舶上从事船员工作。我国目前实践中船员外派操作采取的就是以船员外派机构为中心的外派模式。具体做法通常是：由取得“外派海员类对外劳务合作经营资格”的船员外派机构（实践中也被称为船员公司或船员劳务公司等）与船员签订船员外派合同（也有的称之为船员劳务合同、劳务派遣合同、聘用合同等），在合同中具体规定船员的外派期间、报酬待遇、劳动保障、医疗保险以及违约责任等内容，船员外派机构与境外船东签订船员劳务派遣协议或者船舶配员协议，最终船员外派机构按照此协议安排船员上外轮工作。当然，现实中可能会存在签约顺序先后的不同，不过基本操作大致如此。

在第二种派遣模式下，由于船员外派机构的参与，外派船员的雇佣模式就显得相对复杂，除外派船员与境外船东外，还存在一个“第三者”，即船员外派机构，他们三方之间形成了一个三角形的法律关系，同时各司其职。船员外派机构承担向外派船员支付工资、缴纳社会保险、保障外派船员无工作期间的最低工资收入等义务。而境外船东则对外派船员进行实际意义上的监督、指挥和管理[①]。这样传统意义上的雇主的权利和义务转由两个独立的单位来分别承担，有的学者将其界定为劳动力的公司间交易，即由专业公司招募劳工，再向用人单位派遣，因此认为“劳务派遣关系是一种基于劳动关系产生的劳动商务关系”[②]。通过一系列合约的安排，派遣船员给付劳务的利益直接归属于外派船员，整个过程的实现包括境外船东先将使用船员的对价给付船员外派机构，继而由外派机构将该对价的一部分作为工资支付给外派船员。

这种“雇佣”与“使用”相分离的雇佣模式是对传统劳动法律关系的一种突破，即“雇人不用人，用人不雇人”。在传统劳动法律关系中，无论在何种情形下，劳动力的交换双方都只能是在劳动力的所有者与使用者之间，即在雇主与雇员之间进

① 臧祥真.船员劳务合同纠纷案评析[J].世界海运，2015(8).

② 杨艳绥，赵建国.灵活用工与弹性就业机制[M].北京：中国劳动社会保障出版社，2006：147－148.

行，他们在劳动力的交换过程中形成一种特殊的社会关系，即劳动关系。船员外派机构作为劳动合同的相对方是外派船员形式意义上的雇主，承担外派船员的招募安排、档案管理、办理社会保险、处理劳动争议等相关事务，但却不是外派船员实际给付劳动的对象，即只雇不用。而实际用工单位即境外船东虽在大多数情况下与外派船员无直接的劳动合同约束，却对外派船员的劳动过程进行指挥监督，享有劳动给付的请求权，并承担着劳动安全卫生等方面的责任，即只用不雇。

雇佣与使用相分离的三方主体关系，对实际用人单位境外船东而言，最重要的特征是发生了劳动力支配权转移。外派船员虽然由船员外派机构雇佣，却必须为境外船东提供劳务，遵守实际用人单位的工作规则、规章制度等，并接受其监督管理，完成其要求的工作内容。当工作完成后，外派船员则返回船员外派机构，接受船员外派机构的另一次的派遣工作。从另一个角度也可以把这种劳动力支配权有期限的转移表述为劳动者的"身份转换"①。当然，这种劳动力支配权转移与劳动者身份转换常常是通过一系列的合约来进行安排的。

1.1.2.2 外派船员职业风险的特殊性

俗话说"行船跑马三分险"，外派船员工作的环境不同于陆地，作为船员群体的一部分，其工作地点基本上是在船上，而船舶可以说是航行于海上的一片"流动的领土"，由于海上固有的特殊风险依然存在，故船员被列为十大最危险职业之一。

有些学者认为随着航海技术的进步以及造船水平的提高，尤其是海上电子通信技术和气象预测手段的发展，海上航行的风险逐渐降低。诸多根源于海上特殊风险而保护船方利益的传统的海事特有制度，如海事赔偿责任限制、共同海损分摊、航海过失免责等已丧失其继续存在的基础和合理价值。同时海上风险的降低使船员职业风险与陆上职业风险程度趋于一致，因此没有必要将船员的人身伤亡损害与一般人身损害相区别。笔者不同意以上观点。诚然，随着科技的进步，海上风险变得可预测，海难事故率也在逐年减少，但海运业的迅猛发展并没有减少海难事故的绝对数量，事实上海上固有风险依然存在。

首先，气候异常带来的风险依然存在。近几年全球天气异常，灾难性天气日益增多。虽然现有的科技水平对于诸如海啸、台风等自然灾害可以提前预知，然而船舶航行于海上，对大自然的气候异常即使可预测却也难以躲避。这类风险给海上人命与财产带来毁灭性打击的灾难依旧发生，而且海难事故发生的风险是其他运

① 刘志鹏.劳动法理论与判决研究[M].台北：元照出版有限公司，2002：212.

输业所无法比拟的。

其次，航运业的迅猛发展使海上事故繁发。为了迎合国际航运市场的需要，现代船舶向专业化和大型化发展，例如为运输特殊危险品的危险品船和化学品船、为运输石油的大型油轮和LNG船等。这些特种船舶的增多加大了海上运输的风险，一旦发生事故，救助难度加大，其损害后果可想而知。服务于该类船舶上的船员将面临生死攸关的考验，这是陆上工作无法比拟的。此外，近些年随着航运市场的发展，船舶数量激增，港口通航密度加大，这些对港口的管理能力都提出了较大的考验。在竞争压力以及巨大的经济利益驱动下，加之政府职能部门监管不力，一些不合格船舶（超龄服役、老龄船等）在航运中广泛存在，这些船舶由于本身瑕疵，抵御海上风险的能力较弱，必然加大海上事故的发生可能。

再次，海上新的不安定因素不断涌现，加大船员职业风险。近年来一些国家和地区政局不稳，海上武装冲突一触即发，海盗活动十分猖獗。据国际海事局统计数据显示，2009年索马里附近海域发生海盗袭击事件214起，劫持至少47艘船只，占全球海盗活动的一半以上。与此同时，由于海上环境特殊，海盗劫持船舶或绑架船员的事件发生后，其解救成功的几率远远小于陆上发生的绑架案。据设在马来西亚的海盗信息中心统计，船舶在被劫持之后获救的几率小于10%，而在陆上被劫持的人质，其获救的可能性则在90%以上①。

可见，海上固有的特殊风险使得船员要长期面对恶劣天气、海上风浪甚至是近几年层出不穷的海盗的威胁，加之漂泊海上所遭受的强磁场、强震荡以及昼夜的船舶噪音影响等，都使船员在身体和心理上承受着巨大的压力。这一切也解释了船员这一特殊职业群体的弱势地位②。因此，世界主要船员输出国在立法上都加大对船员的相关权益的保护力度，在一些方面还给予其一些特殊待遇。

在远离陆地的船上，在缺乏医疗资源的情况下，一旦发生伤病，往往会对船员的生命造成严重威胁，此时外派船员在海上应该如何进行紧急医疗处理，后续如何安排治疗与理赔给付？我国作为拥有丰富的船员劳动力资源的大国之一，船员劳务输出在我国对外贸易中占据重要地位。外派船员作为船员群体一个特殊的组成部分，近年来外派船员人身伤亡的案件的频发使得如何保障外派船员合法权益的

---

① 索马里海盗使全球航运业损失惨重. http://www.chinawuliu.com.cn/zixun/201003/12/109584.shtml，访问日期2011年6月21日。

② Brian P. R. Eisenhower, et al. Judge John R. Brown Admiralty Moot Court Competition Bench Memo and Winning[J]. University of San Francisco Maritime Law Journal, 2009.

问题显得日益迫切，而该问题在实践中也存在较多的争议。我国海事相关法律为发展航运市场历来倾向于对船东利益的保护，而忽视了以船员为主体的海上职业者的保护，外派船员作为船员的特殊群体保护力度更是不够，导致船员流失严重。说到底，国际航运市场和海上运输的发展都离不开船员。正如国际海事组织秘书长所言："我们今天生活在一个由全球经济支持的社会中，若没有船舶和海运，整个经济就无法运行。……没有船员的贡献，有一半世界在受冻，另一半世界在挨饿。"[①]因此，笔者认为我国应该加大对船员人身安全以及人命价值的重视，在以人为本的社会大背景下，参照美国的《琼斯法》，制定专门的法律来解决船员人身伤亡的问题，改变船员的弱势地位。

1.2 人身权与人身损害

外派船员人身伤亡事故中侵害的客体是外派船员的人身权。因此在讨论外派船员人身伤亡损害赔偿问题之前，应当首先明确"人身权"的概念以及人身权究竟包括哪些内容。

1.2.1 人身权

人身权作为民法最早的调整对象，它甚至比物权和债权更早获得法律上的承认和保护，具有人身专属性，不能任意转移[②]。关于"人身权"的内涵，我国法律条文仅是概括性地进行规定，并未对其给予具体的界定，因此在民法学界曾在相当长的时间里存在"两权说"和"三权说"的争论[③]。"两权说"认为人身权仅指人的生命权和健康权，而"三权说"则认为除了上述两种权利外，身体权也应包括在内。由于早期对人身权的研究尚不透彻，"两权说"曾一度成为学界的主流观点[④]。不过，随着理论界对人身权问题的深入研究，"三权说"逐渐成为学界的通说。

作为"三权说"的代表，杨立新[⑤]和张新宝[⑥]两位教授分别在其著作中从不同侧面对人身权进行了阐述和研究。在他们看来，"人身权"是一项集合性的人格权，包

① http://www.ov.en/zrluzllall/wallgshan1ibo/yili，访问日期2011年5月9日。
② 参见：王利明.人格权法研究[M].北京：中国人民大学出版社，2005：17-19.
③ 参见：杨立新.人身权法轮[M].北京：人民法院出版社，2002：22-24.
④ 王利明.侵权责任法研究[M].北京：中国人民大学出版社，2011：26-31.
⑤ 参见：杨立新.人身损害赔偿问题研究[J].河南省政法管理干部学院学报，2002(70)：22.
⑥ 参见：张新宝.侵权责任构成要件研究[M].北京：法律出版社，2007：186.

括生命权、身体权和健康权三种具体权利①。同时根据伤害程度的不同，又可以分为一般伤害、伤残伤害和死亡伤害。另外在侵害生命权、健康权和身体权过程中，精神损害往往会相伴发生，所以本书所讨论的人身伤亡损害并不排除精神损害②。

生命权是以自然人的生命维持和安全利益为内容的人格权。生命权是自然人人格权之根本，也是自然人得以享有其他人格权的前提和基础。生命权受损导致的结果是生命的终结，即死亡。正因为如此，一旦自然人的生命权遭到侵害而丧失，则其他人格权也不复存在。因此，对于自然人的生命权，任何机关、单位和个人不得侵犯。

健康权是指自然人依法享有的保持身体机能正常和维护健康利益的权利，其内容主要包括"健康保持权和特定情形下的健康利益支配权"③。具体来说，健康权由生理健康权和心理健康权两项具体的人格权利构成。其中生理健康权是指自然人对其身体生理机能所享有健康的权利，而心理健康权则是指公民以维护其心理状态的健康所享有的权利。健康权受损导致的结果是身体的伤残或因此导致的其他疾患，如截肢。健康权也是公民享有的一项最基本的人格权，一旦健康权得不到保障，则公民的其他权利也很难实现。

身体权是以自然人保持其身体组织器官的完整性为内容的人格权。我国现行的《中华人民共和国民法通则》(以下简称为《民法通则》)和《中华人民共和国侵权责任法》(以下简称为《侵权责任法》)中都没有提及身体权，而仅仅规定了健康权，"但从立法意图来看，这里的健康权实际上包括了身体权和健康权两项权利，而且从司法实践来看，对身体权的重视程度远甚于对健康权的重视程度。"④

1.2.2　外派船员的人身伤亡损害

外派船员的人身伤亡损害属于海上人身伤亡损害的范畴，因此对外派船员人身伤亡损害的界定，应建立在明确海上人身伤亡损害概念的基础之上。然而遍查相关法律、法规发现，目前尚不存在调整海上人身伤亡损害赔偿的专门立法，也找不到对其概念的完整表述，在学术界也没有对其公认的定义，而司法实践也往往偏

---

① 参见《最高人民法院关于确定民事侵权精神损害赔偿责任若干问题的解释》第 1 条第 1 款，第 1 项。

② 参见：全国人大常委会法制工作委员会. 中华人民共和国侵权责任法释义[M]. 北京：法律出版社，2010：36－56.

③ 杨胜坤. 侵权责任法新解读[M]. 北京：中国法制出版社，2010：211.

④ 杨振山，梁书文，黄赤东. 损害赔偿法及配套规定新释新解·侵权损害赔偿卷[M]. 北京：人民法院出版社，2001：42.

重于对某种特殊海上伤亡的情形来进行分析。似乎海上人身伤亡损害是一个不言自明的概念，然而在具体的海事司法实践中，对其理解却争议颇多。

1.2.2.1 法律法规层面的界定

我国《海商法》以“海上运输关系、船舶关系”为调整对象，因此对于海上人身伤亡损害的概念没有进行界定，但后来最高院出台的三个司法解释对这个概念的内涵和外延却有所涉及。这三个司法解释分别是1991年最高人民法院《关于审理涉外海上人身伤亡案件损害赔偿的具体规定》、2001年最高人民法院《关于海事法院受理案件范围的若干规定》以及2003年最高人民法院《关于审理人身损害赔偿案件适用法律若干问题的解释》。

《关于审理涉外海上人身伤亡案件损害赔偿的具体规定》(以下简称《涉外规定》)虽没有直接对海上人身损害进行界定，但我们可以通过其对涉外海上人身损害案件的规定来推测立法者对此的观点。《涉外规定》第1条对涉外海上人身伤亡损害赔偿纠纷案件定义为：“案件的主体、客体和法律事实具有涉外因素的，在海上(含通海水域)和港口作业过程中因受害人的生命、健康受到侵害所引起的海事赔偿案件。”可以看出，海上人身伤亡损害的两个特征分别为：(1) 海上人身侵权侵害的权利客体是受害人的生命、健康权；(2) 侵权发生地点为海上或与海相通的可航水域和港口作业过程中。由于外派船员人身伤亡损害具有涉外因素，因此《涉外规定》对由其调整的海上人身伤亡损害赔偿案件的界定对于我们分析和理解外派船员的人身伤亡损害具有很大的借鉴意义。

《最高人民法院关于海事法院受理案件范围的若干规定》(以下简称为《海事受案规定》)，虽然没有直接对海上人身伤亡损害进行界定，但在规定我国海事法院受案范围的基础上对海上人身伤亡损害的含义还是有所涉及。《海事受案规定》第8条将海事法院受理的海上人身伤亡损害赔偿纠纷案件界定为：“船舶在海上或者通海水域进行航运、作业，或者港口作业过程中的人身伤亡事故引起的损害赔偿纠纷案件属于相关海事法院管辖。”这样将发生于海上的人身损害依行为要素界定为“船舶在海上或者同海水域进行航运、作业，或者港口作业过程中的人身伤亡事故”①，根据这一界定，海上人身伤亡损害赔偿具有两个特征：(1) 人身受到侵害；(2) 侵害是船舶在海上或者与海相通的可航水域航行、作业或者在港口作业过程中发生。抓住了“海上”一词的特殊内涵，也为司法审判实践提供了法律依据。可

① 参见《最高人民法院关于海事法院受理案件范围的若干规定》第一部分第8条。

见,《海事受案规定》在一定程度上肯定了《涉外规定》中关于海上人身伤亡损害的限定性规定,同时还对海上人身伤亡损害发生的原因进行了扩展,认为海上人身伤亡损害的发生原因不仅由侵权行为引发,同时还包括违约等其他原因。

《关于审理人身损害赔偿案件适用法律若干问题的解释》(以下简称《人身损害赔偿解释》)出台后,在法律层面上从当事人诉权的角度对人身伤亡损害进行了界定。《人身损害赔偿解释》第 1 条规定:"因生命、健康、身体遭受侵害,赔偿权利人起诉请求赔偿义务人赔偿财产损失和精神损害的,人民法院应予受理。"通过该条不难看出,《人身损害赔偿解释》与《涉外规定》一样,也将人身伤亡损害限定在侵权范围内,对其他原因造成的人身伤亡损害则留待其他法律法规来解决。除此之外,分析两个司法解释发现,即便抛开"海上"这一发生地点上的限定词不论,他们之间对"人身权"还存在不同解释:《人身损害赔偿解释》认为人身权不应仅局限于生命权和健康权的损害,还应包括身体权上损害;而《涉外规定》则将海上人身权的损害限制在生命权和健康权的损害范围内。虽然《人身损害赔偿解释》在司法实践中调整的是我国没有涉外因素的海上人身侵权损害赔偿案件,但其作为人身损害赔偿的一般性司法解释,对于正确地理解外派船员人身伤亡损害具有指导作用。不过由于外派船员人身伤亡事故的海上特点,《人身损害赔偿解释》实际上也很难反映海上人身伤亡损害的诸多特性,对于外派船员人身伤亡损害的内涵与外延也无法形成完整的概括。

归纳上述三个司法解释发现,虽然它们都对海上人身伤亡损害的内涵与外延有所涉及,但都不能对这一概念形成一个完整、清晰的界定。

1.2.2.2　学界的观点

尽管学界对于船员人身伤亡损害属于海上人身伤亡损害的范畴已基本达成一致,在分析船员人身伤亡损害的内涵与外延时也都是以海上人身伤亡损害作为参照,但最终却未形成一致的观点,各执一词,具体分析如下:

首先,从致害原因出发,学者们对船员人身伤亡损害的内涵与外延进行界定,形成两种不同意见。其一,认为船员人身伤亡损害是由侵权行为引起的,具体是指"在海上或与海相通的可航水域发生的因侵权等违反法律规定的行为,侵害他人的生命健康权而导致的伤亡后果"[①]。其二,认为船员人身伤亡损害的致害原因不仅

① 郭萍.海上人身伤亡损害赔偿法律问题研究[A]//司玉琢.海商法专题研究[C].大连:大连海事大学出版社,2002:349.

包括侵权行为还包括违约行为在内，同时指出船员人身伤亡损害的发生与海上运输及港口作业具有一定的关联性，具体是指“船舶在海上或者通海水域进行航运、作业，或者港口作业过程中，船员的生命、健康、身体因他方当事人的侵权行为或者违约行为而遭受致伤、致残、致死的损害”①。

其次，从损害发生的空间范围角度出发，学者们也形成了两种不同意见。早期学者在对船员人身伤亡损害发生的空间范围的表述上仅指“发生在海上或与海相通的可航水域上的人身损害性后果”②。后来随着船员人身伤亡损害事故发生率的增长，有的学者提出第二种观点，认为船员人身伤亡损害除了发生在海上或与海相通的可航水域外，还应把其他与海相关的地点发生的人身伤亡损害包括在内，也就是说对“海上或与海相通的可航水域”作广义理解，即除与海相通的江、河、湖外，也包括海堤或与海相通水域的岸边、船厂及其他相关港口作业区域等地③。例如在造船厂、修船厂或拆船厂的船台上、船坞内或厂区范围内发生的船员人身伤亡损害事故，虽然事故发生在岸上，但也应归属于海上人身伤亡的范畴。

最后，从损害发生的时间角度出发，学者们又形成三种不同意见。一种观点认为，船员人身伤亡损害仅发生在船舶的营运过程中。另一种观点则将损害发生的时间作宽泛理解，不仅包括在船舶的营运过程中发生的，也包括在通海水域的港口作业中发生的④。第三种观点较前两种观点来说对时间的理解更为宽泛，认为船员人身伤亡损害不仅发生在船舶营运和相关港口作业过程中，在船舶闲置或停止营运时也有可能发生船员人身伤亡损害⑤。例如 2010 年 1 月 5 日凌晨，一艘停靠在澳大利亚新南威尔士州博特尼港的货船突然起火，造成 16 名中国外派船员受伤。此时造成的伤亡损害也应属于船员人身伤亡损害范畴。

1.2.2.3 本书关于外派船员人身伤亡损害的界定

通过对上述学者观点的分析不难发现，尽管学者们通过不同的视角对船员人身伤亡损害这一概念进行界定，但基本上都是围绕着致害的原因、时间和空间这三个要素来进行讨论的。笔者认为，这些因素对于外派船员人身伤亡损害的界定具

---

① 陈晶. 船员人身伤亡损害赔偿法律制度研究[D]. 上海：复旦大学硕士学位论文，2009.

② 郭萍. 海上人身伤亡损害赔偿法律问题研究[A]//司玉琢. 海商法专题研究[C]. 大连：大连海事大学出版社，2002：349.

③ 司玉琢，单红军. 海商法[M]. 北京：中国人民大学出版社，2008：406－407.

④ 司玉琢，单红军. 海商法[M]. 北京：中国人民大学出版社，2008：406－407.

⑤ 徐敏. 海上人身伤害损害赔偿法律制度研究[D]. 大连：大连海事大学硕士学位论文，2003.

有一定的可借鉴性。同时，外派船员人身伤亡损害作为一类特殊主体的人身权损害，在对其概念进行界定时更应该着重于强调其与一般人身伤亡损害的不同点。外派船员人身伤亡损害与普通主体的人身伤亡损害之间区别的关键其实并非仅仅由于发生在“海上”这一空间上的特殊性，更在于隐含在这个特殊空间背后更为深刻的原因，即船员海上劳动的特殊风险以及由此衍生出的一系列海事制度。正如笔者在前面所论述的那样，海上的特殊风险是诸多海事法律制度产生的根源，而船员人身伤亡损害赔偿制度作为海事法律制度之一，其不可避免地与船舶优先权、海事赔偿责任限制等一些海事法律制度密切相关，这也导致船员人身伤亡损害呈现出不同于其他人身损害的诸多特点。

因此可以说，“海上”这一空间要求只是船员人身伤亡损害的形式条件，而“海上”背后所体现的“海事相关性”才是其实质要件。因此，笔者通过把握船员人身伤亡损害的形式要件和实质要件对船员人身伤亡损害进行界定。

（一）外派船员人身伤亡损害的形式要件

形式要件是指船员人身伤亡损害需符合的空间要件。如前所述，船员人身损害事故多发生在“海上”，其中“海上”主要指海上或与海相通的可航水域。这一点在《海商法》第2条①以及《涉外规定》第1条②的规定中已然明确，且在学界亦无争议。然而从众多外派船员人身伤亡损害赔偿的司法实践看，仅依据“海上或与海相通的可航水域”这一处所要素来界定“海上”这一关键词，似乎并不能准确地把握外派船员人身伤亡的特殊性之所在。对各限定词的不同理解导致了对其含义的广泛争议。为此最高人民法院《关于海事法院受理案件范围的若干规定》，将发生于海上的人身伤亡损害依行为要素界定为“船舶在海上或者同海水域进行航运、作业，或者港口作业过程中的人身伤亡事故”③。据此，外派船员的人身伤亡损害发生的地点应包括三个方面：一是海域，包括海面以上，主要指船上、钻井平台或者其他的浮动设施上；另外，海域也应包括发生碰触或进行打捞、救助、勘探、维修等活动的水面以下区域。二是与海相通的可航水域，可航入海的江河湖泊都属于此种范畴

① 《海商法》第2条第1款规定：“本法所称海上运输，是指海上货物运输和海上旅客运输，包括海江之间、江海之间的直达运输。”

② 《涉外规定》第1条规定：“涉外海上人身伤亡损害赔偿案件，是指案件的主体、客体和法律事实具有涉外因素的，在海上（含通海水域）和港口作业过程中因受害人的生命、健康受到侵害所引起的海事赔偿案件。伤残者本人、死亡者遗属均有权依法向有管辖的海事法院提起诉讼，请求侵权人赔偿损失。根据《中华人民共和国民事诉讼法》第15条规定，伤亡者所在单位可以支持伤残者及死亡者遗属向法院起诉。”

③ 参见《最高人民法院关于海事法院受理案件范围的若干规定》第一部分第8条。

之内。三是与海密切相关的特定处所，如港口、码头、造船厂、修船厂、滩涂等地[①]，由于其与海密切相关，将其纳入与海密切相关的特定处所，更有利于对受害者的人身权保护。因此，外派船员在此类处所的经营和管理活动中所发生的人身伤亡都应属本书讨论范围之内。

（二）外派船员人身伤亡损害的实质要件

实质要件强调的是船员人身伤亡损害所必须满足的“海事相关性”条件。这里所指的“海事相关性”是指与“海上运输与作业”之间的关联性，“海上运输与作业”应作宽泛理解。海上运输不仅包括货物运输本身，还包括为此进行的货物的装载、搬移、堆放、保管、照料与卸载等活动。而海上作业则包括海上救助、拖带、养殖、捕捞、船舶修造以及石油钻探等作业[②]。

笔者将“海事相关性”作为界定船员人身伤亡损害的实质要件主要是从风险与救济相对称的原理来考虑的。通常情况下，损害赔偿需遵循“损害与赔偿相适应”的原理。也就是说，遭受的损害的大小决定其获得赔偿数额的高低。笔者认为，对于损害的风险与救济之间也应遵循这个规律。如前文所述，船员职业与一般陆上工作相比要面临着更高的风险，其遭受伤亡事故的可能性相对来说较大，如果在保障和救济方面不能做出平衡，就会对人们从事船员工作的意愿造成阻却，因此应当通过制定特别的归责原则以及相对较高的赔偿数额等方面的法律规定，对船员们予以相应的倾斜和更充分的救济与保障，用以鼓励人们从事海上运输与作业事业。本书对船员人身伤亡损害赔偿问题研究目的也在于此。

作为界定船员人身伤亡损害的实质性要件，“海事相关性”可以在满足船员人身伤亡损害空间要件的基础上做进一步甄别。换言之，对于船员人身伤亡损害的界定除了需要满足其特殊的空间要件外，该人身损害还须满足海事相关性要件。否则，即使是发生在“海域或与海相通的可航水域”，但由于缺乏与“海上运输与作业的相关性”这一实质要件，故仍不属于本书所研究的船员人身伤亡损害范畴。例如，甲、乙两名船员在船工作期间因某事产生矛盾，甲趁乙工作时将其推入海里，造成乙船员死亡。该案虽发生于海上，但因其缺乏海事相关性要件，故不能被纳入本书研究的船员人身伤亡损害的范畴。如果不用“海事相关性”这一实质要件对船员人身伤亡损害的范围进行限制的话，那么将使其他海上行为，如船员醉酒后互殴行

---

① 殷悦.海上人身伤亡损害赔偿法律问题研究[D].武汉：武汉大学博士学位论文，2009.

② 陈琦.海上人身损害赔偿制度论——困境与回应[D].大连：大连海事大学博士学位论文，2010.

为所造成的人身伤亡损害也纳入船员人身伤亡损害的范畴，进而享受较为优厚的救济保障。这样不仅违背了制定船员人身伤亡损害赔偿相关法律规定的初衷，而且和风险与救济相适应原理也是背道而驰的。

综上，笔者认为对外派船员人身伤亡损害可以作如此界定：外派船员人身伤亡损害是指外派船员在海域或与海相通的可航水域或与海密切相关处发生的海上运输和海上作业过程中，基于海上侵权或违约责任而发生的其人身权遭受损害的法律行为。

1.3 损害赔偿

“损害赔偿”的含义究竟何为，决不是一个形而上学、仅依靠某些抽象的规则即可确定的，而是具有某种价值取向，需要依据法律所追求之目的来加以确定的。

法律意义上的“损害”不同于自然语言中的损害一词，它是与“赔偿”相对应的。外派船员人身伤亡损害赔偿问题中，损害的存在是前提，赔偿是损害的结果或法律上的责任，无损害即无责任[①]。因此，“损害”可以说是损害赔偿因果关系的关键词，应区分造成损害的不同原因，按照法律规范调整的目的及其价值取向对其赔偿的标准来加以确定。

1.3.1 损害赔偿的性质

在界定损害赔偿时，首先遇到的问题是对其性质的认定。学理上关于该问题形成两种观点：一种观点认为损害赔偿的性质是一种责任，是当事人一方因侵权或者不履行债务而对他方造成损害时应承担补偿对方损失的民事责任[②]，此时相对于赔偿权利主体来说，损害赔偿是重要的民事权利保护手段，而相对于赔偿责任主体来说则是承担民事责任的一种方式，这一观点得到了我国立法上的采纳，从我国《民法通则》将侵权行为和违约行为编排在民事责任一章，可以说明立法上已经将侵权行为和违约行为的法律后果直接确认为民事责任的承担；而另一种观点则将损害赔偿解释为致害人或加害人因侵权行为或债务不履行使受害人财产、人身遭受损害而产生的债权债务关系。[③]

① 张西安，程丽庄. 俄罗斯联邦民事诉讼法(执行程序法)[M]. 北京：中国法制出版社，2002：65.

② 中国大百科全书——法学[M]. 北京：中国大百科全书出版社，1988：254.

③ 浦法仁. 法律辞典[M]. 上海：上海辞书出版社，2009：749.

笔者认为，损害赔偿的性质应该具有双重性。首先，它是一种责任。这一观点通过我国《民法通则》的编排上已经确认了，这里不再赘述。其次，它是一种债。我国的《民法通则》第84条规定："债是按照合同的约定或者法律的规定，在当事人之间产生的权利义务关系。"在损害赔偿法律关系中，损害赔偿主体之间具有债权债务关系的相对性，同时法律关系的内容是一方享有请求赔偿的权利，而另一方负有给付赔偿的义务，具有债权债务关系的一切特点。可见，损害赔偿不仅是一种责任，同时还是"当事人一方因侵权行为或违约行为对他方当事人造成损害时，在当事人之间产生的请求赔偿权利以及给付赔偿义务的债权债务关系"①。

1.3.2 损害赔偿的内涵

虽然各国法律均认为损害赔偿是一种重要的救济方法，但对于损害赔偿的内涵和外延却观点不一，在学理上形成了"利益说"与"组织说"两种不同的学说。剔除两种学说内部之差异而追寻其共同之处便会发现，两种学说都主张：所谓损害赔偿，就是法律所直接保护之权利受到某种侵害时，责任人需要通过金钱来补偿受害人所遭受到的损失。

外派船员人身损害赔偿作为一种救济方式，此时其所要救济的到底是外派船员的何种损失，其赔偿所指向的客体究竟是什么？对于权利而言，其本身只是手段，所带来的利益才是最终目的，而权利正是由于其蕴含了某种潜在的或实在的利益才被法律所认可。人身权作为人类一切利益的承载之本和产生之源，揭示了人类利益的本质。当外派船员的健康权、身体权甚至生命权遭到侵害时，无论此时该主体具体体现的是肢体组织的残缺、身心机能的失常甚至是生命体征的消失，其最终的结果均表现为某种利益的减损抑或丧失。因此，笔者认为损害赔偿所救济的客体，并非生命健康权等权利，而是权利所指向的既得或应得利益。

正义是法所不懈追求的最基本的价值理念和最神圣的终极目标②。从古希腊的亚里士多德到当代美国的罗尔斯，无不认为正义是检验一个社会的政治、经济和法律制度合理与正当的价值标准。笔者认为，在对外派船员人身损害赔偿的救济领域，价值理念应体现在：服务于不同的境外船东的外派船员，在遭受同样的人身损害时，法律上应给予相同的救济，而不应因其所属雇主、法律知识和技术水平或

---

① 杨立新.侵权损害赔偿[M].北京：中国法律出版社，2010：205.

② 江帆.实质正义的经济法解读·经济法论坛[M].北京：法律出版社，2008：129－162.

者加害行为人的不同而有所差异。

1.3.3　损害赔偿的特征

（一）从赔偿手段上看，是对劳动力价值的还原

尽管世界各国关于损害赔偿制度的构成与设计不尽相同，但最高指导原则却基本一致，即赔偿受害人所受之损害，以期达到等同于损害事故未曾发生一样的赔偿结果。如德国民法第 249 条规定，损害赔偿，应回复事故未发生下，应有之状况①。这一原则在财产损失赔偿的场合较好把握和理解，例如受害人的财产损失经过确定和计算为人民币 10 万元，则只要赔付其 10 万元，即可取得“等同于损害事故未曾发生一样”的赔偿结果；然而在人身损害赔偿的场合，这种期待的赔偿结果就难以清晰地显现了。由于人的生命和健康之无价，尤其是人死后，任何的赔偿手段都不能还原到如同死亡事故未发生时的状态。因此，人身权、健康权和生命权这些受害对象的特殊性决定了人身损害赔偿只能通过“劳动力价值”这个“介质”，采取“拟制”、广义的还原原状的方法。

从深层的法理基础来看，所谓的外派船员人身伤亡损害赔偿，实际上是对外派船员其人身所拥有的劳动力价值的损害赔偿②。也就是说，尽管作为权利主体的身体、健康及生命是无价的，不能用金钱标准进行衡量，但是在现代市场经济条件下，源于人身的劳动力却可进入市场来通过金钱衡量。作为劳动力的拥有者、承载者和输出者的人身权遭受伤害时，必然导致其劳动力价值的贬损或灭失，而人身损害赔偿就是从法律的角度使受损或灭失的劳动力价值拟制地回复到其原来的状态。人身损害赔偿的范围的确定与量化，从根本上说也是对部分或全部的劳动力价值的确定和计算，以期达到对劳动力价值的还原。例如，最高院 2003 年发布的《人身损害赔偿解释》中所列出的“医疗费、营养费”等就是使伤者生理机能回复到正常水平所需的费用；而所谓的“残疾赔偿金、被抚养人生活费”等是对受害人因伤致残不能复原而失去的本可获得的劳动收入，以及由此而产生的本可为家庭成员提供的奉养的“牺牲”的补偿；所谓的“死亡赔偿金”，即是死亡船员尚生存时本可获得的劳动收入以及其若尚生存本可为其家庭成员提供的家庭服务的“牺牲”的

---

① 曾世雄．损害赔偿法原理[M]．北京：中国政法大学出版社，2001：14．

② 参见：陈刚．船员劳动权益与社会保障[M]．武汉：武汉理工大学出版社，2012：57－59．

补偿[①]。

（二）损害与赔偿在某种条件下呈“持续性”状态

由“人身权”这个受害对象自身的特点决定，在人身损害赔偿尤其是导致受害人残疾的人身损害时，其受损害的这个状态往往在一定程度上呈现出“持续性”的特点，这是人身损害赔偿区别于其他损害赔偿的特征。例如，对于受伤致残的船员，其康复需要持续一段时间，由此而导致的身体残疾则可能会伴其余生，所以其康复的费用以及残疾赔偿金等的产生也会呈现出持续状态。

鉴于此，最高院的《人身损害赔偿解释》分别在其19条、32条、33条以及34条中规定相应措施用以解决人身损害赔偿的“持续性”的特点。（1）相关的康复费、整容费以及其他后续治疗费用，赔偿权利人可待实际发生后另行起诉[②]。（2）在符合规定条件的情况下，赔偿权利人起诉请求继续给付护理费、辅助器具费或者残疾赔偿金的，人民法院应予受理。赔偿权利人确须继续护理、配置辅助器具、或者没有劳动和生活来源的，人民法院应当判令赔偿义务人继续给付相关费用5～10年[③]。（3）在一定条件下，赔偿义务人可以“定期金”方式给付残疾赔偿金、被抚养人生活费、残疾辅助器具费[④]。人民法院应当在法律文书中明确定期金的给付时间、方式以及每期的给付标准。若在执行期间相关统计数据发生变化，则给付金额可做适当调整，且定期金按赔偿权利人的实际生存年限给付，不受该解释的相关赔偿期限的限制。[⑤]

本章小结

外派船员人身伤亡损害赔偿的概念不仅是损害赔偿法律规范适用的前提和基础，更是研究这类损害赔偿责任问题的起点，其重要性不言而喻。在外派船员人身伤亡损害赔偿法律关系之中，“外派船员”是该法律关系的主体；“人身权”是受侵害的权利的客体；而“损害赔偿”则是该法律关系的内容。

外派船员人身伤亡损害作为一类特殊主体的人身权损害，在对其概念进行界

① 李守芹.海事诉讼与海事（商）法[M].北京：人民法院出版社，2007：204.

② 参见最高院：《关于审理人身损害赔偿案件适用法律若干问题的解释》第19条。

③ 参见最高院：《关于审理人身损害赔偿案件适用法律若干问题的解释》第32条。

④ 参见最高院：《关于审理人身损害赔偿案件适用法律若干问题的解释》第33条。

⑤ 参见最高院：《关于审理人身损害赔偿案件适用法律若干问题的解释》第34条。

定时应着重于强调其与一般人身伤亡损害的不同点。他们之间区别的关键其实并非仅仅由于发生在“海上”这一空间的特殊性，更在于隐含于这个特殊空间背后更为深刻的原因，即船员海上劳动的特殊风险以及由此衍生出的一系列海事制度。因此可以说，“海上”这一空间要求只是船员人身伤亡损害的形式条件，而“海上”背后所体现的海事相关性才是其实质要件。因此，笔者在厘清外派船员人身伤亡损害赔偿的相关概念的基础上，提出对外派船员人身伤亡损害赔偿进行界定时，应当从外派船员自身职业的特殊性出发，重点把握其损害的形式要件和实质要件。

第2章

外派船员人身伤亡损害赔偿之主体问题

外派船员人身伤亡损害赔偿主体，是指在外派船员人身伤亡损害赔偿法律关系中享有权利并承担义务的具有民事责任能力的主体，主要包括权利主体和责任主体两个方面，其内涵分别与2003年《人身损害解释》第1条所定义的“赔偿权利人”和“赔偿义务人”相一致，他们分别享有或者承担由侵权行为或其他致害原因所导致的外派船员人身伤亡损害赔偿法律关系所规定的权利和义务。主体问题是外派船员人身伤亡损害赔偿法律制度中的基础，也是确定损害赔偿范围以及赔偿数额等相关内容的基础。目前国内对于外派船员人身伤亡损害赔偿主体问题的研究还相对较少，但主体问题的确定对于损害赔偿问题的解决具有十分重要的意义。因此，笔者在本章将对外派船员人身伤亡损害赔偿的权利主体与责任主体问题分别进行具体的分析和讨论。

2.1 权利主体的识别与确定

外派船员人身伤亡损害赔偿的权利主体，即“赔偿权利人”，是指因侵权行为或者其他致害原因导致直接遭受人身损害的受害船员、依法由受害船员承担扶养义务的被扶养人以及死亡船员的近亲属①，即“就外派船员人身伤亡有权向加害人或其责任人提出损害赔偿的人”②。赔偿权利人不仅具有对于赔偿金的支付请求权，还有附随于支付请求权而产生的诉权，即请求国家司法机关公正地解决赔偿权利

---

① 参见《最高人民法院关于审理人身损害赔偿案件适用法律若干问题的解释》第1条第2款。

② 郭萍. 海上人身伤亡赔偿法律研究[A]//司玉琢. 海商法专题研究[C]. 大连：大连海事大学出版社，2002：349.

人与赔偿义务人相互之间损害赔偿纠纷的权利。① 作为彼此独立的赔偿权利人，他们各自的赔偿金支付请求权的内涵也不同。

关于人身侵权损害赔偿权利主体的范围，目前在我国尚没有一部法律完整地加以明确而全面的规定，相关法条散见于以下几部法律和司法解释之中：

(1) 1988 年最高院《关于贯彻执行〈中华人民共和国民法通则〉若干问题的意见(试行)》(以下简称《民通意见》)第 147 条规定："侵害他人身体致人死亡或丧失劳动能力的，靠受害人实际抚养而又没有其他生活来源的人要求侵害人支付必要生活费的，应当予以支持，其数额根据实际情况确定。"该规定明确了"死者生前扶养的人"的赔偿请求权。

(2) 1991 年《涉外海上人身伤亡损害赔偿规定》第 1 条明确规定："在涉外海上人身伤亡损害赔偿案件中，伤残者本人、死亡者遗属均有权依法向有管辖权的海事法院提起诉讼，请求侵权人赔偿损失。"但却没有明确"遗属"的范围。

(3) 2001 年通过的最高人民法院《关于确定民事侵权精神损害赔偿责任若干问题的解释》(以下简称为《精神损害赔偿解释》)第 7 条规定："自然人因侵权行为致死，或者自然人死亡后其人格或者遗体遭受侵害，死者的配偶、父母和子女向人民法院起诉请求赔偿精神损害的，列其配偶、父母和子女为原告；没有配偶、父母和子女的，可由其他近亲属提起诉讼，列其他近亲属为原告。"但该规定仅限于精神损害赔偿请求人的范围。

(4) 2003 年《人身损害赔偿解释》第 1 条规定："赔偿权利人，指因侵权行为或其他致害原因直接遭受人身损害的受害人、依法由受害人承担扶养义务的被扶养人及死亡受害人的近亲属。"对于近亲属的范围，最高人民法院《民通意见》第 12 条规定："近亲属包括配偶、父母、子女、兄弟姐妹、祖父母、外祖父母、孙子女和外孙子女。"

对于精神损害赔偿主体问题，由于我国法学理论界对损害赔偿权利主体的研究起步较晚，直到近年学术界才对其进行深入探讨。在司法实践中，最具适用性的两部司法解释应该是《精神损害赔偿解释》和《人身损害赔偿解释》。值得注意的是，与《精神损害赔偿解释》相比，《人身损害赔偿解释》中新增了受害人死亡时的本人作为精神损害赔偿的权利主体，同时将直接受害人与间接受害人的精神损害赔偿区分考虑。这种分法是比较法上的通例，同时在司法解释中导入相关条文，可以

---

① 参见：江伟．民事诉讼法[M]．北京：高等教育出版社，北京大学出版社，2000：37.

说是我国民法理论关于损害赔偿权利主体问题研究逐步深入和成熟的体现。

针对合同之诉下，外派船员人身伤亡损害赔偿的赔偿权利主体的确定，本应适用《合同法》《海商法》《工伤保险条例》及《人身损害赔偿解释》的规定。然而遗憾的是，在《海商法》中没有赔偿权利人的相关规定；《合同法》虽然规定受损害方可以作为合同之诉的权利主体提起诉讼，而对于受损害方的具体范围没有规定[①]；《工伤保险条例》中也没有直接规定工伤损害的赔偿权利人，不过该条例在其第 63 条规定："前款规定的伤残职工或者死亡职工的直系亲属就赔偿数额与单位发生争议的，按照处理劳动争议的有关规定处理。"据此可知，因工伤导致的外派船员人身权损害赔偿的赔偿权利人应包括其外派船员本人及其直系亲属。

虽然以上法律规定在表述上略有不同，但基本可以概括地归纳出外派船员人身损害赔偿的权利主体，按照其自身的人身权是否直接遭受侵害分为两大类：直接受害船员本人和间接受害人。

2.1.1 直接受害船员本人

根据法律规定，直接受害船员本人即直接受害人，是指伤残船员本人[②]，或因侵权或其他原因导致人身权受损害的船员[③]。按照损害后果的形态进行划分，直接受害船员本人包括生命权受侵害的船员以及身体权或健康权受到侵害的受害船员等不同情形。但是由于损害后果的不同，人身权直接受到侵害的船员能否在法律上取得赔偿权利人的地位，则需要具体分析。

在船员遭受侵害但未立即死亡的情况下，受害船员理应享有对其财产损失以及精神损害的损害赔偿请求权，财产损失包括为抢救其生命或者治疗而支出的医疗费等，对于这部分损失，受害船员本人当然有权以自己的名义向赔偿义务人进行索赔；一旦发生死亡的结果，理论上认为，外派船员生命权受侵害应以受害船员的死亡为成立要件，而死亡结果必然导致受害船员作为民事权利主体资格的消灭，此时死亡船员不能作为赔偿权利人就其生命权受侵害请求损害赔偿，至于死亡船员生前遭受的精神痛苦能否要求精神损害赔偿以及如何赔偿等问题，目前理论学界对此观点不一。主流观点认为，鉴于精神损害赔偿请求权具有人身专属性，不得让与或继承，因受害船员的死亡，其生前的精神损害赔偿请求权也随之消灭，因此，对

① 王泽鉴．侵权责任法[M]北京：北京大学出版社，2009.

② 参见《涉外规定》第 1 条。

③ 参见《人身损害赔偿解释》第 1 条。

于死亡船员生前的精神损害赔偿请求权应不予承认。然而笔者认为,精神损害赔偿请求权,就其性质来看,与其对生前财产损失所享有的赔偿请求权是一致的。因此,对于已死亡船员生前所享有的精神损害赔偿请求权能否被继承应该区别对待。《人身损害赔偿解释》第 18 条第 2 款规定:“精神损害抚慰金的请求权,不得让与或者继承。但赔偿义务人已经以书面方式承诺给予金钱赔偿,或者赔偿权利人已经向人民法院起诉的除外。”分析该条可以得出这样的结论:如果已死亡船员生前已经对精神损害提出索赔,则在其死后,该赔偿请求权应由其继承人继承;如果该死者在生前并未向赔偿义务人提起精神损害赔偿之诉,则基于精神损害赔偿的人身专属性,在其死后,该精神损害赔偿请求权也随之消失,这样处理方式以权利是否真实存在为前提。

2.1.2 其他间接受害人

在外派船员人身伤亡损害赔偿纠纷中,其权利受损害者除了直接受害船员本人外,还可能延伸到其他法律规定之第三人,此为间接受害人。与直接受害船员本人因遭受人身损害而直接享有损害赔偿请求权不同,间接受害人的损害赔偿请求权的取得是基于其与直接受害船员之间某种特定的法律或者社会关系。

学理上对于间接受害人的损害赔偿请求权的由来主要有“扶养丧失说”与“继承丧失说”两种理论[①]。根据“扶养丧失说”理论,间接受害人请求权的取得并非基于其自身的资格,而是基于其“扶养权”的丧失。在船员外派劳动过程中,外派船员在人身权遭受损害而死亡后,其生前供给生活费的被扶养人因此失去了生活来源,赔偿义务人对此应予赔偿。但赔偿的范围是“被扶养人生活费”,即只对间接受害人的具体的、直接的、积极的财产损失进行赔偿,除被扶养人生活费外,不承认有其他财产损失存在。我国《民法通则》第 119 条关于死亡赔偿的规定为:“侵害他人身体造成死亡的,应当支付丧葬费、死者生前扶养的人必要的生活费等费用。”该规定采纳的就是“扶养丧失说”。英国、美国及法国也采用这种理论。“继承丧失说”认为,直接受害人倘若没有遭受侵害,在未来将不断获得收入,而这些收入本来是可以作为受害人的财产为其法定继承人所继承的,因侵害生命权的事实从而使这些未来可以获得的收入完全丧失,使继承人丧失了继承利益。在学理上,日本也采用这种理论。

① 参见:杨立新.侵权责任法[M].北京:高等教育出版社,2010:36-37.

笔者认为，在分析外派船员人身伤亡损害赔偿请求权主体时，这两种理论其实并不矛盾，两种学说将直接受害人之外的第三人享有损害赔偿请求权基础的分析，有助于我们对间接受害人的情况进行分类。按照上述两种理论，笔者将间接受害人作以下几种划分。

2.1.2.1 扶养请求权受损害的人

扶养请求权受损害的人，是指因直接受害船员的人身伤亡导致其扶养请求权间接受到侵害的、直接受害船员受害前实际扶养的人，即生活来源的全部或一部分来源于直接受害船员的人[①]。由于受害人的伤亡导致其实际扶养人的扶养请求权受损，各国的民法都采取立法进行救济，如《德国民法典》第 844 条规定："如死者在受害当时，对第三人依法负有扶养义务或有可能负有扶养义务关系，而第三人因被害人致死而被剥夺其受扶养的权力者，赔偿义务人在可能生存的期间内应供给扶养义务的限度内，应向第三人支付定期金作为损害赔偿。"此外，日本、瑞士等国在民法中也有相类似的规定[②]。我国《民法通则》将这类人称为"死者生前扶养的人"。最高人民法院《关于贯彻执行〈民法通则〉若干问题的意见》第 147 条指出："侵害他人身体致人死亡或丧失劳动能力的，依靠受害人实际扶养而又没有其他生活来源的人要求侵害人支付必要生活费的，应当予以支持，其数额根据实际情况决定。"

将直接受害船员受害前实际扶养的人列为赔偿权利人，体现了法律对于弱者的保护，有助于保护未成年人和经济上无生活来源的家庭成员的利益，使其不至于因直接受害船员的伤亡而失去其基本生活来源。我国《人身损害赔偿解释》将"扶养请求权受损害的人"确定为直接受害人依法应当承担扶养义务的未成年人或者丧失劳动能力又无其他生活来源的成年近亲属[③]。在外派船员人身伤亡损害赔偿的问题上，对于"扶养请求权受损害的人"作为赔偿权利人的情况，笔者认为，需要注意以下问题：

(1) 必须是直接受害船员受害前"依法承担扶养义务"的被扶养人。所谓"依法承担扶养义务"，是指根据《中华人民共和国婚姻法》的规定负有扶养、抚养或者赡养的义务[④]。可见，《人身损害赔偿解释》中所称"扶养"是广义上的扶养。根据

① 参见：李志文.海上侵权行为法基本理论研究[M].大连：大连海事大学出版社，2006：174.

② 参见《日本民法》第 709 条；《瑞士债务法》第 45 条第 3 项；《苏俄民法典》第 460 条。

③ 参见《最高人民法院关于审理人身损害赔偿案件适用法律若干问题的解释》第 28 条第 2 款。

④ 参见《中华人民共和国婚姻法》规定第 20、21、28 和 29 条。

这一规定，直接受害船员与其实际扶养人之间如果不存在《婚姻法》所规定的扶养义务，二者之间的扶养关系完全出于受害船员之自愿，则在直接受害船员遭遇人身伤亡事故的情况下，其实际被扶养人不能以间接受害人的身份要求赔偿义务人承担支付其生活费等赔偿责任；反之，如果直接受害船员对某人负有《婚姻法》规定的扶养义务，纵使直接受害船员受害前实际上并未尽其扶养义务，该被扶养人仍可以间接受害人的身份要求赔偿义务人承担其生活费等赔偿责任。

（2）对“成年近亲属”作为被扶养人的资格要严格限制。法律规定成年近亲属可作为直接受害人之被扶养人的立法本意是出于对无经济来源之社会弱势群体的保护。因此，法律对于“成年近亲属”作为被扶养人的资格进行了严格的限制。条件有二：其一须是已丧失劳动能力，其二须是无其他生活来源。二者缺一不可。换言之，当直接受害船员的某成年近亲属仍具有部分劳动能力或虽丧失了全部的劳动能力，但仍享有其他生活来源（例如养老保险金、退休金、政府补贴等）来维持其正常生活时，该成年近亲属则无权作为赔偿权利人要求赔偿义务人承担赔偿责任。当然，现实中经常存在这样的现象，即直接受害船员作为其成年近亲属的赡养人之一，当直接受害船员死亡时，其被扶养人的赡养费必然因此而减少，若完全剥夺该被扶养人作为赔偿权利人的资格则有违公平原则。因此，在这种情况下，该成年近亲属的被扶养人资格依然为法律所保护。根据《人身损害赔偿解释》第28条第2款的规定，此时并不完全免除赔偿义务人的赔偿责任，赔偿义务人仍需赔偿直接受害船员依法应负担给该被扶养人的那部分生活费。

2.1.2.2　死亡船员的近亲属

当直接受害船员死亡时，该名死者的近亲属即可成为损害赔偿的权利主体。民法意义上的近亲属是指配偶、父母、子女、兄弟姐妹、祖父母、外祖父母、孙子女和外孙子女[①]。其中，上述涉及的死者的“遗属”范围的确定，在海事司法实践中，根据《中华人民共和国继承法》第10条遗产法定继承顺序的规定[②]，第一顺序：配偶、子女、父母。第二顺序：兄弟姐妹、祖父母、外祖父母。通常情况下，死者的遗属应

① 根据我国《民通意见》中第12条的规定，包括受害船员的配偶、父母、子女、兄弟姐妹、祖父母、外祖父母、孙子女和外孙子女。

② 《继承法》第10条规定，遗产按照下列顺序继承：第一顺序：配偶、子女、父母。第二顺序：兄弟姐妹、祖父母、外祖父母。继承开始后，由第一顺序继承人继承，第二顺序继承人不继承。没有第一顺序继承人继承的，由第二顺序继承人继承。本法所说的子女，包括婚生子女、非婚生子女、养子女和有扶养关系的继子女。本法所说的父母，包括生父母、养父母和有扶养关系的继父母。

认定为其配偶、子女和父母，他们之间诉讼权利平等，在诉讼过程中被列为共同原告，在其中某一种身份的原告缺失的情况下，不影响其他身份的人的诉讼权利。需要注意的是，我国民法学界在死亡赔偿金方面采取“继承丧失说”，在继承开始后，由第一顺序继承人继承，第二顺序继承人不继承。没有第一顺序继承人继承的，由第二顺序继承人继承。

外派船员因生命权丧失而导致的损害赔偿，从本质上来说，并非是对被剥夺生命的外派船员的赔偿，而是对因其死亡的事实而遭受某种权益损害的某些间接受害人的一种赔偿，而且死亡赔偿相关权利的行使以及赔偿金的最终获得也需要依靠间接受害人的行为来实现。因此，在外派船员死亡的情况下，其近亲属可以作为间接受害人就其遭受某种损害，例如因办理死者丧葬事宜而产生的丧葬费、因直接受害船员的死亡而导致的财产损失和精神损害等要求赔偿义务人承担赔偿责任。

在死亡船员近亲属作为赔偿权利人时，损害赔偿请求权理论中还存在一个重要的理论问题，就是当某一侵权行为导致外派船员生命权利丧失后，属于外派船员的损害赔偿请求权如何转移给死者的近亲属？对于这个问题，学术界形成三种观点。一种观点为“请求权继承说”，即受害人死亡后，其享有的请求赔偿的权利通过请求权继承的方法转移到其近亲属身上；另一种观点为“赔偿义务说”，持这种观点的学者主要从赔偿义务人的角度，认为从赔偿义务上来说，赔偿义务人对于死者的损害赔偿义务与对死者近亲属的赔偿义务在意义上是一致的，对于赔偿义务人来说，只是赔偿对象发生了变化，而其赔偿义务没有发生实质改变；第三种观点为“瞬间取得说”，这在过去很长时间里成为主流观点，认为直接受害人享有的损害赔偿请求权在其从生到死的发生有一个“瞬间”存在，损害赔偿请求权就在这一瞬间里转移给受害人的近亲属。以上三种观点虽然都有一定道理，但是似乎又都不很贴切。笔者认为，在外派船员人身权遭受损害时，一个侵害生命权的侵权行为实质上侵害的是两个受害人，第一受害人必然是由此而丧失生命权利之直接受害人，即外派船员本人；另一个受害人就是死亡船员的近亲属。外派船员死亡，其近亲属为了抢救和丧葬他，不仅支出了费用，而且精神上受到了创伤。所以可以说，侵害生命权的侵权行为有双重的受害人[①]，既伤害了死亡之人的生命权，同时也伤害了死者近亲属的财产权利和其他权利。因此，死亡船员的近亲属可以受害人的身份直接起诉，而不存在损害赔偿请求权的转移问题。因此，死亡船员及其近亲属所受到的

① 参见：杨立新．侵权法总则[M]．北京：人民法院出版社，2009：239．

损害(包括财产损害和精神损害)是不同的损害,两者不应混为一谈。

2.1.2.3　船员妻子以"配偶性利益损害"为由提起诉讼

外派船员人身权遭受损害时,通常情况下,精神损害的赔偿权利人仅局限于直接受害船员以及死亡船员的近亲属。但是在某种情况下,不仅受害船员本人会遭受到人身损害,其配偶的利益也会因侵权人的行为而遭受不同程度的侵害。例如:外派船员在海上交通事故或者作业中受伤,后经过治疗伤势虽痊愈,但其性功能受到损伤,此时受害船员作为直接受害人提起诉讼,要求人身损害赔偿;同时,其妻子可否以"配偶性利益损害"为由提起诉讼,请求精神损害赔偿?

李明方诉成都市第二人民医院其他人身权案,就是由直接受害人的配偶直接向侵权人提起精神损害赔偿的典型案件。"2003年2月11日,李明方的丈夫姚元春因腰部疼痛,入成都市第二人民医院(简称二医院)住院治疗。二医院于同年2月14日、7月2日、9月23日三次对姚元春行腰椎间盘髓核摘除术,因医疗事故,术后姚元春马尾及右肢神经病变,目前仍遗留有右足全肌瘫、轻度排尿障碍、性功能障碍,经司法鉴定为6、7、8级伤残。其中性功能障碍为8级伤残。参照《职工工伤与职业病致残程度鉴定》(GB/16180—1996)关于'几项伤残等级不同,以重者定级'的规定,姚元春的致残程度为6级伤残。2004年12月1日,姚元春与二医院达成赔偿协议,二医院赔偿姚元春人民币150000元。2005年5月31日,李明方以二医院医疗过错导致姚元春性功能丧失,侵害配偶性权利,诉请法院判决二医院赔偿精神损害抚慰金人民币72000元。"①

本案争论的焦点就在于受害人的配偶能否为适格的诉讼主体提起精神损害赔偿。我国《民法通则》第98条规定"公民享有生命健康权"。健康权是以身体内部机能和外部完全性为内容的权利,包括人体各器官发育良好、功能正常并有良好的劳动效能之状态。性权利作为健康权的组成部分。由于人的性别之自然属性和婚姻关系之社会属性,夫妻间的性权利表现为一个整体。也就是说,在性权利上,配偶之间共同拥有一个健康权。侵害一方的性权利,必然导致其配偶的性权利受到侵害。本案被告的侵权行为损害了配偶之间的性权利,正是由于被告的过错行为造成了夫妻双方共同拥有的、包含性权利在内的健康权受到损害。按照《人身损害赔偿解释》对赔偿权利人的定义:"赔偿权利人是指因侵权行为或者其他致害原因直接遭受人身损害的受害人。"因此,人身损害导致性功能丧失的,其配偶有权直接

① 参见《人民法院报》2009年4月21日第六版。

提起诉讼，就健康权受到的损害要求精神损害赔偿。

其实这种侵权行为在实践中经常遇到，在美国将这种侵权行为叫作"间接妨害婚姻关系"，即损害了配偶权当中的性利益的权利。侵权行为人造成直接受害船员的人身损害，但是同时也造成了其配偶的性利益的损害。按照损害赔偿理论，有损害即有赔偿。因此，笔者认为，此种情况下，受害船员的配偶可以间接受害人的身份要求赔偿义务人承担赔偿责任。

2.1.3 船员外派机构作为权利主体的资格

在船员外派实践中常有这样的情况发生，即外派船员在外派期间遭受人身伤亡事故，船员外派机构为处理伤亡事故先行垫付了部分费用，然后外派机构根据其与境外船东的劳务雇佣合同，以赔偿权利人的名义向境外船东提出外派船员人身伤亡索赔。甚至有时会出现船员外派机构对其从境外船东处取得的本应支付给伤亡船员的赔付款项，以种种理由拒绝支付给伤亡船员或死者遗属，从而实现对所获赔偿加以不正当或非法扣减之目的。[①] 以上情况就牵扯出在外派船员人身伤亡损害赔偿过程中，船员外派机构的法律地位以及其能否作为权利主体的问题。[②]

2.1.3.1 船员外派机构是否享有诉权

关于这一问题，理论和实践中都存在着很大的争议，主要形成两种不同观点。

一种观点认为，由于在船员外派实践中，船员外派机构和境外船东之间存在合同关系，而外派船员与境外船东之间通常并未签有直接的合同，此时外派船员的地位应该理解为船员外派机构和境外船东之间合同中所涉及的第三人。根据我国《合同法》第 64 条"当事人约定由债务人向第三人履行债务的，债务人未向第三人履行债务或者履行债务不符合约定，应当向债权人承担违约责任"的规定，结合合同相对性原则，外派船员不享有直接向境外船东诉求赔偿的权利。船员外派机构在已事先垫付了外派船员伤亡事故的相关费用的情况下，其作为赔偿权利主体应该是合理合法的。[③]

而另外一种观点则认为，外派船员人身伤亡事故中侵害的客体是外派船员的生命健康权，人身权作为民法最早的调整对象，具有人身专属性，不能任意转移，只

① 张新宝.精神损害赔偿制度研究[M]. 北京:法律出版社,2012.

② 中华人民共和国海事局.《2006 年海事劳工公约》海员读本[M]. 北京:人民交通出版社,2013.

③ 王利明.侵权责任法疑难问题研究[M].北京:中国法制出版社,2012.

有本人及其近亲属才有资格行使。此外，船员外派机构在其义务范围内为外派船员伤亡事故先行垫付的费用，完全可以等外派船员索赔成功以后进行返还。

笔者支持第二种观点，船员外派机构没有资格因先前垫付的相关医疗费用而获得外派船员人身损害赔偿权利主体地位。有如下两点理由：首先，从上述关于外派船员人身损害赔偿权利主体的相关法律介绍可以看出，我国的《民法通则》《人身损害赔偿解释》乃至《涉外海上人身伤亡损害赔偿规定》以及1992年原劳动部发布的《劳动部关于外派劳务人员伤、残、亡善后处理问题的复函》中都没有明确将船员外派机构列为外派船员人身损害赔偿请求权的权利主体，因此，若船员外派机构提起损害赔偿请求，于法无据。其次，外派船员在人身伤亡事故中因人身权遭到损害而享有损害赔偿请求权，该请求权具有人身依附性。结合我国《合同法》中第73条第一款以及最高人民法院《关于使用〈中华人民共和国合同法〉若干问题的司法解释(一)》第12条的规定，人身伤害赔偿请求权等专属于权利人的权利，是不可转让的。外派机构既非受害船员的近亲属，亦非与受害船员具有扶养义务的被扶养人，其自然不能成为外派船员人身伤亡损害赔偿的权利主体。

不过，船员外派机构虽不能作为权利主体参加诉讼，但鉴于外派船员人身损害赔偿纠纷的涉外性以及案件客观条件的限制，仅依靠受害船员或其近亲属往往很难及时有效地行使损害赔偿请求权[①]。因此，法律赋予船员外派机构以支持者或协助者的身份参与到外派船员人身伤亡损害赔偿的诉讼和善后工作中来。这一点从以下法规中可见：我国《民事诉讼法》第15条规定："机关、社会团体、企业事业单位对损害国家、集体或者个人民事权益的行为，可以支持受损害的单位或者个人向人民法院起诉。"《涉外赔偿规定》第1条规定："伤亡者所在单位可以支持伤残者及死亡者遗属向法院起诉。"《船员条例》第44条也规定："船员服务机构为船员用人单位提供的船员失踪或者死亡的，船员服务机构应当配合船员用人单位做好善后工作。"

因此，船员外派机构虽然不具备损害赔偿请求权的权利主体资格，但是却可以享有支持受害船员起诉的权利。另外，就事先垫付的相关费用，其可以从索赔额中先予扣除；若船员拒绝支付的，可以通过无因管理另行诉讼。

2.1.3.2 船员外派机构是否可受让取得船舶优先权

船舶优先权是某些法定的特殊海事债权人所享有的一种以船舶为主要标的、

① 张晓．船员劳动安全与职业保障[M]．北京：人民交通出版社，2011．

具有很高受偿位次的担保物权[①]。根据我国《海商法》第 21 条的规定:"船舶优先权,是指海事请求人依照本法第 22 条的规定,向船舶所有人、光船承租人、船舶经营人提出海事请求,对产生该海事请求的船舶具有优先受偿的权利。"而《海商法》第 22 条中规定的第二项,即在船舶营运中发生的人身伤亡的赔偿请求被明确规定为海事请求权。又因为海事请求权转移的,船舶优先权随之转移[②],于是有人提出疑问,船舶优先权能否因人身伤亡损害赔偿请求权的转移而发生转移?

作为设定在船舶之上的一种担保物权,船舶优先权担保的内容是海事请求权,而该请求权行使的对象是船东,因法定的海事请求的出现而产生[③]。船舶优先权担保的主要内容与一般的担保物权相同,都是民事债权,即船东与海事请求人之间的债权债务关系。因此,笔者认为判断船员外派机构是否享有船舶优先权,主要看其与境外船东之间是否存在债权债务关系,即船员外派机构对境外船东是否具有人身伤亡损害赔偿请求权[④]。

上文已经对外派船员人身伤亡损害的性质进行了分析,因为其具有的人身依附性而不能发生转让,因此在外派船员因人身伤亡请求赔偿的场合,"即使外派单位已经先行赔付或者船员愿意将赔偿请求权转让给该机构,也不能发生船舶优先权转移的效果。"[⑤]此时,享有船舶优先权的只能是受害本人或死亡船员的继承人,而船员外派机构无权以自己的名义行使船舶优先权。

2.1.3.3 外派船员人身损害赔偿请求权可否让与

外派船员人身伤亡损害赔偿请求权,从权利的划分上,其属于债权。既然是债权,其自然具备债权的基本属性,其中的一项就是债权让与。债权让与是指不改变债的内容,债权人将其享有的债权转移给第三人享有。那么,外派船员人身伤亡损害赔偿请求权是否也可以发生让与?换言之,在船员外派机构先行垫付相关费用或外派船员本人主动签发权利转让书的情况下,能否发生索赔权转移的效果?

由于债权的让与不是任意的,需要满足一定的条件,其中一个条件就是要求让与的债权具有可让与性。根据我国《合同法》第 79 条的规定,不得让与的债权大致

---

① 司玉琢,胡正良,傅延中,等.新编海商法学[M].大连:大连海事大学出版社,1999:77.

② 参见《海商法》第 27 条。

③ 海商法第 22 条规定了船员工资、人身伤亡、港口规费、救助款项和船舶侵权引起的赔偿请求等五项海事请求。

④ 韩立新.海上侵权行为法研究[M].北京:北京师范大学出版社,2011.

⑤ 尹伟民,许民强.关于船员劳务合同中优先权问题的探讨[J].世界海运,2003(26):28.

可以分为三类：一是依照其性质不得让与的债权；二是依照当事人的特别约定不得让与的债权；三是依照法律规定不得让与的债权。那么，船员的人身伤亡损害赔偿请求权是否属于可以让与的债权呢？对此，法律并无明文规定。有观点认为，根据最高人民法院《关于适用〈中华人民共和国合同法〉若干问题的解释（一）》中第12条的规定："人身伤害赔偿请求权作为专属于债务人自身的权利而不得代位行使，可以推定其不能够发生债权的让与。"①但是也有观点认为，船员的人身伤亡损害虽然为肉体上的损害，但是给受害船员本身所造成的损害却可包括财产上的损失和精神上的损害，其中的财产损失赔偿请求权是可以让与的。对此作者持否定态度，因为人身伤亡损害赔偿请求权成立的另外一方面反映了受害船员正饱受肉体上的和精神上的痛苦，因此无论是其因为所受的财产损害还是精神损害而要求获得赔偿都是为了更好地弥补其肉体上和精神上所受到的痛苦。除非发生直接受害人死亡，其损害赔偿请求权由其近亲属法定继承，其他情况下均不可以让与其他人；同时，如果确实是出于受害船员的本意而希望将获得的人身伤亡损害赔偿让与他人，完全可以等到法院作出判决或侵权责任人承诺履行后，即待受害船员所具有的"赔偿请求权转化为确定的金钱债权后再让与他人"②，如此也可以防止他人利用船员的人身伤亡来谋取不当利益。

综上，笔者认为外派船员人身伤亡损害赔偿请求权虽然属于债权性质，但鉴于该请求权专属于外派船员人身权，不能代位或转让。此时，船员外派机构不能因代位或受让而成为该债权的权利人。

2.2　责任主体的识别与确定

在处理外派船员人身损害赔偿案件时，其赔偿责任主体的识别与确定是解决纠纷的前提。只有确定了赔偿责任主体，责任问题才能最终找到归属，外派船员受到损害的权利的救济问题也才最终得以落实，因此其重要性不言而喻。虽然目前我国相关法律体系以及管理体制对于船员外派法律规制的框架已经基本具备，但外派船员人身伤亡损害赔偿的责任主体方面还有很大的讨论空间。船员外派实践中涉及的法律关系复杂，而且在船舶运输或作业过程中的各个环节都存在可能致

① 徐敏．海上人身伤亡损害赔偿法律问题研究[D]．大连：大连海事大学硕士学位论文，2003.
② A.L.科宾．科宾论合同[M]．王卫国，等，译．北京：大百科全书出版社，258.

人伤害的风险。实践中由于导致船员人身伤亡损害的原因具有多样性，其责任主体也呈现多样性的特点。

2.2.1 合同之诉下外派船员人身伤亡损害赔偿责任主体的确定

根据《海员外派管理规定》第 24 条规定："海员外派机构为海员提供海员外派服务，应当保证外派海员与下列单位之一签订有劳动合同：(1) 本机构；(2) 境外船东；(3) 我国的航运公司或者其他相关行业单位。外派海员与我国的航运公司或者其他相关行业单位签订劳动合同的，海员外派机构在外派该海员时，应当事先经过外派海员用人单位同意。外派海员与境外船东签订劳动合同的，海员外派机构应当负责审查劳动合同的内容，发现劳动合同内容不符合法律法规、相关国际公约规定或者存在侵害外派海员利益条款的，应当要求境外船东及时予以纠正。"

分析该法条可知，在船员外派具体实务中，船员外派机构作为船员与境外船东之间的桥梁，根据船员外派法律关系所涉及的法律主体的差别，可区分为三种情形。第一种情形是，对于我国船员劳动力市场上存在的一些未与境内任何单位确立劳动关系的所谓"社会船员"，船员外派机构也可以将其外派到境外船舶上提供劳务，但应督促境外的船员用人单位与外派船员之间订立劳动合同。此时，船员服务机构的角色是船员与境外船东之间的中介，如图 2.1 中的情形①；第二种情形是，船员与境内航运公司或其他用人单位之间已经签订劳动合同的情形，此时根据《船员服务管理规定》第 17 条第 2 款的规定，船员外派机构在对这部分船员进行外派时，需事先征得船员用人单位的同意，然后方可将该船员外派到境外船舶上提供劳务，此时的法律关系如图 2.1 中的情形②；第三种情形是，船员外派机构与船员签订具有劳动权利义务条款的服务合同的情形，此时，根据《船员服务管理规定》第 18 条的规定[①]，此时船员外派机构为船员用人单位，应同时履行用人单位的责任和义务，具有双重主体身份，即职业中介和船员雇主，其与外派船员之间的法律关系如图 2.1 中的情形③。

因此，与外派船员之间可能存在劳动合同关系的主体分别是船员外派机构、境外船东、国内航运公司。下面笔者将分别对这三个主体进行讨论。

---

① 参见《船员服务管理规定》第 18 条规定："为与船员服务机构签订劳动合同的船员提供船舶配员服务的，船员服务机构为船员用人单位，船员服务机构应当同时履行船员用人单位的责任和义务。"

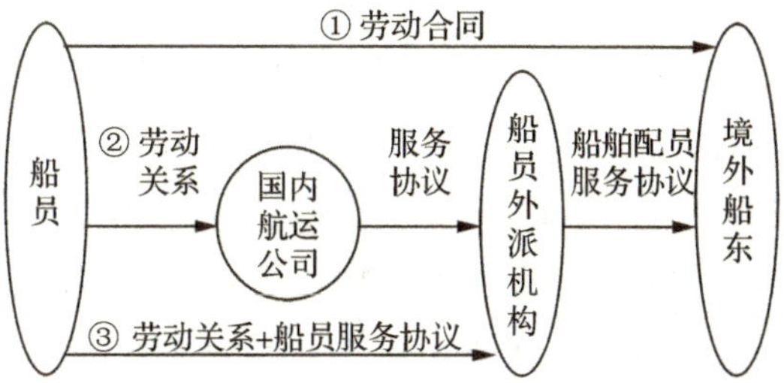

图 2.1

2.2.1.1　船员外派机构作为责任主体的判定

在我国现有法律框架下[①],船员外派劳务合同应是境外船东与外派船员在船员外派机构的辅助参与下达成的。从这个意义上可以说,船员外派机构是我国船员外派过程中不可逾越的环节,在船员外派过程中起着桥梁和纽带作用。

一、船员外派机构的实然法律地位

关于船员外派机构的法律地位,国内学术界一直都存在争议,主要形成两种不同的意见。

有一部分学者认为船员外派机构是中介机构,只是为船员和境外船东提供信息,在船员外派法律关系中处于居间人的地位。理由是:首先,从船员外派机构的职能主要是向外派船员和境外船东提供订立合同的机会,从中起到了媒介服务的作用,而其本身并不参与外派船员与境外船舶所有人签订船员劳务合同的过程,符合我国合同法关于居间合同的规定[②]。其次,"从劳动力交换过程分析,劳动者和雇主之间所形成的联系虽然对于劳动力的交换起到了积极的促进作用,但这种联系本身却不是劳动力的占有或交换关系,不属于劳动关系的范畴,而是居间关系。"[③]再次,从我国相关立法上分析,关于船员外派业务中的外派机构法律性质的最早界定见于2004年商务部施行的部门规章《对外劳务合作经营资格管理办法》,该办法对何为"船员外派"进行定义。此后在同年商务部出台《关于执行〈对外劳务合作经营资格管理办法〉有关问题的通知》里进一步明确作为选派方的对外劳务经营公司在船员外派过程中不与外派船员签订劳动合同,仅有义务协助外派船员与

---

① 参见《对外劳务合作经营资格管理办法》第4条;《中华人民共和国船员服务管理规定》第22条。

② 我国《合同法》第424条规定:"居间合同是居间人向委托人报告订立合同的机会或者提供订立合同的媒介服务,委托人支付报酬的合同。居间人的主要义务是在从事居间活动时,对于有关订立合同的事项,向委托人如实告知。"

③ 蒋跃川.关于我国现行船员劳动中介制度的思考[J].当代法学,2001(6):67-70.

境外船东签订劳动合同，言下之意，商务部是将对外劳务经营公司的属性界定为服务或中介性质。[①] 2005 年 7 月 4 日，鉴于船员外派的特殊性，商务部又颁布了《外派海员类对外劳务合作经营资格管理规定》对船员外派机构的资质补充了几项特别规定，但遗憾的是该规定并没有改变船员外派机构性质。2007 年 9 月 1 日起施行的《船员条例》对于船员外派机构的法律地位的规定与以上各部门规章的规定相似，都是将其界定为提供船员代理服务或者媒介服务的机构。因此，对于外派船员、船员外派机构以及境外船东之间的法律关系界定如图 2.2 所示。

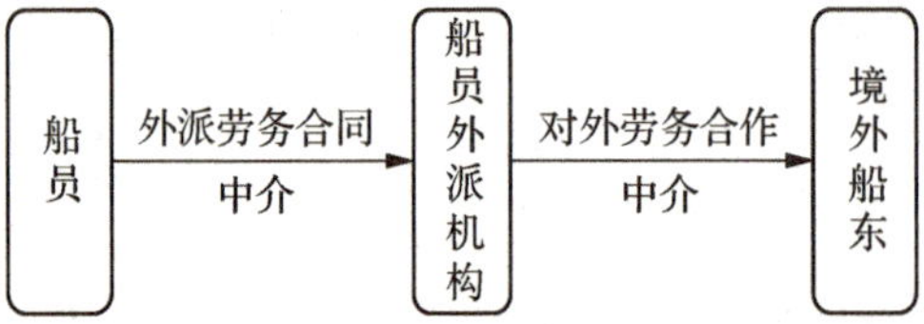

图 2.2

另一部分学者从船员外派机构的作用出发，认为船员外派机构并非仅是提供居间服务的中介机构，而是船员外派中的一种特殊的用人主体[②]。持该种观点的学者认为：(1) 船员外派机构对内根据其与船员之间的“聘用海员协议”进行有组织地招募和选拔合适的船员，同时办理外派手续等活动，对外负责向境外船东提供适航船员并进行管理，因此其地位并非仅是职业介绍类的中介机构，而是实实在在参与到船员外派法律关系中的用人单位。(2) 从船员外派机构与船员签订的合同性质上分析，根据《船员条例》第 27 条的规定，“船员用人单位应当按照劳动合同法律、法规或中华人民共和国缔结或加入的有关船员劳动与社会保障国际条约的规定，与船员签订劳动合同。”因此，船员外派机构与外派船员之间签订的是劳动合同，而非居间合同。此时，外派船员、船员外派机构以及境外船东之间的法律关系界定如图 2.3 所示。

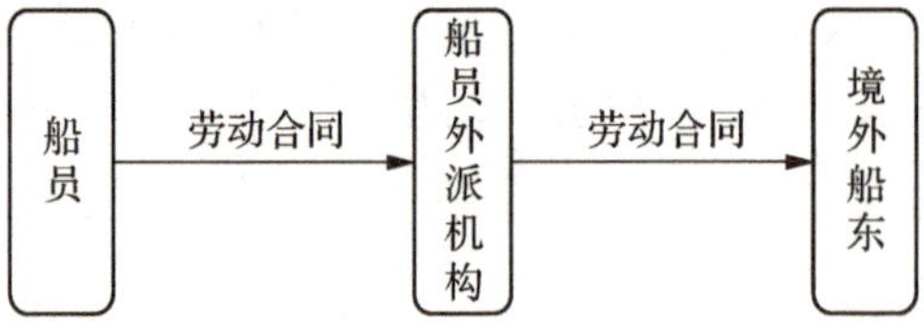

图 2.3

---

① 参见 2004 年 9 月 2 日商务部《关于执行〈对外劳务合作经营资格管理办法〉有关问题的通知》第 27 项。

② 孟红军. 海商法修改中关于船员外派的若干法律问题[J]. 世界海运，2006(4)：44－46.

笔者认为，就船员外派机构的法律地位问题不能单纯地对其定义为中介机构或是用人单位，随着《船员条例》《船员服务管理规定》及《海员外派管理规定》的先后颁布和实施，一直以来备受争议的船员外派机构（以往称船员中介）的法律地位逐渐明确。

通过对上述三种情形的分析可知，船员外派机构既可以是船员用人单位，也可以是船员服务机构（与外派船员没有劳动关系，只有船员服务合同关系），因此对于船员外派机构作为外派船员人身伤亡损害赔偿责任主体的问题，有必要区分不同情况分别讨论。在第一种和第二种情形下，船员与船员外派机构之间形成船员劳务中介关系，双方之间签订的船员服务协议应看作是平等的民事主体间的民事合同，依《合同法》解决他们之间的纠纷。根据《国内经营公司与外派海员外派协议范本》(1999)外经贸合字第 30 号第 5 条的规定："合同期内，由海外雇主按《海外雇主与外派海原合同》有关条款内容，为乙方（外派船员）办理医疗、人身意外事故等险种的保险。乙方发生工伤、疾病、死亡事故时，甲方（外派单位）负责协助乙方或乙方的法定继承人督促海外雇主，按《海外雇主与外派海员合同》规定的赔偿条款履行合同，并将从海外雇主处索回的保险金额全数交乙方或乙方的法定继承人。"因此，在这种情形下，船员外派机构对于外派船员人身伤亡损害的赔偿，只有督促的责任，其本身并不负责赔偿，只需要在境外船东没有为外派船员投保相关保险而外籍船东又无力承担船员人身伤亡损害赔偿时，船员外派机构应当承担未尽督促之责的违约责任。而至于这种违约责任的具体内容并无细致的规定①。第三种情形下，船员先与船员外派机构通过合同建立劳动关系，再由船员外派机构外派该船员到境外船东的船舶上提供劳务。实际上，这三方之间形成了《劳动合同法》第五章的第二节所规范的"劳务派遣"关系，即船员外派机构作为用人单位，境外船东作为用工单位。同时，《船员服务管理规定》第 17 条也规定："依法与船员签订劳动合同的单位，为船员用人单位。使用未与船员用人单位解除劳动合同的船员的单位，为船员用工单位。"因此，船员外派机构作为劳务派遣单位，根据《劳动合同法》第 58 条的规定，应当履行用人单位对劳动者的义务，如与外派船员签订劳动合同、按时发放工资、为船员办理社会保险等。

二、船员外派机构的应然法律地位

如前所述，船员外派机构是在我国船员外派特有法律框架下存在的一个特殊

① 陈晶.船员人身伤亡损害赔偿法律制度研究[D].上海：复旦大学硕士学位论文，2009.

主体，尤其值得注意的是，为了防止船员被外派后“有人派、无人管”现象的发生，2011年7月实施的《海员外派类管理规定》第4条明确了“谁派出，谁负责”的原则。要求船员外派机构对其所派出的船员负责，做好外派船员在外轮工作及登、离船期间的各项保障工作。这也进一步明确了船员外派机构的用人单位的法律地位。

然而，存在未必合理。虽然船员外派机构与外派船员之间会因劳动合同的签订而建立劳动合同关系，在双方当事人之间发生劳动合同上的权利义务，但两者之间的劳动合同关系与典型劳动合同仍有差异，主要表现为船员外派中劳动合同的内容是雇用与使用相分离的，船员基于劳动合同所必须提供的劳动义务并不是在船员外派机构的指挥监督下进行，而是在境外船东的指挥监督下进行。换句话说，此劳动合同并不包括劳动过程的实现，故两者之间并不构成典型形态的劳动关系，因为在典型的劳动合同中，劳动者给付劳务的对象就是与其签订劳动合同的用人单位。但在船员外派下，外派船员给付劳务的对象并非是与其签订劳动合同的船员外派机构，而是实际用工单位——境外船东。因此，笔者认为，在此种情况下，船员劳动外派机构与外派船员之间仅成立形式上的劳动关系，虽然两者之间的劳动合同的内涵与典型劳动合同不尽相同。

而且通过上述分析可知，在船员外派过程中，船员外派机构更多时候扮演的是一种劳动中介机构的角色。此时，其既非船员劳动力的所有者，也非船员劳动力的实际使用者，只是为船员和境外船东之间提供就业信息或达成交易而牵线搭桥，从中获取其在船员劳动力交易过程中的劳动报酬。然而，通过我国法律的规定，船员外派机构事实上已成为船员劳动力交换关系中相应权利的享有者和义务的承担者。而现实中，很多时候，船员外派机构作为船员劳动力交换的中介，为最大限度地获取收益，其在“侵夺”船员利益的同时，又谋求从境外船东处获取利益。笔者在调研过程中发现，目前我国的很多船员外派机构为达成交易获得报酬，不惜将不适格的船员外派给境外船东，这种做法不仅会导致当事人之间的纷争不断，而且从长期发展来看，也会严重影响我国船员的声誉，不利于我国在国际船员劳动力市场中的竞争力。

考查我国船员外派机构产生和发展的历史会发现，究其现状的成因，既有经济因素，也存在政策因素。一方面，从经济规律的角度来讲，我国船员的供给要远大于国内市场的需求，因此仅依靠船员自身来寻求和开拓海外船员劳务市场几乎不可能，而政府和社会目前在这方面所做的工作也十分有限，这就迫切需要船员外派机构的参与；另一方面，从我国政策的角度来讲，我国的社会保障制度还不完善，实践中,劳动者的社会保险以及福利待遇等在很大程度上需依靠用人单位进行,因此,为落实船员在国内的社会保障,法律规定船员须先与船员外派机构建立劳动关系或者聘用合同关系便成了最好的选择。

笔者认为,就船员外派机构如今在我国船员外派过程中所扮演的角色而言,已不符合经济规律的要求,而且与我国现行政策及当前国情相违背。由于船员外派机构的介入,船员外派法律关系更为复杂,在外派船员出现人身伤亡后,各方当事人之间相互推诿的现象时有发生;而且随着我国社会保障制度的逐渐完善,完全由用人单位来承担劳动者社会保险和福利待遇的观念已被摒弃,事实上,虽然规定由船员外派机构来承担外派船员的社会保障待遇,但社会上很多外派机构却并没有这样做,一纸"船员聘用合同"似乎并未起到加诸船员外派机构以劳动合同法上"用人单位"的义务之作用,船员与外派机构之间仍是一种极为松散的关系。因此笔者认为,对现今我国的船员外派制度仍有必要重新进行定位,乃至对船员外派机构的存废都是一个应予考虑的问题。

从国外的实践来看,承担船员劳务中介服务的多为政府部门这种非营利机构,尤其是海员工会在其中发挥着重要的作用;即使是盈利性组织,法律也通常对其业务内容进行限制。如英国的《1970 年商船航运法》第 6 条规定:"任何人不应为了报酬而设法为雇佣海员的人寻求海员或为海员去寻找雇主,……任何人不应由于为任何他人雇佣了海员而直接或间接地索取或接受任何报酬。"韩国《船员法》第 101 条也规定:"法律不允许任何人根据供应合同提供船员。"而这些先进的经验和立法都为我国船员外派机制的发展提供借鉴作用,而船员外派机构在实践中的混乱表现也反映出了我国船员外派相关法律规定的不完善,或许只有彻底变革我国现有的船员外派机制,船员外派机构的问题才能得到最终解决。

2.2.1.2　境外船东作为责任主体的识别

境外船东,是指"外籍船舶的船舶所有人、船舶管理人和光船承租人,是外派船员劳务合同中的一方当事人"。在上述第一种情形下,即在外派船员与境外船东之间存在劳动合同或雇佣合同的情况下,境外船东既是外派船员的用人单位,又是用工单位,此时,应由境外船东负责对外派船员的损害赔偿承担责任。同时,各国在劳动法中普遍对雇佣合同责任进行了强制性的规定,即雇员在履行职务受伤时雇主须承担赔偿责任,不得用合同来规避责任。

船东对于船员在船上工作或遣返期间因履行劳动合同与雇佣合同导致的人身伤亡损害承担责任,可以说是国际上的通例。例如国际劳工组织于 1936 年《船东对海员疾病受伤或死亡应负责任公约》[①](《Ship-owners Liability(sick and injured seaman)Convention》)中规定:"受雇船员在船上工作期间受伤疾病,船东应负责医疗、食宿等费用。关于支付时间问题规定从受伤或生病之日起不少于16周;如果船员因病、伤死亡,船东除医疗费用外,还应支付丧葬费;如受伤患者丧失工作能力,只要船员留在船上,船东应支付全工资;船员因伤病上岸,船东应负责遣返费等。"另外,2006年《海事劳工公约》在其标准A4.2以及导则B4.2中也详细地规定了船东的责任。标准A4.2规定:"(1)各成员方应通过法律和条例,要求悬挂其旗帜的船舶的船东根据以下最低标准,对船上工作的所有海员的健康保护和医疗负责:(a)对于在其船上工作的海员,船东应有责任对海员从开始履行职责之日起到其被视为妥善遣返之日期间所发生的或源自这些期间的就业的疾病和受伤承担费用;(b)船东应提供财务担保,保证对海员因工伤、疾病或危害而死亡或长期残疾的情况提供国家法律或海员就业协议或集体协议所确定的赔偿;(c)船东应有责任支付医疗费用,包括治疗及提供必要的药品和治疗设备,以及在外的膳宿,直到该患病或受伤海员康复,或直到该疾病或机能丧失被宣布为永久性的;以及(d)如果发生海员受雇期间在船上或岸上死亡的情况,船东应有责任支付丧葬费用。(2)国家法律或条例可以把船东支付医疗和膳宿费用的责任限制在从受伤或患病之日起不少于16周的期限内。(3)如果疾病或受伤造成工作能力丧失,船东应有责任:(a)只要患病或受伤海员还留在船上或者在海员根据本公约得到遣返以前,向其支付全额工资;以及(b)从海员被遣返或到达上岸之时起直到身体康复,或直到有权根据有关成员方的法律获得保险金(如果早于康复),按照国内法律或条例或集体协议的规定向其支付全额或部分工资。(4)国家法律或条例可将船东向一名离船海员支付全部或部分工资的责任限制在从患病或受伤之日起不少于16周的期限内。(5)国家法律或条例可在以下情况下排除船东的责任:(a)在船舶服务之外发生的其他受伤;(b)受伤或患病是因患病、受伤或死亡海员的故意不当行为所致;以及(c)在接受雇用时故意隐瞒的疾病或病症。(6)只要此种责任由公共当局承担,国家法律或条例可免除船东支付船上医疗费用及膳宿和丧葬费用的责任。(7)船东或其代表应采取措施保护患病、受伤或死亡海员留在船上的财物并将其归还给海员的最近亲属。"导则B4.2规定:"(1)标准A4.2第3(a)款所要求的支

① 《船东对海员疾病受伤或死亡应负责任公约》于1936年10月24日第21届大会上通过,1939年10月29日生效。

付全额工资可不包括奖金。(2) 国家法律或条例可以规定:从患病或受伤海员能够根据疾病强制保险计划、事故强制保险计划或工人事故赔偿计划索取医疗保险之日起,船东不再对支付其费用负有责任。(3) 如果根据有关社会保险和工人赔偿的法律或条例可对死亡海员支付丧葬补助,国家法律或条例可规定由一保险机构偿付船东已支付的费用。”

当船员出现了人身伤亡的损害时,首先想到的第一个赔偿责任主体必然是其雇主,在船员与境外船东存在劳动合同的情况下,其雇主就是“船东”。然而随着科技的进步以及社会生产的发展,航运业的专业化分工越来越细致化,船舶运输关系也由此而变得复杂。附着于一个船舶之上的权利主体,由一两个单纯的个体而逐渐聚合成由船舶所有人、光船承租人、期租承租人、航次承租人、保险方等组成的一个庞大的利益集团。这些个体都与外派船员工作的船舶结成了某一方面或某种程度的“利益关系”。在上述船舶权利主体中,谁又应为在其之上为其工作的外派船员的损害负责呢?

一、船舶所有人作为责任主体

笔者认为,认定船舶所有人作为船员人身伤亡损害赔偿最主要的赔偿责任主体,根本原因并非因其对船舶拥有所有权、是船舶的所有权人,而是在于其对船舶实际的管理和控制权,以及由此为之带来的实际利益。此时由船舶所有人自己为船舶配备设备、雇佣和管理船长和船员来经营船舶、申请船舶检验、实施船舶修理等。因此,在这种情况下,当其船舶发生船员人身伤亡事故,按照管理和控制船舶原则,由船舶所有人作为赔偿义务人承担雇佣合同责任是合理的。

船舶由船舶所有权人自己管理和控制,说明其是以自有船舶来从事海上运输,同时对船舶行使,直接行使占有、使用、收益权,由此带来的实际利益归属于船舶所有人。一方面船舶所有人可以根据自己的意志来运营船舶,并通过从事海上运输活动来获取收益;另一方面权利即义务,船舶所有人在行使其对船舶权利的同时,也负担着保证船舶航行安全、为其船员提供安全保障的义务。按照上述原则和标准,在识别船舶所有人时应注意以下情况:

(1) 因提供不适航船舶导致的船员人身伤亡,船舶所有人为法定的责任主体。不适航船舶属于船舶本身缺陷,船舶所有人依法负有提供适航船舶的法定义务。所谓提供适航的船舶,主要指的是要按照船舶航行的技术规范,妥善地装备船舶,配足配好船上设备及属具,使船舶能够处于适宜或满足航行要求的良好技术状态。如果因船体、船上设备存在缺陷,如舵机或汽笛系统失灵、锚链或缆绳断裂、号灯射程不符合要求等船舶不适航情况而导致船员人身伤亡损害，则船舶所有人理应成为法定的责任主体。即便是在光船租赁期间，如果船员人身伤亡事故的发生是由于船舶的不适航引起的，并且这种情况交船之时或之前就已经存在，则船舶所有人仍应承担赔偿责任，是当然的赔偿义务人；如果船舶不适航是由于交船以后，光船承租人没有及时地履行维修和保养义务导致，并因此发生了船员人身伤亡事故，则光船承租人为赔偿责任主体。

需要注意的是，即便是这种情况下的船舶不适航是由于船舶设备供应商或船舶修理人等独立合同人的原因导致的，船舶所有人也不能以此来对抗赔偿权利人。此时，船舶所有人仍为船员人身伤亡损害赔偿责任主体。不过，船舶所有人承担了全部赔偿责任后，仍有权向上述独立合同人进行追偿。

(2) 所有人在管理和控制船舶期间，因同一雇主的其他船员的过失导致船员人身伤亡损害的，船舶所有人为赔偿责任主体。除光船租赁的情况之外，船舶所有人无论是其直接作承运人还是将船舶程租或期租经营，包括船长在内的船上一切船员都是由船舶所有人自行配备，相应的，船舶所有人对他们也有进行管理的责任。因此，由于同船的其他船员在驾驶船舶或管理船舶中的过失行为导致船员人身伤亡损害，应由船舶所有人作为责任主体来承担雇主责任。

(3) 船舶所有权登记对确定船舶所有人的影响。船舶所有人是指对船舶拥有所有权的人。各国普遍将“登记”作为船舶所有权变动的公示方法，采用登记对抗主义的船舶物权变动模式。例如我国《海商法》第9条规定：“船舶所有权的取得、转让和消灭，应当向船舶登记机关登记；未经登记的，不得对抗第三人。”这样“登记的作用是将发生在当事人之间的船舶物权变动通过登记显示于外，成为他人得知的媒介，增强船舶物权的外部效力。”[①]也就意味着未经登记的船舶所有权变动，即使在当事人之间依法成立并发生法律效力，但由于未将当事人之间的船舶所有权变动情况彰显于外，为公众所知，则这种未经公示的船舶所有权变动不能对抗当事人之外的善意第三人。换言之，当事人不能向善意第三人主张船舶所有权已变动的法律效力。

二、光船承租人作为责任主体

光船租赁合同(Bareboat Charter Party)是指船舶出租人向承租人提供不配备船员的船舶，在约定的期间内由承租人占有、使用和营运，并向出租人支付租金的

---

① 司玉琢.海商法专论[M].北京：中国人民大学出版社，2007：70.

合同①。在光船租赁法律关系中,船舶所有权人依据光船租赁合同将其船舶所有权中的占有、使用、收益三项权能让渡给光船承租人,只保留对船舶的处分权。相应地,光船承租人因此取得对船舶的管理和控制权以及由此带来的实际利益。此时,"光租条款对于船舶而言,意味着在光船租赁期间,承租人对船舶享有占有和控制权,包括任命船长、船员的权利。"②

在光船租赁期期间,船舶完全处于光船承租人的管理和控制下,由其雇佣和管理船长与船员来经营船舶,同时船舶的维修和保养也由其负责。换言之,此种情况下,由光船承租人与船员签订劳动合同,雇佣船员到船上提供劳务,即光船承租人作为船员的用人单位和雇主。因此,按照"管理和控制船舶"原则,在光船租赁期间发生的船员人身伤亡事故,光船承租人理所当然地成为赔偿责任主体。具体而言,因提供不适航船舶导致的船员人身伤亡,除非船舶不适航的状况在交船之时或之前已经存在,则船舶所有人仍应作为赔偿责任主体;如果船舶不适航的状况是发生在交船之后,由于光船承租人没有及时地履行对船舶的维修和保养义务所引起的,并因此导致了船员人身损害赔偿责任的发生,则光船承租人应为赔偿责任主体;如果船员伤亡事故的发生,是由于其他船员的管船过失导致的,则光船承租人也应作为责任主体替代直接侵权第三人承担损害赔偿责任。

此外,在航运实践中还存在一种特殊的光船租赁合同,即光船租购合同(Bareboat Charter with Hire Purchase)。这种合同是指船舶出租人向承租人提供不配备船员的船舶,在约定的期间内由承租人占有、使用和营运,向出租人支付租购费,并在约定期间届满时由承租人取得船舶所有权的合同③。虽然它兼具船舶租赁合同和船舶买卖合同的双重属性,但在光船租购期间,船舶完全在光船租购人的实际管理和控制下,因此,在其船上发生的船员人身伤亡损害,光船租购人同样要作为赔偿责任主体。

三、定期租船人作为责任主体

《海商法》第129条规定:"定期租船合同,是指船舶出租人向承租人提供约定的由出租人配备船员的船舶,由承租人在约定的期间内按照约定的用途使用,并支付租金的合同。"通常情况下,定期租船人对船舶的具体营运拥有决定权,例如他可

① 参见《中华人民共和国海商法》第144条的规定。

② 法条转引自:韩立新,等,编译.各国(地区)海商法汇编(中英文对照)[M].大连:大连海事大学出版社,2003:156.

③ 初北平.船舶碰撞的责任主体识别[J].人民司法,2008(9):85.

以指令船舶挂靠在哪个港口或装运何种货物等，但对船舶的安全并不负责，而且定期租船人也不是船员的雇主。因此，在合同之诉下，定期租船人对船员人身伤亡损害的发生无需承担赔偿责任。

2.2.1.3 国内航运公司

目前中国著名的航运公司巨头有两家，中远 COSCO 和中海 CSCL；稍具规模的有 5 家，包括中外运、锦江航运、中波、山东海丰、招商局轮船；而小型的有很多，他们同样具有进行船员外派业务的资格。

如前章所述，在外派船员的雇佣模式上存在外派船员隶属于国内某航运公司，由于其所属航运公司人员富余而安排外派，此时船员与国内航运公司之间存在劳动合同关系，船员作为国内航运公司的员工，需要服从于国内航运公司行政上的管理领导；与此同时，国内航运公司有义务为船员缴纳工伤保险，在船员外派后服务于外轮期间因公受伤的情况下，国内航运公司须承担工伤保险责任。

2.2.2 侵权之诉下外派船员人身伤亡损害赔偿责任主体的确定

在外派船员遭受突发的侵权行为引起的人身伤亡损害的情况下，应由侵权人承担外派船员的损害赔偿责任。对此，我国在《涉外规定》中明文规定："伤残者本人死亡者遗属均有权请求侵权人赔偿损失。"[①]同时，关于责任的承担问题规定："除法律另有规定者外，损害的发生完全是因一方的过错造成的，由该过错方承担全部责任，互有过错的，按过错程度比例分别承担责任，过错程度比例难以确定的，由各自平均承担责任。二人以上共同侵权造成他人损害，侵害人承担连带承认。"[②]我国《海商法》也规定，海上侵权责任人应对其共同侵权行为造成的海上人身伤亡损害承担连带赔偿责任，具体而言包括：互有过失船舶碰撞造成的船员人身伤亡损害的情况[③]；以及海上拖航作业中承拖方与被拖方的过失造成船员人身或财产损害等[④]。

2.2.2.1 第三人侵权导致外派船员人身伤亡损害赔偿

外派船员人身伤亡损害事故的发生常常是由于雇佣关系以外的"第三人"的侵

① 参见最高人民法院《关于审理涉外海上人身伤亡案件损害赔偿的具体规定（试行）》第 1 条。
② 参见最高人民法院《关于审理涉外海上人身伤亡案件损害赔偿的具体规定（试行）》第 2 条。
③ 参见《海商法》第 9 条第 3 款。
④ 参见《海商法》第 163 条。

权行为，此时“第三人”可以是自然人，如唐胜雷、秦阿菊、宣玲诉广州远洋运输公司、惠博轮船有限公司外派船员工伤死亡损害赔偿案，案中唐振康在惠博公司所属的“兴胜”轮工作期间的死亡就是由于巴布亚新几内亚当地工人为该轮装载木材时操作不当的侵权行为造成的；也可以是法人，例如单船过失碰撞行为，即由于完全归咎于一方船舶的过失发生的船舶碰撞导致对方船员人身伤亡损害的发生。对于单方过失损害赔偿责任的承担，国际公约及各国海商法均有明确规定，根据 1910 年《碰撞公约》第 3 条规定：“如果碰撞是由于一艘船舶的过失所引起的，损害赔偿的责任应由该艘过失船舶承担。”我国的《海商法》也做出了相同的规定，根据《海商法》第 168 条的规定：“船舶发生碰撞，是由于一船的过失造成的，由有过失的船舶负赔偿责任。”

对于第三人侵权造成的人身损害赔偿，按照我国最高院《人身损害赔偿解释》第 11 条规定，赔偿权利人可以选择请求该侵权第三人承担赔偿责任，也可以选择请求雇主承担赔偿责任；雇主在承担责任后可以向第三人追偿。因此，在上述“唐胜雷、秦阿菊、宣玲诉广州远洋运输公司、惠博轮船有限公司外派船员工伤死亡损害赔案”中，赔偿权利人可依侵权行为法律规范向巴布亚新几内亚当地工人或该受害船员的船东请求损害赔偿，这样双方便形成侵权损害赔偿法律关系。因此，针对上述第二种情况，即单船过失碰撞行为的责任承担问题，虽然我国《海商法》第 168 条做出规定：“船舶发生碰撞，是由于一船的过失造成的，由有过失的船舶负赔偿责任。”但是我国《海商法》第 168 条只是对单船过失碰撞责任承担的一般性规定，而《人身损害赔偿解释》第 11 条却是关于船东承担雇员受害赔偿责任的特别规定。因此，《海商法》第 168 条不能阻止《人身损害赔偿解释》第 11 条在相关案件中的适用，在遇到此类案件时，仍应赋予船员向本船船东请求损害赔偿的权利。

2.2.2.2 境外船东与第三人共同侵权导致的外派船员人身伤亡损害赔偿

对于共同侵权行为，各国民法典普遍都规定由共同侵权人对由此造成的他人损害承担连带责任。共同侵权在我国被称为“二人以上共同侵权”，我国的《民法通则》以及《侵权责任法》对此应承担连带责任也进行了明确的规定[①]。在我国，“二人以上共同侵权”是指“二人以上共同故意或者共同过失致人损害，或者虽无共同

① 《民法通则》第 130 条规定：“二人以上共同侵权造成他人损害的，应当承担连带责任。”另外，《侵权责任法》第 8 条也规定：“二人以上共同实施侵权行为，造成他人损害的，应当承担连带责任。”

故意、共同过失，但其侵害行为直接结合发生同一损害后果的，构成共同侵权，……。”[①]可见，如果侵权人之间存在共同故意、共同过失或者侵权人之间行为的结合导致同一损害结果的发生时，侵权人之间即构成共同侵权人，需要承担连带责任。

外派船员在外轮上工作，由于船舶碰撞导致其发生人身损害赔偿的情况比较多见。但在船舶碰撞实践中，由单船独自承担损害赔偿责任的情况很少，多数情况下还是双方过失损害赔偿责任，即互有过失两船发生碰撞导致一船的船员受伤的情形。这种情况即为境外船东与第三人共同侵权导致的外派船员人身伤亡损害的典型例子。

根据1910年《碰撞公约》确定的原则，如果碰撞双方均有过失的情况下，应按照过失比例承担赔偿责任；如果双方过失比例相当或比例难以确定时，则各自承担50%的赔偿责任[②]。该损害赔偿原则目前已为世界大多数国家所遵循。美国虽然没有参加1910年《碰撞公约》，但在1975年最高院在审理United States v. Reliable Transfer Co. 案[③]时，也开始将比例过失原则运用于船舶碰撞方面[④]。尽管美国至今都未通过立法的形式将这一原则确认下来，但该原则对美国审理相关案件开辟了先河。我国《海商法》在船舶碰撞的责任承担上遵循1910年《碰撞公约》的规定，在其第169条第2、3款规定：“互有过失的船舶，对碰撞造成的船舶以及船上货物和其他财产的损失，依照前款规定的比例负赔偿责任。碰撞造成第三人财产损失的，各船的赔偿责任均不超过其应当承担的比例。互有过失的船舶，对造成的第三人的人身伤亡，负连带赔偿责任。一船连带支付的赔偿超过本条第1款规定的比例的，有权向其他有过失的船舶追偿。”简言之，互有过失的船舶对船员人身伤亡承担的是连带赔偿责任，这就意味着任何一过失船舶都有义务向受害船员承担全部赔偿责任；同时，作为受害人赔偿责任主体的船员有选择权，既可以选择其中一船承担全部赔偿责任，也可以请求互有过失船舶承担共同损害赔偿责任。

值得注意的是，在受雇于同一境外船东的雇员过失所致的外派船员人身伤亡损害的情况下，境外船东与其雇员之间能否构成共同侵权？这个问题值得探讨。

① 参见《人身损害赔偿解释》第3条。

② 1910年《碰撞公约》第4条第1款规定：“如果两艘或两艘以上船舶犯有过失，各船应按其所犯过失程度，按比例分担责任。但如果考虑到客观环境，不可能确定各船所犯过失的程度，或者看起来过失程度相等，其应负的责任便应平均分担。”

③ 421U. S. 397，1975AMC541(1975).

④ [加拿大]威廉·台特雷. 国际海商法[M]. 张永坚，等，译. 北京：法律出版社，2005：195.

根据《人身损害赔偿解释》第 9 条的规定，在雇员因故意或重大过失致其他雇员遭受人身损害的情况下，雇主与雇员承担的是一种连带责任。尽管这种连带责任看似与共同侵权的责任承担上相同，但是笔者认为，在受雇于同一境外船东的雇员过失所致的外派船员人身伤亡损害的情况下，境外船东与其雇员之间不能构成共同侵权。原因是从共同侵权的责任构成要件上看，共同侵权是侵权人之间存在共同的故意、过失或者侵权人之间虽无共同故意、过失但其行为的结合导致同一损害结果。而境外船东作为雇主承担其雇员致害责任是出于雇主责任的角度。虽然《人身损害赔偿解释》第 9 条规定如果雇员有重大故意或过失的情况下，雇主可以对其进行追偿，但此时的故意或重大过失是出自雇员的单方行为，而不是共同侵权构成要件上要求的双方的共同故意或过失，所以从构成要件上看，两者没有必然的联系，不应归在一起。

本章小结

本章主要围绕司法实践中存在的权利主体和责任主体的识别与判定问题进行系统地分析与论证。就赔偿权利主体而言，按照其自身的人身权是否直接遭受侵害分为两大类：直接受害人和间接受害人。确定了受害船员本人、其近亲属以及其具有扶养义务的被扶养人在不同情形下的赔偿权利主体资格，否定了船员外派机构的主体资格和船舶优先权的获得，并大胆建议应彻底变革我国现有的船员外派体制，确立船员外派机构之应然法律地位。就责任主体而言，分别针对合同责任与侵权责任下不同的责任主体资格进行论述。在合同责任下，以船员外派各方法律关系为基础，确立了境外船东、船员外派机构与国内航运公司在外派船员人身伤亡损害时的责任主体地位，尤其在确定境外船东作为赔偿责任主体时，对在不同的租船合同下境外船东作为责任主体进行识别。在侵权责任下，针对不同情形下的第三人侵权以及境外船东与第三人共同侵权导致的外派船员人身伤亡损害时的责任主体进行分析。同时提出外派船员人身伤亡损害赔偿的责任主体应由传统的单一的“控制论”逐渐向“利益论”转变。

第 3 章

外派船员人身伤亡损害赔偿之责任关系问题

在法理学中，法律关系是最基本的法学范畴之一。19 世纪德国法学家、法律关系理论家萨维尼认为："任何一项法律关系都是通过法律规则界定的人与人之间的关系。"根据萨维尼的观点，法律关系的核心要素是权利，只有对法律关系进行分析，才能认识其中所包含的权利，进而确定各主体间的权利、义务分配。

实务中，导致外派船员人身损害赔偿的原因颇为复杂。例如广州海事法院于 2005 年审理的唐胜雷、秦阿菊、宣玲诉广州远洋运输公司、惠博轮船有限公司外派船员工伤死亡损害赔案[①]，该案中受害船员唐振康生前是广州远洋运输公司（以下称为广远公司）船员，2003 年 1 月 1 日，广远公司与惠博轮船有限公司（以下称为惠博公司）签订《劳务协议书》，双方约定：惠博公司从广远公司雇请 21 名船员到其所属"兴胜"轮（英文名：HING SONG，该轮挂香港区旗）工作，船员包干租金为 21 万美元；该轮航区为东南亚航区以及停靠该航区港口（若去战区或传染病区，由合同双方另行商定）；外派船员在合同期间即为惠博公司的雇员；惠博公司负责为外派船员投保商业险（包括船东责任险、人身意外险和行李财产险）。2003 年 1 月 11 日，广远公司与唐振康签订《船员外派协议书》，将唐振康外派到惠博公司担任"兴胜"轮大副一职。2003 年 2 月 22 日，唐振康在巴布亚新几内亚监装木材时由于工人操作不熟练，导致其被吊装木头滑落撞击至胸部，后因抢救无效死亡。案发后唐胜雷、秦阿菊、宣玲作为受害船员唐振康之遗属以赔偿权利人的身份将广远公司（船员外派机构）和惠博公司（境外船东）列为共同被告诉至广州海事法院，被告应诉。

---

① （2005）广海法初字第 76 号。

该案是一宗典型的因第三人侵权引起的外派船员人身伤亡损害赔偿案件，集中反映了该类纠纷的相关争议问题，即与外派船员人身伤亡损害赔偿请求权相关的法律关系的认定，以及针对各种不同情况下的竞合问题的处理。如前所述，在船员外派的过程中，必须订立两个前后相关联的合同，即船员与船员外派机构签订的船员外派合同以及船员外派机构与境外船东签订劳务输出合同(或称船员租用合同)。外派船员就是通过以上两个合同的链接，被外派到外轮上工作。境外船东按时向船员外派机构支付租金，同时船员外派机构向外派船员支付工资报酬。在外派船员遭遇人身伤亡损害后，船员外派机构与境外船东之间相互推诿，导致外派船员的正当权益受损，不能得到及时的赔偿。因此，笔者认为有必要先将与外派船员人身伤亡损害赔偿请求权相关的法律关系进行梳理。

3.1　与外派船员人身伤亡损害赔偿请求权相关的法律关系的认定

3.1.1　劳动关系以及在此基础上的工伤保险责任

船员被外派到境外船东的船舶上工作，因遇到突发事件而导致其人身受到伤害或其合法权益遭受侵犯时，若其未与任何一个单位建立劳动关系，必然会陷入孤立的境地，这样也会给船员外派管理工作造成困难。为了避免这种情况，《海员外派管理规定》第24条要求，外派机构在派遣船员时，必须要保证船员与本机构、境外船东、国内航运公司或者其他相关单位签订《劳动合同》。在劳动合同关系中，用人单位作为劳动力的使用者和劳动安全条件的提供者，负有保护劳动者在劳动过程中的安全和健康的法定义务①。因此，当船员发生人身伤亡事故时，不必考虑对事故的发生在主观上是否存在过错，用人单位都应对伤亡船员的全部损失承担赔偿或补偿责任。劳动合同关系下的外派船员人身伤亡损害，应属于工伤范畴，除某些特殊情况外②，应受《工伤保险条例》调整。

3.1.1.1　劳动关系

劳动关系本身是一个内涵极其丰富的概念，有广义和狭义之分。广义的劳动

---

① 王利明，公丕祥.人身损害赔偿司法解释若干问题释评[M].北京：人民法院出版社，2005：253.

② 《工伤保险条例》第16条规定："职工有下列情况之一的，不得认定为工伤或者视同为工伤：1.因犯罪或者违反治安管理伤亡的；2.醉酒导致伤亡的；3.自残或者自杀的。"

关系指人们参加社会劳动中所发生的一切社会关系，属社会学的范畴，因此不属于劳动法律所要调整的对象；而狭义的劳动关系指劳动力的所有者与使用者在经济交往中所发生的与劳动有直接联系的关系。本书所指的劳动关系是指狭义的劳动关系。我国《劳动法》并未对“劳动关系”进行明确定义，但《劳动法》第16条第2款规定：“建立劳动关系应当订立劳动合同。”可见，劳动关系与劳动合同是一对唇齿相依的概念。

《海员外派管理规定》第24条规定：“海员外派机构为海员提供海员外派服务，应当保证外派海员与下列单位之一签订有劳动合同：(一) 本机构；(二) 境外船东；(三) 我国的航运公司或者其他相关行业单位。”由上可见，对于外派船员来说，可以与外派机构或者境外船东或者中国航运公司(三者之一)签订劳动合同，换言之，外派船员可以与以上三方主体之一存在劳动关系。

这样，外派船员人身损害赔偿案件必然会牵涉多方主体，案件的处理也会牵涉多方利益，尤其是船员外派机构的利益，法律关系也更为复杂。在我国，船员外派必须通过具有资质的船员外派机构的招募进行，因此在船员外派的过程中，必须订立两个前后相关联的合同：第一份合同，即船员外派机构与外派船员间的劳动力外派合同。就这份合同的性质，如前章所述，分三种情况，有可能是一份劳务中介合同或劳动服务合同，也有可能是一份劳动雇佣合同，或有学者直接认为这就是一份劳动合同。

船员劳务输出不同于海上货物运输，不以船舷作为履行义务的标志。由于人格权无法出让，船员外派机构除了输出劳务，还承担着对外派船员的教育、管理、升迁、奖励等一系列与劳动合同有关的工作，这其中就包含了根据《船员外派协议书》而必须附随的为外派船员缴纳社会保险的义务。但在发生外派船员人身伤亡事故后，船员外派机构为逃避赔偿，千方百计推卸责任，称与船员签订的《船员外派协议书》是劳动中介合同等，而实践中也确实存在着船员外派机构通过与船员签订“雇佣合同”或“居间合同”来招募船员进行外派的情况。因此在司法实践中，往往会出现这样的情况：一旦产生纠纷，外派方往往否认存在劳动关系，而以自己是船员代理公司或劳动服务中介公司的名义进行抗辩。

笔者认为，通常情况下，合同的内容或合同项下合同当事人的权利义务的内容决定着合同性质，明确了合同的性质，即可确定合同应当适用的法律。如果合同内容符合《劳动法》的规定，应将其归于一份劳动合同；如果符合居间合同要求，就将其归类为劳动中介合同。目前，通用的《船员外派协议书》文本包含了非常明确的工资条款、劳动争议条款等内容，完全符合我国《劳动法》关于劳动合同的相关规定，因此应当认定《船员外派协议书》就是一份劳动合同。此种情况下，由于船员外派机构与外派船员已经建立了劳动合同关系，所以二者之间应受《海商法》《劳动法》和《劳动合同法》调整，并且外派机构应当按照《中华人民共和国船员条例》(以下称《船员条例》)的规定承担船员用人单位对外派船员的职业保障的义务。有的船员外派机构为了逃避其相应的法律责任，在合同中注明“此合同为一份劳务中介合同”，这显然是站不住脚的。

船员外派属于劳务派遣之一种，根据《劳动合同法》第 58 条的规定：“劳务派遣单位是本法所称用人单位，应当履行用人单位对劳动者的义务。劳务派遣单位与被派遣劳动者订立的劳动合同，除应当载明本法第 17 条规定的事项外，还应当载明被派遣劳动者的用工单位以及派遣期限、工作岗位等情况。”分析该法条可知，劳务派遣单位作为本法所称的用人单位，应履行用人单位对劳动者的全部义务，包括要与被派遣劳动者订立书面劳动合同的义务，这也就是再次明确了劳务派遣单位与劳动者之间的劳动关系。因此在船员外派机构作为派遣机构的情形下，已然认定船员外派机构作为外派船员用人单位的法律地位。此外，根据《船员条例》第 27 条规定，“船员用人单位应当按照劳动合同法律、法规或中华人民共和国缔结或加入的有关船员劳动与社会保障国际条约的规定，与船员签订劳动合同。”因此，船员外派机构与外派船员之间因签订劳动合同而建立劳动合同关系，故在双方当事人之间当然发生劳动合同上的权利义务。虽然二者之间的劳动合同的内涵与典型劳动合同不尽相同，但在现行劳动法下，其仍属于劳动合同的一种。因此，从本质上说，船员外派机构作为劳动法意义上的用人单位，应该履行劳动法规定其必须履行的义务，如与外派船员签订劳动合同、按时发放工资、为船员办理社会保险等。

3.1.1.2 工伤保险责任

“工伤”通常是指职工在工作过程中因工伤事故所遭受的伤害，包括因工作受伤、残疾或死亡。“工伤事故”这一名词是我国特有的概念，西方国家一般称之为“工业事故”。对工伤的表述观点颇多：一种观点认为，工伤是企业职工在生产岗位上从事与生产劳动相关或由于劳动条件和作业环境导致的人身伤害事故；还有观点认为，工伤是指职工在生产工作中或在去往生产工作岗位的途中负伤、致残和死亡三种情形。以上两种观点虽然表述不同，但其内涵基本一致，即工伤是指因职务行为受到的损伤。

工伤保险，又称为“职业伤害保险”[①]，其内涵是指劳动者在工作过程中因工负伤或者因患职业病而暂时失去劳动能力，从国家和社会获取物质补偿的制度[②]。根据《劳动法》第 73 条的规定：“劳动者在患病、负伤、因工伤残或者患职业病，依法享受社会保险待遇。”这里所指的社会保险就是工伤保险，是指劳动者（雇员）在工作中或法定的特殊情况下发生意外事故，或因职业性有害因素危害而负伤（或患职业病）、致残、死亡时，对本人或其供养的亲属给予物质帮助和经济补偿的一项社会保障制度[③]。

工伤保险对劳动者来说是由国家通过立法强制规定的，具有社会保障的性质。职工遭受工伤，就应给予其强制性的保险待遇，保障工伤职工“伤有所养、死有所赔、遗有所慰”。

由于船上工作的高风险性，经常发生船员人身伤亡事故，各国一般通过工伤保险制度来保障船员在工伤和患病时得到救济[④]。我国的《船员条例》第 25 条明确规定：“船员用人单位和船员应当按照国家有关规定参加工伤保险、医疗保险、养老保险、失业保险以及其他社会保险，并依法按时足额缴纳各项保险费用。”这里的“船员用人单位”，根据《中华人民共和国劳动合同法》对劳务派遣的定义：“劳务派遣是指依法设立的劳务派遣机构和劳动者订立劳动合同后，依据与接受派遣单位（用工单位）订立的劳务派遣协议，将劳动者派遣到用工单位工作。”以及《劳动合同法》第 58 条规定：“劳务派遣单位是本法所称用人单位，应当履行用人单位对劳动者的义务。”可以推出，船员用人单位可以是船员外派机构或国内的航运公司。依照 2004 年 1 月 1 日起施行的《工伤保险条例》的规定：“我国境内企业或个体工商户有依法参加工伤保险、为本单位全部职工或者雇工缴纳工伤保险费的义务[⑤]；境内企业的职工和个体工商户的雇工依法享有工伤保险待遇的权利。”[⑥]因此在劳动关系下，基于我国社会保障法律法规的要求，船员用人单位有为外派船员缴纳工伤保险的义务；外派船员有享受国内的工伤保险待遇的权利。因此在船员外派中，船员外派机构或国内航运公司作为用人单位与船员之间形成劳动合同关系，在发生外派船员人身伤亡损害赔偿的情况下，他们二者又形成了工伤保险责任关系。

---

① 葛蔓．工伤保险改革与实践[M]．北京：中国人事出版社，2000：3.

② 孙树涵．工伤保险[M]．北京：中国人民大学出版社，2000：2.

③ 郑尚元．工伤保险法律制度研究[M]．北京：北京大学出版社，2004：32.

④ 司玉琢，李志文，郭萍．海商法专题研究[C]．大连：大连海事大学出版社，2002：64.

⑤ 参见《工伤保险条例》第 2 条第 1 款。

⑥ 参见《工伤保险条例》第 2 条第 2 款。

3.1.2 雇佣关系以及在此基础上的雇主责任

3.1.2.1 境外船东与外派船员之间事实上的雇佣关系

在外派船员人身伤亡损害赔偿司法实践中经常遇到境外船东辩称：外派船员是中国的船员外派机构外派到其外轮上工作，外派船员从船员外派机构处领取工资，因此船员与船员外派机构直接存在劳动合同关系，受中国的劳动法调整。当外派船员遭遇人身伤亡损害后，应该由船员外派机构承担工伤保险赔偿责任。其与外派船员之间由于没有书面的合同存在，因此二者之间不存在合同关系，外派船员只是其从中国的船员外派机构租借过来的，而且其已经根据《劳务协议书》向船员外派机构支付了船员的全部租金，并为外派船员购买了商业保险，外派船员在外派期间遭遇人身伤亡的情况下，其主要义务是协助外派船员向保险公司提出索赔。

鉴于此，对于外派船员是否有权对境外船东主张损害赔偿请求权产生分歧。否定者认为，双方之间由于没有书面合同存在，因此就不存在合同关系，根据合同相对性原则，外派船员只能向外派机构主张损害赔偿请求权。笔者认为，诚然，在我国外派船员与境外船东之间往往没有正式的书面合同，但这是由于我国特殊的外派船员用工形式导致，可以说，这是一种不正常的现象，不利于外派船员合法权利的保护，而且一旦发生船员的人身伤亡，也会由于双方之间没有合同存在，而使得在境外船东没有过错的情况下，顺利地逃避责任的承担。此时，外派船员只能选择向合同的相对方船员外派机构或国内航运公司主张赔偿。如上文所述，外派船员与船员用人单位之间存在劳动合同关系，在外派船员非因第三人侵权或境外船东过错的情况下发生的人身伤亡，例如外派船员患病或者其自身过错的情况下，其只可以向船员用人单位主张合同责任。但外派船员在境外船东所属的船上工作，境外船东不仅同意而且还获得了外派船员工作的成果，因此双方之间在客观上已经存在某种关系。这种关系不是普通的合同关系，更不是船东与访客之间的关系，因此笔者认为非常有必要揭开境外船东的面纱，梳理外派船员与境外船东之间的关系，为外派船员索赔扫清障碍。

笔者认为这种关系应当是一种特殊的"劳动关系"。不过需要更正的是，笔者所称境外船东与外派船员之间存在的这种事实上的"劳动关系"是指广义的劳动意义上的法律关系，并非受我国劳动法调整的劳动关系。鉴于我国对于劳动关系称谓上的约定俗成，因此笔者认为称之为"雇佣关系"更为贴切。对于劳动关系的含义和范围，各国之间以及我国在不同阶段的认识上存在较大的差异，概括起来有以下两种不同的模式：

第一种模式从人身从属性出发，将劳动法意义上的劳动关系定性为民法上的雇佣关系之一种，目前世界各国普遍采取这种模式。该模式将劳动关系从雇佣关系中分离出来的根本原因在于，某些雇佣关系不仅具有劳动给付之债的内容，而更多的是包含强烈的人身从属性，即雇员与雇主之间紧密的人身联系。具体表现在：雇员在生产劳动中须服从其雇主的指挥和领导，此时，雇员与雇主之间已不再像普通的雇佣关系所体现的双方之间地位的平等，为保护处于弱势地位之雇员的权益不受侵害，国家须制定劳动法以规制这部分特殊的雇佣关系。因此，从这个意义上讲，劳动关系本质上仍是劳动给付之债的关系，属于私法范畴；而“劳动法”作为国家公权力对私权干预的结果，其内容虽多为公法性质，但由其调整的劳动关系并未超出私法上的债的范畴，即雇佣关系的范围。在这种模式下，劳动关系的外延是极其广泛的，绝大多数雇佣关系都可纳入劳动关系的范畴，有些国家如比利时在其《雇佣合同法》中甚至以雇佣关系、雇佣合同来称呼我们平常所理解的劳动关系、劳动合同，并直接将调整雇佣关系的法律与其他劳动法律整合在一起，构成其劳动法律体系。这种模式对劳动关系的理解，以及劳动关系与雇佣关系之关系的认识，可以图 3.1 表示：

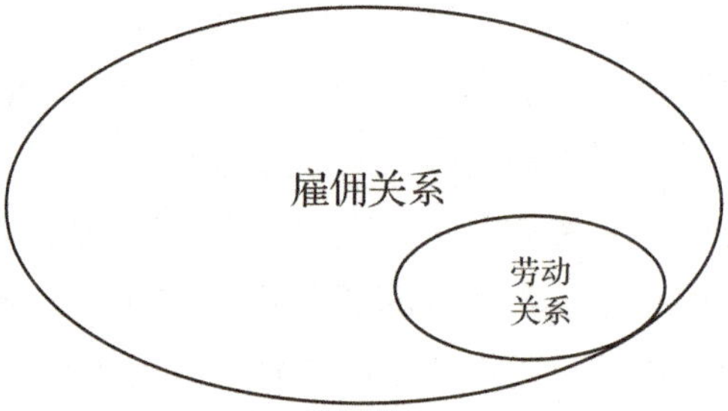

图 3.1

第二种模式是以劳动者的人身归属为其基础和形式的模式，目前一些社会主义国家所采用。此种模式下，劳动者与用人单位建立劳动关系的前提和后果是用人单位须与该劳动者在人身上建立包括行政上的管理与被管理、指挥与被指挥的某种“联系”，同时国家为保证劳动者能充分享受各项福利待遇，往往赋予此种“联系”以超出单纯的生产劳动上从属关系的性质，例如行政关系、户口关系、粮食关系、劳保关系甚至政党关系等，从而具有一定程度上的人身依附性质。笔者认为，严格地说，这种模式下的劳动关系并非人与人之间形成的与劳动具有直接联系的关系，而是一种人为的用以确认身份归属的标准。因此，基于债的关系而形成的雇佣关系当然不属劳动关系的范畴，不能用劳动法来调整，而是依靠民法等法律规范对其予以调整。可见，此种模式下，劳动关系和雇佣关系无论从内涵还是外延上都是截然不同的，对两者之间关系的认识可用图 3.2 表示：

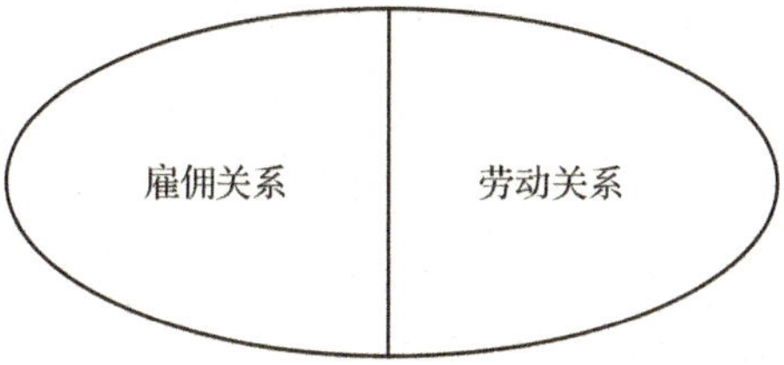

图 3.2

我国在《劳动法》颁布之前从“劳动力不是商品”出发，对“劳动关系”的理解采取第二种模式，但是随着我国经济的发展，这种认识被打破，就目前来看，虽然劳动关系的定义仍为学界所论争，但从我国现行《劳动法》的立法精神以及立法意图上分析可知，劳动关系就是指“劳动力所有者与劳动力使用者之间，为实现劳动过程而发生的一方有偿提供劳动力由另一方用于同其生产资料相结合的社会关系。”[①] 因此，劳动关系应以劳动为中心展开，从本质上讲，其应属于“雇佣关系”中含有人身从属要素的那一部分关系，与第一种模式相对应。

在船员外派业务中，虽然船员用人单位与外派船员签订了劳动合同，但船员并不会像典型劳动关系中劳动者那样向船员用人单位提供劳务，用人单位自己也并不实际使用船员，而仅仅是向船员提供境外船东的工作岗位，并承担向船员支付工资及办理社会保险的责任。这就说明，在外派船员与船员用人单位之间并未实现劳动全过程，虽然二者之间存在形式上的劳动关系，但其与典型劳动关系是有区别的，只是具备了典型劳动关系的形式特征。同样，虽然通常情况下外派船员并未与境外船东签订劳动合同，但外派船员实际上是向境外船东提供劳务，并接受其指挥、管理和监督，境外船东也必须向船员提供相应的劳动条件和安全卫生保障。按照劳动法理论，劳动关系的形成和运行是一个动态的过程，其目的是为了生产劳动，因而劳动过程的实现处于劳动关系的核心位置。因此，外派船员实际向境外船东提供劳务的行为构成了船员劳动过程实现的核心，即境外船东与外派船员之间的管理与被管理的关系实际上具备了典型劳动关系的实质特征。

---

① 参见：常凯．劳权论[M]．北京：中国劳动社会保障出版社，2004：9．

由此可见，在传统劳动关系理论框架下，船员外派中的劳动关系可以看成是由船员外派机构与外派船员之间的形式上的劳动关系和境外船东与外派船员之间实质上的劳动关系相结合的特殊劳动关系，即实际上只存在一个“劳动关系”。在这种特殊的劳动关系中，船员外派机构作为形式上的用人单位和境外船东作为事实上的用人单位(我国称之为用工单位)，外派船员按照劳动合同或在实际劳动过程接受两个用人单位分别的管理，两个用人单位则各自按照自己与外派船员的联系承担相应的义务，由此共同构成劳动关系中的权利和义务。因此，根据上述劳动关系的含义和范围的分析，笔者认为，外派船员与境外船东之间存在“雇佣关系”。

3.1.2.2　境外船东的“雇主责任”

首先需要明确一点，“雇主责任”在民法上具有两层含义[①]：其一，雇主责任是大陆法系国家对于雇主承担因职员的职务行为而引起的侵权责任的一种称谓，英美法系称之“替代责任”，属于 Vicarious Liability[②] 的一种，两大法系对其只是称谓不同，其代表的含义相同，是指雇主对其雇员在从事雇佣活动中造成的第三人损害应承担的民事责任[③]。这种情况下的雇主责任通常被称为“雇员致害责任”。其二，雇主责任是雇主对其雇员在从事雇佣活动过程中所遭受的损害应承担的民事责任，这种情况通常被称为“雇员受害责任”。而笔者在这里对境外船东“雇主责任”的研究主要是从第二种意义的雇员受害责任角度出发。

鉴于雇主与雇员之间存在特定的人身关系和利益关系，目前世界上的多数国家已经将雇主承担其雇员受害责任作为一种特殊的侵权责任并通过立法加以确立。我国关于雇主对其雇员在雇佣期间所遭受人身伤亡损害的责任承担问题也进行了相关的立法。根据《人身损害赔偿解释》第 11 条的规定：“雇员在从事雇佣活动中遭受人身损害，雇主应当承担赔偿责任。雇佣关系以外的第三人造成雇员人身损害的，赔偿权利人可以请求第三人承担赔偿责任，也可以请求雇主承担赔偿责任。雇主承担赔偿责任后，可以向第三人追偿。”通过分析该司法解释不难发现，我国法律对雇主承担其雇员受害责任的规定非常笼统，除了对雇员遭受第三人侵权后可以向雇主和第三人择一主张权利外，其他导致雇主承担雇员受害责任的情形

① 陈琦. 海上人身损害赔偿制度论——困境与回应[D]. 大连：大连海事大学博士学位论文，2010.

② Vicarious Liability，《元照英美法词典》将其解释为：“基于当事人之间具有的某种关系，而由处于管理地位的一方当事人对处于从属地位的另一方当事人的可诉行为承担责任；它是因他人行为而致的间接的法律责任。”

③ 张新宝. 侵权责任法原理[M]. 北京：中国人民大学出版社，2005：293.

都没有进行明确界定。鉴于外派船员人身伤亡损害发生原因的多样性，笔者试将船员外派过程中，境外船东作为雇主需对作为雇员的外派船员承担雇主责任的情形进行归纳，以便更好地分析外派船员人身伤亡损害赔偿的责任承担问题。

一、境外船东自身独立过错导致外派船员人身伤亡损害

这种情形是指由于境外船东本人的过错导致外派船员遭受人身伤亡损害的情形。这里所指“独立过错”，意味着仅境外船东自身过错而不涉及他人的过错，这种情况在船员人身伤亡损害实践中较为常见。例如：王俐君等与被告阳春海运有限公司海上人身伤亡损害赔偿纠纷一案，“2005年1月28日，潘其林与被告阳春海运有限公司（以下简称阳春公司）签订了船员劳务合同，约定潘其林受聘于阳春公司所属的‘YANG XUE’轮担任轮机长职务。2005年5月8日，‘YANG XUE’轮从中国张家港出发，5月24日抵达所罗门GIZO港受载圆木，6月2日装货完毕离港，返回中国山东岚山。2005年6月25日，‘YANG XUE’轮船长得知潘其林生病，即与船东联系。当时，除潘其林外，船上还有另两名船员也有类似病状。6月26日至28日，潘其林的病状未有明显变化。6月29日上午9:15左右，潘其林感觉难受不适，船长立即与船东联系安排救援。6月29日下午14:25，潘其林死亡。6月30日中午，船上其他两名患病船员获得救治，后病愈。2005年7月6日，潘其林的尸体随船运抵山东岚山港。经检查，死因为病逝，疑似疟疾。2005年7月16日，原告与阳春公司达成了‘关于潘其林直系家属安抚费的协议’，约定对于潘其林的死亡，在保险赔偿的基础上，阳春公司再给予死者亲属一次性安抚费人民币80 000元，并作为潘其林病故事件的彻底了断。之后，阳春公司向原告支付了人民币80 000元。但直至原告起诉，始终未得到阳春公司投保的雇主责任险中的保险赔付，故原告诉请判令阳春公司赔付死者的收入损失、丧葬费、死亡赔偿金、交通食宿费、被抚养人生活费等共计人民币170余万元。”[①]上海海事法院审理认为：原告潘其林与被告阳春公司之间存在船员劳务合同关系，被告阳春公司作为雇主依法对雇员负有提供安全的工作场所、条件和劳动保护的保障义务，潘其林的突然死亡发生在其工作岗位、工作期间，因此其死亡性质属于工作中伤亡，阳春公司对此须承担赔偿责任。

这种情形下，境外船东作为雇主自身的行为是认定其本人过错的关键。何谓雇主本人的行为？雇员行为与雇主行为之间是怎样的关系？

① 王俐君、潘晟、潘弋、屠秀华诉阳春海运有限公司海上人身伤亡损害赔偿案. http://www.110.com/panli/panli_15103679.html，访问日期：2011年12月24日。

考查世界其他国家相关法律规定发现，目前多数国家都对法人责任与法人的转承责任进行了明确的划分。以德国为例，《德国民法典》对两种责任做了明确划分，按照《德国民法典》第 31 条的规定：“社团对董事会、董事会成员之一或其他依章程选任的代理人以在执行其有权执行的业务中实施的、引起损害赔偿义务的行为所加给第三人的损害，负其责任。”同时，对于法人的转承责任也进行了规定，根据《德国民法典》第 831 条：“为某事务而使用他人的人，对该他人在执行事务中所不法加给第三人的损害，负赔偿义务。使用人在挑选被用人时，并且以使用人须置办机械或器具或须指挥事务的执行为限，使用人在置办或指挥时尽了交易上必要的注意，或纵使尽此注意也会发生损害的，不发生赔偿义务。”

我国对于作为雇主的法人对其雇员所从事的职务行为需要承担民事责任也进行了法律规定。首先根据我国《民法通则》第 43 条：“企业法人对它的法定代表人和其他工作人员的经营活动，承担民事责任。”同时，我国《最高人民法院关于贯彻执行〈中华人民共和国民法通则〉若干问题的意见(试行)》第 42、55 条也规定：“法人或其他工作人员因职务行为或者授权行为发生的诉讼，该法人或其他组织为当事人。”“企业法人的法定代表人或其他工作人员，以法人的名义从事的经营活动，给他人造成经济损失的，企业法人应当承担民事责任。”不过分析该法条可知，我国法律对雇主为雇员行为负责这一规定说明，在我国雇主对雇员行为承担的是转承责任，但具体的关于何谓“雇主本人行为”还是没有进行具体的解释，因此理论和实践中对此也存在争议。笔者以为，可以根据公司法理论对此问题进行作答。公司法规定：“法人(雇主)本人行为是指法人机关及法人的代表人的行为。”因此，雇主本人过错就是指其法人机关及法人的代表人的过错。而其他雇员的职务行为虽由法人承担责任，但雇员的行为与法人机关及法人代表人的行为不是同一个概念，此时法人承担的是一种转承责任，不能等同于雇主本人的过错行为。

二、雇主的其他雇员过失所致的外派船员人身伤亡损害

各国通常都会通过立法对于雇主对其雇员在从事雇佣活动中造成的他人损害应承担责任进行规定。这种情况下的雇主承担责任的情况属于前文提到的“雇员致害责任”。

在外派船员人身伤亡损害纠纷中，这种情形较为常见。例如船员李某被外派到某外轮上担任二管轮一职，在与该船轮机长加固螺丝时，由于轮机长的疏忽其右

手砸伤，截去食指一节[①]。这种情况就属于受雇于同一境外船东的其他雇员过失所致的外派船员人身伤亡损害的情形。对此，作为外派船员李某和该轮机长的雇主(船舶所有人或光船承租人)应按照上述有关“雇员致害责任”的规定对受害船员李某承担赔偿责任。

各国法律之所以普遍规定雇主要对其雇员的行为承担转承责任，主要出于以下几种考虑：首先，从公平角度来说，雇员劳动力的价值直接归于雇主，因此，要求雇主对其雇员造成的第三人的不法侵害承担赔偿责任符合报偿理论和公平原则；其次，出于偿付能力上的考虑，雇员个人的偿付能力相对于雇主来说较弱，如果规定雇员本人对自己的过失负责的话，则可能会导致受害人得不到及时、充分的赔付，这样不仅不利于受害人的保护，而且与社会伦理亦不相合；最后，从立法上规定雇主对其雇员的过失承担转承责任，可以使雇主加强内部管理，督促雇员正确操作，减少危险事故发生的频率，这样也符合社会的整体利益。

(一)“雇员致害责任”中的“第三人”是否包括雇主的其他雇员

在讨论外派船员人身伤亡损害中境外船东应承担其雇员致害责任之前，笔者认为首先对境外船东承担“雇员致害责任”中的“第三人”是否包括雇主的其他雇员进行明确。这个问题在学术界争议较大。我国台湾地区《民法典》第188条对“第三人”进行了规定，对此台湾的民法学者普遍认为应包括同一雇用人的其他雇员。例如台湾著名学者史尚宽先生在其《债法总论》中曾说：“第三人，谓雇用人及为加害人行为之受雇人以外之人。在同一事业工作之其他受雇人，亦为第三人。”[②]不过我国大陆有的民法学者对此持相反观点，认为“第三人”不应包括其他雇员。至于遇到这种问题的处理方法，王利明教授就认为：“第三人不包括受雇于同一雇主的其他雇员，如该雇员受害，可按照雇员受害责任原则处理。”[③]笔者认为，“雇员致害责任”中的“第三人”应包括受雇于同一雇主的其他雇员。如果按照王利明教授的观点，此种情况下允许受害雇员按照雇员受害责任原则要求雇主承担损害赔偿责任，则表明此时“雇员致害责任”被“雇员受害责任”吸收，然而两种责任在责任性质、归责原则以及免责事由等方面都存在较大的区别，如果因实际赔付上的“吸收”或“混同”，而否认此种情况下雇员致害责任存在的意义是不可取的。因此笔者认

---

① 该案转引自：林均新. 外派海员人身伤亡赔偿论[J]. 中国海商法年刊，1994：304.

② 史尚宽. 债法总论[M]. 北京：中国政法大学出版社，2000：192.

③ 王利明. 中国民法案例与学理研究[M]. 北京：法律出版社，2003：141.

为，在此种情况下不应该只赋予受害船员依据“雇员致害责任”来主张权利。

（二）“雇员致害责任”本质上是一种连带责任还是替代责任

受雇于同一境外船东的其他雇员过失所致的外派船员人身伤亡损害的情况下还有一个相互关联的问题需要探讨，即在这种情况下外派船员可否向直接侵权人主张权利？以及境外船东在承担了“雇员致害责任”后能否向有过错雇员进行追偿？对于这个问题，各国的法律规定不同。

英美法系国家由于工伤保险制度普遍发达，在实践中，雇主的赔偿能力一般不会对实际赔付造成太大的影响，即便雇主丧失赔偿能力，雇员也可以通过工伤保险来获得充分救济。鉴于此，英美法系国家将“雇员致害责任”定性为“替代责任”，普遍规定仅由雇主承担赔偿责任，即便是雇员有过失的情况下，雇主也无权在赔付后进行追偿。

而大陆法系国家的规定则不同，在“雇员致害责任”的性质上，大陆法系国家普遍认为其是一种“连带责任”，因此对于雇员的过失行为，法律规定有过失的雇员应与雇主一起承担连带责任，且在雇主独自承担了赔偿责任后，对有过失的雇员享有追偿权。例如我国台湾地区的民法就有“雇用人与行为人连带负损害赔偿责任，雇用人赔偿时，规定对于为侵权行为之受雇人，有求偿权”[①]。

关于“雇员致害责任”的性质问题，我国民法通则没有具体的规定，《最高院关于适用民诉法的司法解释》第45条曾对雇主责任的程序法内容做出规定，但实体法方面的规定却是一纸空白，这样导致我国司法断案时一直没有合法依据。为正确地审理人身损害赔偿案件，保护当事人的合法权益，2003年出台的《人身损害解释》在第9条规定：“雇员因故意或者重大过失致人损害的，应当与雇主承担连带赔偿责任。雇主承担连带赔偿责任的，可以向雇员追偿。”这不能不说是我国法律对于雇主责任的一种完善，填补了我国关于雇主责任的民事立法的空白。

我国《人身损害赔偿解释》关于“雇员致害责任”的性质的规定兼顾了替代责任和连带责任两个方面，两种责任承担的分水岭关键在于雇员是否具有“故意”或“重大过失”，当雇主和雇员之间符合构成雇主责任的要件后，雇员对于已实施的加害行为存有一般过失或轻微过失时，雇主承担的“雇员致害责任”从性质上说是一种“替代责任”，此时致害人与责任人完全分离，赔偿义务人是雇主而不是直接加害人。立法上做此规定主要是从雇主的赔付能力等考虑，让处于优势地位的雇主来

① 参见我国台湾地区民法典第188条第2、3款。

承担替代责任，可以让雇主在获得最高利益的同时承担更大的风险，同时也有利于雇主以此为戒适当地采取预防措施，减少事故的发生。但实践中也存在雇员在从事雇佣活动时野蛮施工、酒后作业以及违章操作等现象，这种雇员的故意和重大过失行为致人伤害的情况下，如果一味地要求雇主承担替代责任有违公平，因此法律赋予雇主在雇员故意和重大过失致人伤害时，在其承担了连带赔偿责任后享有向雇员追偿的权利。此时雇主和雇员之间形成共同侵权人的关系，我国司法实践中对于雇主行使追偿权也一般予以支持。

但是，随着我国《侵权责任法》的出台，我国“雇员致害责任”的这种兼顾替代和连带责任性质的局面似乎被打破。根据《侵权责任法》第34条的规定：“用人单位(雇主)应对其工作人员执行工作任务而造成的他人损害承担侵权责任。劳务派遣期间，被派遣的工作人员因执行工作任务造成他人损害的，由接受劳务派遣的用工单位承担侵权责任；劳务派遣单位有过错的，承担相应的补充责任。”比较两个法条可知，《侵权责任法》第34条关于雇主应承担雇员致害责任这一点与《人身损害赔偿解释》第9条的规定并无不同，但对于致害原因是出于雇员的故意或重大过失的情况，雇员是否承担责任、承担什么责任，两者规定不同。《人身损害赔偿解释》第9条规定，在此种情形下，雇员承担连带赔偿责任，在雇主承担了全部责任的情况下，有权向有故意或重大过失的雇员进行追偿；而《侵权责任法》对此未作明确规定。由此带来了法律适用上的问题，这是否意味着该规定已经改变了《人身损害赔偿解释》第9条的规定？换言之，《人身损害赔偿解释》第9条是否已因此而被废止？最高院的观点是：在此种情形下，可依据《人身损害赔偿解释》第9条的规定来处理[①]。但这个观点是否出自立法本意仍需探讨。笔者认为，司法解释的主要作用在法律未做出规定或规定不清的情况下来对法律进行解释，并非“造法”，因此在《侵权责任法》已经关于该问题做出规定的情况下，应参照其规定；而对于《侵权责任法》未规定或者规定不明的，仍需适用《人身损害赔偿解释》的规定。不过就《人身损害赔偿解释》第9条的具体规定来看，笔者认为，仍有问题需要商榷：首先，雇员在“故意”造成其他雇员人身损害的情况下，这种致害已经不符合《侵权责任法》第34条中限定的“执行工作任务”的条件，甚至有可能上升为刑法调整的“故意犯罪”的范畴了，在这种情况下如果仍要求雇主与雇员承担连带赔偿责任，对于雇主

① 参见：最高人民法院侵权责任法研究小组.《中华人民共和国侵权责任法》法条理解与适用[M].北京：人民法院出版社，2010：259.

来说有违公平，显然并不合理。其次，《人身损害赔偿解释》第9条里的“重大过失”一词也缺乏清晰的界定，因此在实践中容易产生争议。因此，笔者认为法律应尽早对于雇主是否享有“追偿权”的问题做出明确规定，以防止现实中雇主滥用“追偿权”，同时也防止雇员以《人身损害赔偿解释》第9条为保护伞滥用“雇员致害责任”。

（三）涉及他人过失（侵权）的工伤事故所致的外派船员人身损害

其实在船员外派实践中，最为常见的外派船员人身伤亡损害的发生都是由不涉及他人过失的工伤事故所造成的。

案例（一）：2004年4月24日，某轮航行于智利附近海面遭遇9～10级大风，船员李某在下驾驶台时，因船摇左脚踩空而摔倒，腰部压到斜梯板，造成腰部胸椎第八节骨折。

案例（二）：2004年11月8日，外派某轮船员王某在无人照顾的情况下，下到第四舱舱底使用长梯登高更换大舱照明日光灯灯管，由于船舶航行摇晃，致使铁梯滑倒，该船员从2.5米高处坠落，左脚跟着地而受伤，经送医院检查，诊断为左脚跟骨折。[①]

分析上述两起典型的船员工伤事故，其主要原因都是船员在日常工作中对船摇的危险性自我保护和防范意识不强，必要的安全保护措施不够完善，对有关的安全操作规程没有认真布置和落实，结果发生了伤害自己的安全事故。

案例（三）：2004年1月25日，某轮在天津新港卸矿石，完货后船员进行扫舱，9时10分，船员孟某在扫第二舱二层柜横梁时，被开启成“人”字形的舱盖夹伤胸部。

案例（四）：2004年9月6日，某轮机工蒋某在磨副机缸头时，左手食指和中指被缸头砸伤，经船医检查并临时处理后送当地医院治疗，诊断为左手食指末端指骨粉碎性骨折。[②]

这两起事故的主要原因是船员站立的位置或手扶物体的部位不恰当，使用工具或搬运物品的方法不恰当，并且在群体工作现场缺乏相互提醒和有效的监督。

对于工伤事故造成的雇员人身伤亡损害，各国早期普遍采用过错责任原则。换言之，以雇主对其雇员所遭受人身损害是否存在过错作为承担“雇员受害责任”

① 案例（一）、（二）引自：周连柏．浅析工伤事故的特点与对策[J]．广州海洋杂志网络版，2005(1).

② 案例（三）、（四）引自：最高人民法院关于船员私自承揽运输擅自开航的民事责任应否由轮船公司承担问题的答复．http://www.china.com.cn/law/flfg/txt/2006-08/08/content_7062732.htm，2011年12月1日访问。

的前提，有过错则有责任，无过错则不负赔偿责任。但随着工业化的发展，机器故障等原因造成的工伤事故层出不穷，在该类事故中，要求雇员举证证明雇主存在过错往往很难，这样不利于雇员权利的保护，也会打击其工作积极性；而另一方面，雇主不仅成为工业化大生产最主要和最直接的受益者，更为重要的是，随着保险制度的发展，雇主往往可以通过工伤保险机制来有效地化解风险。因此，各国纷纷修改立法，规定雇主应对雇员的工伤损害承担无过错责任。对此，我国立法也规定雇主承担“雇员受害责任”采取无过错责任。

需要强调的是，工伤事故所致的外派船员人身损害的情况，多数是由于外派船员自己的过失引起的，境外船东在事故过程中并无过错。但根据雇主责任的无过错责任原则，境外船东仍需向在此类工伤事故中遭受人身损害的船员承担赔偿责任。因此为逃避责任，在实践中往往存在境外船东在与船员外派机构签订船员劳务协议的时候双方就约定，境外船东只负责给外派船员上保险，在外派船员发生人身伤亡事故时不负其他责任。这种合同约定条款法律上称之为“事先免责条款”，即双方当事人预先达成一项协议，免除将来可能发生损害的赔偿责任。对于这种约定的事先免责条款的效力问题，各国在立法以及司法实践中一般均持否定态度。我国对“事先免责条款”的效力问题，最初没有规定。最高人民法院曾依据张连起、张国莉诉张学珍损害赔偿纠纷①判例做出司法解释：“经研究认为，对劳动者实行劳动保护，在我国宪法中已有明文规定，这是劳动者所享有的权利，受国家法律保护，任何个人和组织都不得任意侵犯。张学珍、徐广秋身为雇主，对雇员理应依法给予劳动保护，但他们却在招工登记表中注明‘工伤概不负责任’。这是违反宪法和有关劳动保护法规的，也严重违反了社会主义公德，对这种行为应认定为无效。”②这是我国司法实务首次表明对侵权行为免责条款的立场，通过判例法的形式确立了一项法律原则：即有关人身伤害的侵权行为免责条款无效。

3.1.3 侵权损害赔偿关系

正如笔者在第2章关于责任主体问题的讨论，外派船员人身伤亡损害事故的发生常常是由于雇佣关系以外的“第三人”的侵权行为，或境外船东与第三人共同侵权所致。对于第三人侵权造成的人身损害赔偿，按照我国最高院《人身损害赔偿

① 四川省洪雅县人民法院民事判决书(1999)洪民初字第145号。

② 参见《最高人民法公报·典型案例全集》(1985—1994)，人民法院出版社1995年版，第672-673页。

解释》第11条规定,赔偿权利人可以选择请求该侵权第三人承担赔偿责任,也可以选择请求雇主承担赔偿责任,雇主在承担责任后可以向第三人追偿;而对于共同侵权行为,各国民法典普遍都规定由共同侵权人对由此造成的他人损害承担连带责任。这样在受害船员与第三人之间、受害船员与境外船东之间就形成了侵权损害赔偿关系。鉴于这部分内容在本书的第2章当中已经进行了详细的论证,此处就不再赘述。

3.1.4 保险合同关系

随着经济的飞速发展和保险制度的日益完善,海上人身伤亡损害赔偿已由单一的、孤立的赔偿制度发展为由众多赔偿制度组成的一个整体性制度。对于船员来说,海上人身伤亡损害保险主要由船东雇主责任保险、船员人身意外伤害保险和海员工伤保险组成。这样保险人就可以依照订立的保险合同中约定的范围,在保险责任范围内对被保险人或投保人进行经济性补偿。

3.1.4.1 船东雇主责任保险

船东雇主责任保险,从实质上来讲不是对船员的保险,不过船东投保船东雇主责任险的目的在于通过保险的方式来化解其在发生船员伤亡或患病的情况下根据合同或相关法律规定而可能承担的责任风险。因此,笔者认为在文中仍有研究的必要。从保险类别上看船东雇主责任保险属于商业保险。由于海上运输与作业的高风险,一旦出现事故,所造成的损失引起的赔偿往往是难以估量的。因此,船东为分散其经营风险,往往会对其承担的雇主赔偿责任进行投保。

目前很多保险公司也专门地设置了雇主责任险种,例如中国人民保险公司就专门设计了"国内雇主责任保险条款"和"涉外雇主责任保险条款"。其中"国内雇主责任保险条款"承保的责任范围为:"凡被保险人所聘用的员工,于本保险有效期内,在受雇过程中(包括上下班途中),从事与本保险单所载明的被保险人的业务工作而遭受意外或患与业务有关的国家规定的职业性疾病,所致伤、残或死亡,对被保险人根据劳动合同和中华人民共和国法律、法规,须承担的医疗费及经济赔偿责任,保险人依据本保险单的规定,在约定的赔偿限额内予以赔付。对被保险人应付索赔人的诉讼费用以及经保险人书面同意负责的诉讼费用及其他费用,保险人亦负责在约定的分项赔偿限额内赔偿。"①中国人民保险公司还设置了船东保障和赔

① 中国人民保险公司《国内雇主责任保险条款》第3条。

偿责任险条款，它包括 4 个方面的内容：第一，船员以外的任何人的人身伤亡和疾病。包括由于被保险船舶或与该船舶有关过失或疏忽行为引起在该船舶上的任何人员的人身伤亡或基本的损害或赔偿责任以及由此而支出的医药费或丧葬费等。第二，船员的人身伤亡和疾病。被保险船舶船员的人身伤亡或基本的损害或赔偿责任以及由此而支出的医药费或丧葬费。第三，被保险船舶船员的遣返。由于被保险船舶船员的人身伤亡或疾病，或者根据法定义务，或者认可的船员雇佣合同或其他劳务合同而产生的被保险船舶船员的遣返费及替工的派遣费用。第四，碰撞责任。包括被保险船舶与他船碰撞产生的人身伤亡或疾病引起的医药费、丧葬费等其他费用。

另外在海上运输实务中，船东通过船东互保协会进行投保，其保赔条款中的赔偿责任也包含船东对船员的人身伤亡损害以及疾病所承担的责任。

船东互保协会（P&I Club，又被称为所有人保赔协会）发源于英国，作为向船东承担保赔保险的组织，其存在的历史已近一个半世纪。随着航运业的发展以及海上责任制度的建立，船东互保协会在海上责任保险市场上占有重要的地位，越来越受到实务界的关注。学理上对于船东互保协会在船员人身伤亡损害赔偿中的法律地位问题的探讨很少，究其原因可能是由于其自身形式的复杂多样导致了法律地位和法律适用的不确定。不过学界对于船东互保协会的性质基本上达成了共识：船东互保协会是船舶所有人自愿成立，主要承保船东在经营管理中所产生的货物责任、污染责任、罚款责任及合同责任等责任风险的一种互助保险的非营利性组织。我国也在效仿国外保赔协会运作机制的同时，组建了中国船东互保协会。目前，在我国多数的营运船舶都已加入中国船东互保协会，由它承保入会船上船员的海上人身伤亡风险，并且承保规模呈逐年扩大的趋势。中国船东互保协会章程中第 2 条规定："船东互保协会是船东互相保险的组织，其宗旨是维护与保障其会员信誉与利益，并为之提供各项专业性服务。"

根据《中国船东互保协会关于实施船员人身伤亡补偿的规定的通函》的规定，中国船东互保协会对投保船舶上船员死亡的补偿标准为 3 万美元/每人（该标准仅对中国籍船员适用）。该补偿标准打破了以往赔偿时关于困难补助费、抚恤金、事故处理费用和丧葬费等项目的划分，而是将与船员死亡相关的所有费用及会员相应的责任全部包括在内。换句话说，只要能够证明该船员的死亡属于该协会承保风险下的责任，中国船东互保协会就会一次性得包干支付会员 3 万美元的补偿。当船东实际赔付金额超过 3 万美金时，多出部分由船东自行承担；当船东实际赔付低于3万美金时，船东仅能得到与其实际赔付金额相当的补偿，而不能从中获利。

在船员请求人身损害赔偿救济时，船东互保协会无疑成为最后一根救命稻草，但是船东互保协会作为责任主体的资格问题却是值得商榷的。笔者欲从以下几个方面来论述其责任主体资格问题：

其一，从保赔保险的目的上看。船东互保协会的保险（实践中称为保赔保险），是保障与赔偿保险（protection and indemnity insurance）的简称，作为一种古老的保险机制，承保的是船舶营运过程中产生的船东对第三人的责任和费用风险（P&I stands for Protection and Indemnity. P&I is insurance in respect of third party liabilities and expenses arising from owning ships or operating ships as principals.）[①]。这里所指“第三人”包括船员在内，不过保赔保险目的在于补偿船东的责任，而不是对船员人身伤亡损害的赔偿。并且按照英美法的传统理论，船东互保协会所承保的责任风险应属于补偿保险（indemnity insurance），以被保险人（船东）向第三人（船员）的先行实际支付损害赔偿金作为保险人（船东互保协会）作出理赔的前提条件，这就是其具体操作中所遵循的“先付原则”（pay to be paid principle），即被保险人先支付有关的费用或承担责任，是其从责任保险人处获得补偿的先决条件[②]。因此，根据“会员先付”条款，规定除董事会另有决定外，船东有权向协会基金请求补偿有关任何责任、成本或费用之先决条件为船东必须已先卸除责任或业已支付赔款[③]。由于这样一种原则的存在，一般情况下第三人无权直接起诉作为责任补偿保险人的船东互保协会[④]，这样就使受害船员遭受人身伤亡损害寻求赔偿时，只能从船东处获得赔偿而不能绕过船东直接向船东互保协会索赔，因此船东互保协会不能成为外派船员人身伤亡损害赔偿的责任主体。

其二，从合同的相对性上看。船东为转移其所有的船舶之潜在责任风险，向船东互保协会投保，我国对由此而成立的保险合同称之为保赔保险合同。在此保赔

---

① http://www.ukpandi.com/ukpandi/infopool.nsf/HTML/index? Open Document. 访问日期2011年11月21日。

② 安丰明. 船东保赔协会法律制度研究——以英国法为中心[M]. 重庆：西南政法大学出版社，2004：212.

③ Rule 3.1 of the P&I Class Rules 2007—2008 of the London Steam-ship Owners Mutual Insurance Association Limited: If any assured shall incur liabilities, costs or expenses for which he is insured, he shall be entitled to recovery from the association out of the funds of this class, provided that actual payment (out of monies belongings to him absolutely and not by way of loan or otherwise) by the assured of the full amount of such liabilities, costs and expenses shall be a condition precedent to his right of recovery.

④ 参见1999年中国船东互保协会保险条款第2条第1款。

保险合同关系中，船东作为被保险人向保险人（船东互保协会）交纳保险费，他们自然产生保险合同关系，虽然船东承保的是其船舶营运过程中产生的对第三人的责任和费用风险，但按照合同的相对性原则，合同作为“法锁”，仅在订立合同的双方当事人之间产生约束力，即合同的约束力仅产生于作为保险人的船东互保协会，以及作为被保险人的船东之间，而作为合同外的第三人不能主张该保险合同上的权利。在船员外派法律关系中，以外派船员为中心通常会涉及的三方关系是境外船东与外派船员之间的事实上的雇佣合同关系，以及船员外派机构与外派船员之间的劳动合同关系。因此，外派船员在船舶营运过程中，在其人身权遭受侵犯的情况下，主张权利的对象必须为与之有合同关系之相对人，而船东互保协会并不在与之相关的合同关系之中。同理，根据合同相对性原则，合同责任也只发生在特定的当事人之间，合同以外的第三人不承担合同上的责任。因此，从合同的相对性上看，船东互保协会不能成为外派船员人身伤亡损害赔偿的责任主体。

然而，由于船东支付会费加入船东互保协会完全是一种自愿的行为，实践中只有一艘船舶的会员在船东互保协会也并不少见，这样在面对一个数额比较大的船员人身伤亡损害赔偿时，尤其是在船舶已经灭失的情况之下，单船会员会面临巨大的经济危机直致其无能力支付巨额的赔偿，而此时船员如果不能从船东互保协会处获得赔偿，肯定不利于对船员人身权益的保护。因此笔者建议，在保赔保险“先付原则”仍然存续的前提下，有必要规定在某些特定的情况下，船东互保协会可以直接作为船员人身伤亡损害赔偿的责任主体，以寻求对船员利益的最大保护。

需要注意的是，在责任保险中，投保人与被保险人均为船东，因此根据合同相对性原理，只有被保险人在进行赔偿后，才能就其损失向保险人请求赔偿。所以，保险人的赔偿以被保险人的实际赔付为先决条件。但对受害船员而言，不存在保险金与受害人的赔偿相抵减的问题。在实践中，船员在遭遇人身伤亡损害的情况下，由于不是保险合同当事人，因此原则上不能直接向保险公司请求赔偿责任，即便是在某些情况下，例如船东互保协会为及时赔付船员而按照船东责任险条款直接向船员进行赔付的情况下，也不能认定船员在船东雇主责任险中的主体地位。这与船员外派机构为船员投保的工伤保险不同，工伤保险属于强制保险范畴，外派船员在遭受工伤的情况下可以直接要求工伤保险机构进行工伤保险赔付。

实践中，各保险公司对雇主责任保险条款的免责事由均规定得比较广泛，对于这些免责事由的正当性与合理性本书不做讨论。即便是在保险公司拒绝赔付的情况下，境外船东也不得以此为借口而拒绝承担雇主责任。同理，当保险公司按照保单中约定的限额做出赔付后仍不足以赔偿船员的所有损害时，境外船东仍须承担不足部分的赔偿责任。

3.1.4.2 外派船员人身意外伤害保险

海上人身意外伤害保险也属于商业保险范畴，是指企业自愿交纳保险费为船员的人身意外伤害集体投保，由商业保险机构承保的一种险别。境外船东为外派船员投保人身意外伤害险，并非其法定义务，而是给外派船员提供的一项福利待遇。与船东责任险不同的是，船员人身意外险的受益人是外派船员，此时外派船员与保险公司之间形成保险赔偿关系，如果外派船员在保险期内发生人身伤亡事故，保险公司有义务按照保险合同的约定，支付给外派船员或其受益人保险金作为补偿。不仅如此，两个险种还存在以下不同：

首先，从性质上看，前者是责任保险，而后者属于人身保险范畴。

其次，从保障程度看，工伤保险由于是社会保险，因此须兼顾社会各层面的保障需求，因而保障程度有限，船员只能在法律规定的范围内获得赔偿；而船东雇主责任保险的赔偿限额是由雇主与保险人协商确定的，体现协议的“意思自治”，因此责任保险赔偿数额不仅取决于月工资，还与赔偿限额密切相关。如果选择的限额越高，则同等伤残等级下可以获得的补偿就越高。

再次，在赔偿数额方面，如果保险合同约定由保险人直接向船员支付保险赔偿，则在前者的情况下，船员从船舶所有人手中获得的人身伤亡赔偿金额中应包括保险人根据船东赔偿责任险合同中支付的保险赔偿金，即船舶所有人仅向船员支付人身伤亡赔偿金和保险人支付的赔偿金之间的差额即可；在后者情况下，船员从保险人处获得的保险赔偿金，不影响船舶所有人的赔偿责任。

在保险期间，被保险人发生疾病、伤害、残废或死亡时，船员获得的人身意外伤害保险赔偿金应不应该按照损益相抵原则从损害赔偿金里面扣除呢？笔者认为，根据我国2009年修订的《保险法》第46条①的规定，船员获得的商业保险赔偿金不能按照损益相抵原则从损害赔偿金里面扣除。我国台湾地区学者也多采否定说。曾世雄教授认为：“因损害事故之发生，赔偿权利人同时基于保险契约取得保险金额给付请求权。此二请求权虽具同一目的，然其内容不一。赔偿权利人请求赔偿

---

① 《保险法》第46条规定：“被保险人因第三者的行为而发生死亡、伤残或者疾病等保险事故的，保险人向被保险人或者受益人给付保险金后，不享有向第三者追偿的权利，但被保险人或者受益人仍有权向第三者请求赔偿。”

义务人赔偿时，赔偿义务人亦不得主张保险金额给付请求权乃一种利益而要求损益相抵。”①史尚宽先生亦主张：“损害与利益须基于同一之原因，才可相抵。”②也就是说，船员在获得人身意外保险待遇的同时，可同时主张保险给付与对加害人的损害赔偿而获得双重赔偿。《中国民法典·侵权行为法编》草案建议稿的第217条也有类似规定：“侵害他人人身的，赔偿请求权不因获得人身保险赔偿而消灭。”我国的司法实践也体现了上述观点。某海事法院在其判决书中指出：“第一被告依据合同的约定，为原告投保了人身意外伤害险，虽然是以团体的形式投保，但该保险的性质属于人身保险而非责任保险。合同没有约定发生保险事故，因船东投保了该险种就可以减轻船东的赔偿责任，故该保险应该视为对船员的一种福利待遇。第一被告辩称其投保的人身意外伤害保险实质上是船东人身伤害责任险的观点没有合同和法律依据，保单受益人是原告，原告领取10万元保险金符合合同约定和保险法的规定，不属于不当得利，被告主张该款从赔偿金中扣除的观点，本院不予支持。”

3.1.4.3　外派船员工伤保险

在讨论上述工伤保险责任时已经讨论了外派船员工伤保险的性质等问题，此处不再赘述。下面介绍和分析我国的工伤保险方面的规定。

2004年正式生效实施的《工伤保险条例》确定了我国工伤事故保险责任处理的基本原则和具体方法，其在工伤保险待遇上做出了十分具体的规定，包括工资福利待遇、生活护理费、伤残赔偿和死亡赔偿。根据最高人民法院《关于审理人身损害赔偿案件适用法律若干问题的解释》第12条第1款规定，依法应当参加工伤保险统筹的用人单位的劳动者，因工伤事故遭受人身损害，劳动者或者其近亲属向人民法院起诉请求用人单位承担民事赔偿责任的，告知其按《工伤保险条例》的规定处理。因此，属于《工伤保险条例》调整的劳动关系和工伤保险范围的外派船员人身伤亡损害赔偿，则不适用《人身损害解释》有关企业雇主责任的规定③。《工伤保险条例》第14条对工伤认定做出了详细的规定，其明确规定职工有下列情形之一的，应当认定为工伤：

(1) 在工作时间和工作场所内，因工作原因受到事故伤害的；

---

① 曾世雄.损害赔偿法原理[M].北京：中国政法大学出版社，2001：189－190.

② 史尚宽.债法总论[M].北京：中国政法大学出版社，2000：298－299，302.转引自：曾世雄.损害赔偿法原理[M].北京：中国政法大学出版社，2001：191－195.

③ 参见《最高人民法院关于审理人身损害赔偿案件适用法律若干问题的解释》第11条第3款。

(2) 工作时间前后在工作场所内,从事与工作有关的预备性或者收尾性工作受到事故伤害的;

(3) 在工作时间和工作场所内,因履行工作职责受到暴力等意外伤害的;

(4) 患职业病的;

(5) 因工外出期间,由于工作原因受到伤害或者发生事故下落不明的;

(6) 在上下班途中,受到机动车事故伤害的;

(7) 法律、行政法规规定应当认定为工伤的其他情形。

此外,根据《工伤保险条例》第15条的规定,职工有下列情形之一的,应视同为工伤:

(1) 在工作时间和工作岗位,突发疾病死亡或者在48小时之内经抢救无效死亡的;

(2) 在抢险救灾等维护国家利益、公共利益活动中受到伤害的;

(3) 职工原在军队服役,因战、因公负伤致残,已取得革命伤残军人证,到用人单位后旧伤复发的。

为了防止工伤认定的扩大化,避免职工权利的滥用从而损害广大职工的利益,《工伤保险条例》规定了不得认定为工伤和不得视同工伤的三种情形:

(1) 因犯罪或者违反治安管理伤亡的;

(2) 醉酒导致伤亡的;

(3) 自残或者自杀的。

在认定工伤的权力机关上,《工伤保险条例》明确规定进行工伤认定的机构是劳动保障行政部门,以保障工伤认定的权威性。同时在举证责任方面《工伤保险条例》也做出了有利于受害人的规定,根据《工伤保险条例》第19条第2款的规定,如果对工伤的认定存在异议的而职工或者其直系亲属认为是工伤,用人单位不认为是工伤的,须由用人单位承担举证责任。

在实践中,如果船员用人单位未按照《工伤保险条例》的规定为职工缴纳工伤保险,当船员发生工伤的情况下,是否需要工伤认定?能否享受工伤保险待遇?船员在向用人单位索赔时的法律依据是什么?是适用《劳动法》《工伤保险条例》的相关规定,还是适用《侵权责任法》的相关规定?笔者认为,以上问题需要加以明确。

一、未参加工伤保险时是否需要工伤认定?

如前所述,按照我国《工伤保险条例》的相关规定,工伤认定是工伤保险赔偿的前提,职工受伤后必须经过劳动保障行政部门的工伤认定后,才有可能获得工伤保险赔偿。然而《工伤保险条例》对于用人单位未缴纳工伤保险的情况下，职工受伤后是否需要进行工伤认定程序的问题规定得并不明确。我国有的学者认为："未参加工伤保险的用人单位，其伤残职工的职业伤害赔偿不应该进行工伤认定。"[①]笔者不赞成这种做法，理由如下：

首先，船员用人单位参加工伤保险与否是船员能否获得工伤保险待遇的前提，并非工伤认定的前提。工伤保险的目的是使受伤船员能够从社会保险经办机构处获得必要的财产补偿，如果船员用人单位没有履行为船员缴纳工伤保险的义务，只能说，受伤船员没有向社会保险部门申请工伤保险补偿的权利；而工伤认定的目的则是通过工伤鉴定的结果为确定责任归属以及责任大小提供依据。工伤保险与工伤认定之间不存在必然的程序关系。

其次，从过错的承担角度来说，没参加工伤保险是船员用人单位的过错，与船员无关。如果因此剥夺船员进行工伤认定的权利，就等于说是让无过错的受伤船员承担非因其本人的过错责任，这显然有违公平。船员只有进行了工伤认定，才能获得是否属于工伤的证据，才能向船员用人单位主张权利，船员的工伤赔偿才能得到保障。所以，从维护受伤船员的合法权益角度，有关部门也应当主张其进行工伤鉴定。程序的设计是为了维护因工受伤职工合法权利的实现，因此不能因为程序上的不统一而剥夺受伤职工工伤认定的权利。

鉴于以上理由，笔者认为，即便在船员用人单位未为船员投保工伤保险的情况下，船员在职务过程中发生人身伤亡损害，也应进行工伤认定。如果鉴定结果符合工伤标准，则船员用人单位应承担法定的赔偿责任。

二、外派船员在向用人单位索赔时的法律依据是什么？

我国《工伤保险条例》第2条规定："中华人民共和国境内的各类企业、有雇工的个体工商户应当依照本条例规定参加工伤保险，为本单位全部职工或者雇工缴纳工伤保险费。"可见，对于船员用人单位来说，为其职工投保工伤保险是其必须履行强行法的义务。对此王泽鉴先生认为："劳工保险条例属于行政法，雇主所负之义务，对主管机关而言，系属于公法义务，惟保护劳工之立法，亦具有私法上之效果。"[②]而对于船员来说，船员用人单位未为其缴纳工伤保险费用的行为，不仅违反了行政法律法规；同时也违反了劳动合同，属于违约行为。因此在此情形下，"船员

① 郑尚元.工伤保险法律制度研究[M].北京：北京大学出版社，2004:244.
② 王泽鉴.民法学说与判例研究[M].北京：中国政法大学出版社，1998:237.

用人单位不缴纳工伤保险费的行为，违反了两种不同的法律义务，需要承担两种不同性质的法律责任。”①

鉴于我国《人身损害赔偿解释》已明确规定：“属于《工伤保险条例》调整的劳动关系和工伤保险范围的，不适用本条规定。”②因此，未参加工伤保险的船员在向用人单位索赔时应适用《劳动法》《工伤保险条例》的相关规定，而非《侵权责任法》。对此我国《工伤保险条例》第60条进行了明确的规定：“用人单位依照本条例规定应当参加工伤保险而未参加的，由劳动保障行政部门责令改正；未参加工伤保险期间用人单位职工发生工伤的，由该用人单位按照本条例规定的工伤保险待遇项目和标准支付费用。”由此可见，在用人单位未缴纳工伤保险的情况下，遭遇工伤的职工无权向工伤保险机构申请按照工伤保险待遇给予赔付，但可以要求用人单位按照《工伤保险条例》所规定的待遇和标准承担相应的赔偿责任。

工伤保险赔偿制度的建立与完善，不仅可以“确保受害人及其近亲属避免费时耗钱的民事诉讼程序而快速获得赔偿，这也解决了雇主的后顾之忧，避免了案件的久拖不决。同时工伤保险的无过错原则使得受害人即使存在一般性过失，也不影响赔偿金的数额。”③同时，工伤保险赔偿制度在分担企业和雇主风险，促进企业安全生产、减少工伤事故发生率，减少经济损失等方面亦有重要作用。但另一方面，我们应看到与海上船员人身侵权损害赔偿相比，工伤保险赔偿制度仍存在一些不足之处。首先，人身侵权损害赔偿的赔偿范围较大，有些项目是工伤保险赔偿所没有涵盖的；其次，对于相同的赔偿项目，依据工伤保险计算出来的赔偿数额较低，而依据人身侵权损害赔偿标准计算出来的赔偿数额则相对较高。因此，工伤保险赔偿虽然具有权利人索赔成本低、获得赔偿快的优点，但同时存在赔偿范围比较窄、赔偿标准低、赔偿金额小等问题，这就需要赔偿权利人依照自己的需求进行适当的权利选择。目前，我国的船员人身伤亡赔偿标准基本是按照《劳动保险条例》和最高人民法院《关于审理涉外海上人身伤亡损害赔偿的具体规定（试行）》的规定来计算的，包含了因工负伤、残废待遇、疾病、非因工负伤待遇和因工死亡待遇。

对于外派船员而言，根据《劳动部办公厅关于外派船员伤亡善后处理问题的复函》的规定，外派船员在国外发生伤亡后，应按照因工伤亡对待④。外派船员如在

---

① 毛丽娜. 工伤保险背景下的工伤损害赔偿[J]. 重庆大学，2007：23.

② 参见《关于审理人身损害赔偿案件适用法律若干问题的解释》第11条第3款。

③ 张新宝. 工伤保险赔偿请求权与普通人身损害赔偿请求权的关系[J]. 中国法学，2007(2)：88.

④ 张敏. 船员人身伤亡工伤赔偿问题研究[J]. 当代法学，2003(3)：45.

国外死亡的，驻在国给予的赔偿性抚恤金原则上应全部转回国内，由主管部门负责转交给死者的遗属，而国内的抚恤费等费用则不再发给。当然，若驻在国的赔偿性抚恤金低于国内的抚恤费和遗属生活困难补助费标准时，不足之数应补齐。另根据《劳动部关于外派劳务人员伤、残、亡善后处理问题的复函》（劳险字〔1992〕16号）的规定，国外赔偿金与国内工伤保险待遇相重复的费用可酌情扣发。但国外赔偿金中的精神损失赔偿不作为重复待遇计算。国外没有赔偿金的，按国内工伤保险待遇处理，所在单位应给予适当照顾[①]。

3.2　不同赔偿制度之间的关系处理问题

在人身伤亡事故损害赔偿问题上，各国普遍经历了由传统侵权行为法的一元调整机制向多元调整机制的演变，多种损害赔偿机制的存在使同一损害获得多种赔偿（补偿）来源变为可能。这样从民事权利的角度上看，不法行为人实施的一个行为就可能在法律上符合多个法律规范的构成，而此时受害人也将因此同时拥有多项相互冲突的请求权；另外从民事责任角度上看，一种法律事实可能导致两种或两种以上民事责任的产生，这样又会呈现出法律责任竞合的情形。

这种现象在外派船员人身伤亡损害赔偿案件中表现尤为明显，例如前述唐胜雷、秦阿菊、宣玲诉广州远洋运输公司、惠博轮船有限公司外派船员工伤死亡损害赔案中，原告就同时请求工伤保险赔偿、雇主赔偿和船东责任险的保险赔偿，从而在各责任形式之间，如海事侵权责任与海事雇主责任之间、海事侵权责任与海事违约责任之间呈现出竞合的态势。再如，某轮机长被外派到某外轮任职，由于境外船东提供了不适航的船舶，导致该船舶在航行中因大量进水而沉没，致使在该外轮上工作的轮机长等船员死亡。在该海损事故中，因轮机长同船员外派机构之间存在劳动合同关系，其属于在履行职务过程中死亡，因此属于工伤的事故，船员可以申请工伤保险赔偿；同时事故的发生是由于境外船东提供了不适航的船舶所致。因此，境外船东应当承担违约责任；同时，境外船东因在经营管理船舶上存在过失，从而导致该船舶沉没，造成死亡的结果，侵犯了轮机长的生命权，符合侵权责任的构成要件。此时，受害船员也可以选择请求船东承担侵权责任。依据上述原理及原则，外派船员既享受国内的工伤保险待遇，又有权请求人身伤亡保险赔偿金的支

① 张敏．船员人身伤亡工伤赔偿问题研究[J]．当代法学，2003(3)：145．

付;同时也可依据责任竞合的原理及原则,选择依据雇佣合同或者侵权行为法向雇主或实际侵权人请求违约或侵权损害赔偿。而我国关于如何处理侵权损害赔偿与雇主责任之间的关系等问题规定得不甚明了,常导致司法实践中出现争论。

3.2.1 工伤保险补偿与侵权损害赔偿的关系

工伤损害本身具有复合属性,因此受害船员在请求工伤损害救济时一方面可以行使侵权赔偿请求权,要求侵权责任人承担侵权损害赔偿责任。同时又由于工伤损害已被纳入社会保险补偿的范畴,因此受害船员也可以选择行使工伤保险待遇给付请求权,由此便产生工伤保险赔偿给付责任。选择不同的救济方式将会演化出不同的法律责任后果,由此便构成了在工伤损害赔偿中侵权赔偿与工伤保险赔偿之间复杂的竞合关系。

3.2.1.1 工伤保险补偿与侵权损害赔偿之间的差异

对于损害赔偿请求权人来说,工伤保险补偿与侵权损害赔偿之间具体的差异主要体现在以下几个方面:

首先,赔偿范围不同。工伤保险补偿的范围一般由法律明确规定,因此工伤保险补偿的范围往往比侵权损害赔偿的范围要狭窄,而“侵权损害赔偿的范围不仅包括直接损失,还应包括间接损失。”①可见,侵权损害赔偿范围普遍大于工伤保险补偿范围。

其次,举证责任不同。“侵权损害赔偿的举证责任通常在受害人(债权人)一方,必须由受害人证明加害人(债务人)有过错,而加害人在一般情况下不负证明其没有过错的义务。”②而工伤保险赔偿采取无过错责任原则,因此,受害船员或其近亲属此时无须举证证明加害人存在过错。

再次,主观要件不同。在由于受雇于同一境外船东的雇员过失所致的外派船员人身伤亡损害时,受害船员若向该第三人主张侵权损害赔偿,必须以第三人的主观过失为构成要件,在受害船员对损害的发生或扩大也存在过失时,则受害船员的损害赔偿请求权将会受到“过失相抵”原则的限制,同时法院在审理时也会对其请求的赔偿数额做出相应的限制。受害船员如果向其雇主行使侵权损害赔偿请求权,虽然我国法律并未对其主观构成要件做出成文法的规定,但在审判实践中,一

① 王利明.民法侵权行为法[M].北京:中国人民大学出版社,1993:556.

② 王利明.民法侵权行为法[M].北京:中国人民大学出版社,1993:556.

般采用无过错责任原则；同时实践中，在受害船员对工伤事故的发生存在重大过失的情况下采用“过失相抵”原则，即相应地降低雇主承担的责任。而工伤保险赔偿则完全采用无过错责任原则，无论雇主、共同被雇用人或第三人是否就外派船员的工伤事故存在主观过错，受害船员都可获得全部工伤保险损害赔偿。即便受害船员对工伤损害的发生具有故意或重大过失，也不受“过失相抵”原则的限制。

3.2.1.2 处理工伤保险补偿和侵权损害赔偿的四种模式

尽管救济的对象都是工伤损害，但选择不同的请求权产生的结果也相差甚巨。各国在工伤保险补偿与侵权损害赔偿之间关系的处理上主要有四种模式：

一、择一选择模式

受害人只能在工伤保险赔偿与侵权损害赔偿两者之间择一选择，两者之间相互排斥，即便是被选择的救济方式不能填补全部的损害，也不能再以另一项救济方式提出请求。这种模式被早期的英国及英联邦国家采用，目前已被废止。择一选择模式看似给受害人以充分的自主选择权，但事实上，由于这两种损害赔偿救济方式各有利弊，受害人往往很难做出选择，因此有学者认为这种模式不存在任何合理的社会正义[①]。此外，择一选择模式在具体的操作上如受害人选择权的有效行使时间等方面也存在问题。因此，择一模式赋予受害人的选择权逐渐在法律实践中变得形同虚设。

二、取代救济模式

取代救济模式又被称为排除模式或者免除模式，是指由法律做出强制性规定，工伤保险补偿完全取代侵权损害赔偿，很多大陆法系国家如德国、法国、瑞士、挪威等都是采用这一模式。对应工伤保险制度本身的优势，取代救济模式的适用在工伤损害救济领域显示出其特有的优越性：第一，取代救济模式免除了雇主在侵权法上的责任，有效减轻了雇主的责任，使损害赔偿救济更加具有确定性以及可预见性；同时，雇主只须缴纳工伤保险费即可以将损害救济责任分散给社会，符合风险分担社会化的思想。第二，在这种模式下，事故的处理方式和程序都较为简单，这样可以避免诉讼浪费，节约社会成本；同时也缓解了劳资双方的对抗。不过取代救济也遭到了广泛的批评。批评者认为这种模式为了追求效率价值而剥夺了受害人获得完全损害赔偿的权利。由于工伤保险的根本宗旨在于对劳动力存续的保障，

---

① 黄松有.最高人民法院人身损害赔偿司法解释的理解与适用[M].北京：人民法院出版社，2004：192.

在工伤事故发生后及时地做出满足受害人最基本要求的反应。因此,工伤保险制度对赔偿的项目做出了格式化规定,这样在实际操作中不仅表现为工伤保险赔偿数额要小于侵权损害赔偿数额;此外,这种模式为了提高赔偿效率,对损害赔偿的内容也做出了取舍,其中最显著的一点表现就是牺牲了对精神损害的赔偿,从而突破了"法律不得限制受害人获得完全损害赔偿"的界限。另一方面,取代救济模式不区分工伤事故中雇主的过失因素,工伤发生后一律按工伤保险处理,使雇主仅须支付工伤保险费,而无须承担其他责任。因而,取代救济模式不利于对工伤事故的预防和制裁,不能从根本上有效地减少工伤事故的发生,不符合社会的整体利益。

三、兼得模式

兼得模式是一种双重救济模式,即允许受害人可以兼得工伤保险补偿和雇主之侵权损害赔偿。目前只有少数工会力量极为强大的国家采用这种模式,如现在的英国。英国在 1948 年实施的国民保险法中规定:"受害劳工除可以获得侵权行为损害赔偿外,还可以请领五年内伤害及伤残给付的百分之五十。"[①]显而易见,这一模式侧重于对雇员的保护。但这种模式存在的弊端也是很明显的:首先,这一模式不合理地加大了雇主责任负担,使雇主在缴纳了工伤保险费后,仍须承担侵权损害赔偿责任,这样雇主责任比实行工伤保险制度前更重,完全违背了工伤保险制度设立的目的。其次,雇员获得双重赔偿,不符合"受害人不应因遭受侵害而获得意外受益"这一公认的基本准则[②]。

四、补充模式

补充模式是指在雇员遭受工伤损害后,既可以主张工伤保险补偿,也可以向雇主主张侵权损害赔偿,但其最终获得的赔偿总额不应超过其实际损失。在这一模式下通常的做法是:受害人先申请工伤保险赔偿;在获得赔付后如果认为仍不足以弥补其实际遭损失的情况下,可就两者之间的差额继续向其雇主请求侵权损害赔偿。目前,由于这一模式的灵活性以及功能的多样性,在世界各国被广泛地应用,例如被日本、智利及北欧等国应用。

我国学者关于补充模式的观点褒贬不一。赞成者认为,该模式不仅可以避免受害人获得双份利益,减轻雇主的负担,节约了有限的社会资源;而且还可以保证受害人获得完全的赔偿,也维护了相关法律制度的惩戒和预防功能。"它是现代侵

① Friedmann. Social Insurance and Tort Liability. 63HaryL. Rev 241(1949).

② 黄松有.最高人民法院人身损害赔偿司法解释的理解与适用[M].北京:人民法院出版社,2004:195.

权责任制度与工伤保险制度长期磨合的产物，相对前述三种模式逻辑更为严密，也更符合社会公平正义的观念。”[①]而反对者则认为：“这种模式也是低效率的，对一个损害的救济需要提起两次救济程序，增加了当事人求偿的难度，也浪费司法资源。同时，既然工伤保险是为了弥补侵权赔偿制度的诸多缺陷和风险而创设的，在依工伤保险不能获得完全赔偿时再请求侵权赔偿，侵权赔偿制度的诸多缺陷仍然存在，受害人仍然要面临举证不能和执行不能的风险。鉴于求偿的难度，这种补充的救济方式仍然形同虚设。因此，此种模式并不比选择模式高明。”[②]

3.2.1.3　我国处理外派船员工伤保险赔偿与侵权损害赔偿关系之我见

以上四种模式可以说是各有利弊。我国关于工伤保险和侵权损害赔偿适用关系在立法上的规定不完善、不明确。2001 年最高院《精神损害赔偿解释》出台前，我国关于工伤损害赔偿的两种救济机制的适用上完全处于互相独立的状态，即工伤保险补偿适用于已缴纳工伤保险费并被纳入工伤保险体系的雇员，其在遭受工伤后，根据所购买的险种和费率向保险经办机构提出请求，获得工伤保险待遇；而未参加工伤保险的雇员则依据侵权责任法的规定，向侵权行为人要求侵权损害赔偿。法院在审理工伤侵权损害赔偿案件时更倾向于对受害雇员权益的保护，当受害雇员能举证证明雇主过错时，根据《民法通则》第 106 条第 2 款的规定“公民、法人由于过错侵害国家、集体的财产，侵害他人财产、人身的，应当承担民事责任”，适用过错主义归责原则对案件进行审理和裁判，在受害雇员自身对损害的发生存在过错时，则适用过失相抵原则。根据《民法通则》第 131 条的规定“受害人对损害的发生也有过错的，可以减轻侵害人的民事责任”，从而减轻雇主的民事赔偿责任。但是，随着 2001 年最高院《精神损害赔偿解释》的出台，人身侵权损害赔偿的范围扩张到精神损害，使依侵权行为法提起民事损害赔偿可获得的救济数额显著增加，这对于购买了工伤保险却只能获得较低损害救济的劳工来说明显不公。

从我国现行工伤赔偿相关立法和司法实践来看，目前对于工伤保险补偿与侵权损害赔偿适用关系做出规定且在全国范围内适用的主要有 2002 年颁布的《中华人民共和国安全生产法》的第 48 条和最高人民法院《人身损害赔偿解释》第 12 条，但关于这两条规范本身的理解在学界存在诸多争议。

根据我国《安全生产法》第 48 条规定：“因生产安全事故受到损害的从业人员，

① 吕琳. 工伤保险与民事赔偿适用关系研究[J]. 法商研究，2003(3)：56 – 57.

② 张新宝. 工伤保险赔偿请求权与普通人身损害赔偿请求权的关系[J]. 中国法学，2007(2)：57.

除依法享有工伤社会保险外，依照有关民事法律尚有获得赔偿的权利的，有权向本单位提出赔偿要求。”[①]关于这一法条的解读，学者们有不同的意见。有的学者认为这是对“兼得模式”的肯定，受害人可以此为依据，在享有工伤保险赔偿的同时获得侵权损害赔偿。另有学者则认为该条应作“补充模式”理解，即在受害人不能以其中一项请求权来救济全部损害时，可就未获救济的损害部分提起另一项请求权，但受害人最终所获得的损害赔偿以其实际损失为限。结合该法条分析以上两种观点出现分歧的原因，笔者认为主要在于法条在表述上的不严谨。由于本条首先肯定了受害雇员享有提起工伤保险补偿和侵权损害赔偿的双重请求权，符合“补充模式”和“兼得模式”的基本特征，因此就排除了对“取代模式”或“选择模式”的适用。而“补充模式”与“兼得模式”之间的最大区别在于双重请求权下获得的损害赔偿救济是否可以重复享有。如果可以重复享有且不受实际损害范围的限制，则应属于“兼得模式”；如果救济数额限制在实际损害范围内，则符合“补充模式”的特征。但本条恰恰对这一部分内容的表述不明确，因此导致了在理解和司法实践适用上的分歧和混淆。

最高院《人身损害赔偿解释》第 12 条规定：“依法应当参加工伤保险统筹的用人单位的劳动者，因工伤事故遭受人身损害，劳动者或者其近亲属向人民法院起诉请求用人单位承担民事赔偿责任的，告知其按《工伤保险条例》的规定处理。因用人单位以外的第三人造成劳动者人身损害，赔偿权利人请求第三人承担民事赔偿责任的，人民法院应予支持。”该条将工伤损害救济分成两种类型，对于不同主体造成的工伤损害采取了不同的处理模式。对于因用人单位造成的损害适用“取代模式”，从而排除了侵权责任法的适用，受害人只能请求工伤保险赔偿；对于因第三人的原因造成的雇员工伤损害的情况，本条规定雇员对第三人享有侵权损害赔偿请求权，但此时只是将“取代救济模式”排除适用，而对于工伤保险补偿与侵权损害赔偿之间的适用关系问题最高院并没有做进一步说明。

笔者认为，如何理顺劳动法上的工伤保险补偿与民法上的侵权损害赔偿二者之间的关系，应针对外派船员工伤损害造成的原因采取不同的处理模式。具体分析如下：

首先，由于外派船员自身的过错行为导致工伤事故的发生，而境外船东主观上不存在过错的情况下，应采取“取代救济模式”，即在船员工伤事故符合工伤保险赔

① 参见《中华人民共和国安全生产法》第 48 条规定。

付条件时，船员只能请求工伤保险经办机构对其承担工伤保险补偿而不能请求侵权损害赔偿。

其次，由于船员外派机构的过错行为导致船员工伤事故的发生的情况下，也应采用“取代救济模式”，原因是：工伤保险补偿本身是一种无过错责任，船员外派机构通过缴纳工伤保险费的方式，将工伤风险和补偿责任转由工伤保险经办机构来承担，此时，工伤保险赔偿责任理应替代侵权损害赔偿责任。但对于《工伤保险条例》未包含的损害项目，如精神损害抚慰金等，应允许受害船员对其实际雇主境外船东提起侵权损害赔偿。

再次，由于境外船东的过错行为导致船员工伤事故的情况下，应采取“补充模式”，在工伤保险补偿后，外派船员还可以根据侵权法的规定请求损害赔偿，但是赔偿的范围应扣除已获得的工伤保险赔偿。原因是：相关国际公约和各国船员立法都规定，船东对其雇佣的船员具有安全保护义务。这是船东需要承担的法定默示义务。工伤事故具有民事侵权性质，此时船东应基于违反法定义务承担侵权责任。

最后，在第三人侵权造成船员工伤的情况下，应采用“兼得模式”，即受害船员可以同时获得工伤保险补偿和民事损害赔偿。原因是：工伤保险补偿与第三人的侵权损害赔偿是两种不同法律属性的请求权，工伤保险补偿是劳动者根据《劳动法》《工伤保险条例》及其相关规定向社会保险经办机构主张的一种工伤保险待遇请求权，其本质是国家对劳动者权益的一种社会保障，目的是在对劳动者利益的充分保护的基础上实现快速补偿，并且将损害负担社会化。而第三人侵权损害赔偿是基于平等民事主体之间的侵权行为引起的，不具有社会属性，其法律依据是《中华人民共和国民法通则》、即将生效的《侵权责任法》等法律规定。在我国现行立法没有规定社会保险基金对第三人的代位追偿权的情况下，如果受害船员在获得了工伤保险补偿后不再有向实际侵权人主张赔偿的权利，这势必放纵了实际侵权人，使其民事违法行为得不到应有的惩罚，这也违背了民法所构建的公正和公平。

3.2.2 工伤保险补偿与其他保险赔偿的关系

损害赔偿的根本目的在于使受害人恢复到受侵害之前的状态。[①] 因此，应依照该目的来确定外派船员人身伤亡损害赔偿与各种保险赔偿的关系。在我国，人

① William L. Prosser. Case and Materials on Torts (English Edition)[M]. New York: The Foundation Press, 1988:233.

身伤亡损害赔偿被分为物质损害赔偿与精神损害赔偿。而外派船员人身伤亡损害赔偿中的物质损害赔偿的实现一般是通过四种途径:以工伤保险或民事侵权损害赔偿为主,辅之以船员人身意外伤害险,即船员在遭遇工伤事故损害后,其伤亡的事实如果符合保险金给付条件,则船员无论是否已获得工伤保险给付,都应享有商业人身保险给付请求权,也就是说船员可以同时主张工伤保险补偿和商业人身保险赔偿,两者之间不存在竞合关系。

3.2.2.1 外派船员工伤保险与船东雇主责任保险

外派船员人身伤亡损害赔偿责任保险属于商业保险,工伤保险属于社会保险,这是两者最大的区别。鉴于文章在本章的第二节部分已经论述了船员人身伤亡损害赔偿责任保险和人身意外伤害保险的区别,此处不再赘述。下面将着重介绍两者的关联。

虽然工伤保险与船东雇主责任险在规定保险范围上采取的方式不同,前者为列明式,后者是概括式,但二者在保险范围上仍存在交叉重叠。境外船东可以在工伤保险法定保险范围外,根据船员的工作内容,增加责任保险项下不同种类的附加险,将达成“合意”在保险合同中充分体现出来。比如就餐时间扩展保障条款、境内公出附加险等等。作为行业风险较高的船东公司可以在参加了工伤保险后,依据自身的经济能力,选择是否投保船东雇主责任险以及投保的种类,作为工伤保险的补充,以更好地分摊行业风险。

3.2.2.2 外派船员工伤保险与船员人身意外险

船员外派机构聘用船员时,双方之间应签订书面的劳动合同,两者之间是劳动合同关系。依据《劳动合同法》《工伤保险条例》的有关规定,社会保险是劳动合同的必备条款,船公司为船员缴纳包括养老保险、工伤保险、医疗保险等在内的社会保险,这是其法定的义务。而境外船东为外派船员投保人身意外伤害险,属于员工享受的公司的福利待遇,而并不是船东的强制性义务。另外商业保险公司给付的保险赔偿金,也并不影响船员继续享受工伤保险的相关补助费等。因此,船公司为船员投保的人身意外伤害险,不能取代船员依法应享有的工伤保险待遇。

外派船员工伤保险与人身意外险的区别还体现在涵盖的内容和水平不同:前者是法定的,而后者的保障水平取决于保险合同的约定以及投保人所缴纳的保险费,多投多保,少投少保;另外二者的目的亦不相同:工伤保险的最终目的是保护工伤职工的权益,为其提供基本的医疗保障和生活保障,同时也起到分摊企业风险、维护社会秩序的作用；而商业性的船员人身意外险，则以营利为目的，以寻求利润的最大化。

3.2.2.3　外派船员工伤保险与保赔保险

与船员工伤保险保障船员因工负伤或者因患职业病而从国家和社会获取物质补偿不同，外派船员人身伤亡损害赔偿责任保险是船东为了降低自身的责任风险而主动进行的选择。我们不能将工伤保险与保赔保险混为一谈。前者体现的是一种社会保障制度，属于社保性质，船员外派机构必须无条件执行，具有强制性；而后者为商业保险，但与其他一般性商业保险相比，保赔保险是船东互助性组织——保赔协会提供的，不以营利为目的的保险，体现了保赔协会与船东会员利益的一致性。

另外，外派船员工伤保险赔偿依据的是我国现行的《工伤保险条例》《劳动保险条例》等法律，程序上具有法定性；而要获得船东互保协会的赔偿则要灵活得多，主要依据是当事人之间的约定，且适用的法律除了国内法，还包括法院地法、外籍雇主所在地法等。

鉴于上述区别，外派船员作为企业职工享有的工伤待遇与外派船员作为雇员依据境外船东与保赔协会签订的保赔保险协议而享有的赔偿金请求权是不同性质的，境外船东不得以外派船员已享受其国内的工伤待遇为由截留外派船员的保险赔款。

3.2.3　第三人侵权责任与雇主责任的关系

由雇佣关系以外的第三人造成雇员人身损害的，按照《人身损害赔偿解释》第 11 条的规定："雇佣关系以外的第三人造成雇员人身损害的，赔偿权利人可以请求第三人承担赔偿责任，也可以请求雇主承担赔偿责任。雇主承担赔偿责任后，可以向第三人追偿。"

学理上认为第三人侵权和雇主责任为不真正连带债务。侵权人是基于侵权行为对雇员承担赔偿责任，而雇主是基于其对雇员的人身安全保护义务对雇员承担赔偿责任，两个债的发生原因不同。雇员因此享有两个不同的请求权，且两个请求权分别独立，雇员只能择一行使。侵权人与雇主对发生工伤的雇员所负债务的内容相同，只要其中一人向雇员履行了赔偿义务，雇员就不能向另一人求偿。直接侵权人是最终的责任承担者，雇主只有在承担赔偿责任后，才可对第三人行使追偿权。

3.2.3.1 侵权责任与违约责任竞合的法律学说

不真正连带责任的内在要求是当事人必须选择一个行为人为赔偿义务人。但在实践中许多当事人并没有做出选择，而是选择将雇主和侵权第三人列为共同被告提起诉讼。这就出现了请求权的竞合的现象，即侵权责任和违约责任的竞合。对这两种责任的竞合，理论界争议颇大，主要有三种学说：法条竞合说、请求权竞合说和请求权规范竞合说。

法条竞合说源于刑法中的法条竞合理论，认为侵权行为是行为人违反权利不可侵犯的一般义务的行为，违反行为或债的不履行是违反合同约定的特殊义务的行为，是侵权行为的特殊形态。同一行为若均具备侵权行为和违约行为的特征，则依特别法优于普通法的原则，只能适用合同法规定，仅发生合同法上的请求权，而不能主张侵权损害赔偿请求权。《法国民法典》第 1382 条规定，“任何行为使他人受损害时，因自己的过失而致使损害发生之人，对该他人负赔偿的责任。”由于该规定对“他人受损害”的范围未加限定，故常被理解为各种民事权利受损害，其中亦包括违约行为致人损害的情况。因此，法国的立法、司法和学说均倾向采用法条竞合说。

请求权竞合说认为，同一行为符合侵权行为和违约行为要件时，依照两种规范会分别产生两个各自独立的请求权。其中，又分为请求权自由竞合说和请求权相互影响说两种主张。请求权自由竞合说认为，两个独立并存的请求权得由权利人选择一种加以行使，权利人亦得将两项请求权或其中之一让与他人。请求权相互影响说认为，两个请求权可以相互作用，合同法的规定可以适用因侵权行为所产生的请求权，侵权行为法的规定亦可适用于依违约行为所产生的请求权。

请求权规范竞合说认为，不法侵害他人权益的一般义务和合同约定而生的特别义务，仅是一个义务，故仅产生一个请求权，只能一次履行、一次起诉、一次让与。所以，违约责任和侵权责任竞合只能产生一个统一的请求权，该请求权兼具违约责任的双重性质，其法律依据亦有多个。

这三种观点在特定条件下都具有一定的合理性，但也都存在着一定的不足。法条竞合说认为侵权行为和违约行为违反了不同的法律规定，合同责任适用于合同关系的当事人，侵权责任适用于无合同关系的当事人，这些观点是合理的。但按照该说，在同一行为同时符合违约行为和侵权行为的构成要件时，只能按合同责任处理，这显然对受害人不利，因为违约责任和侵权责任在责任后果上存在着重大差异，适用不同的责任对受害人的保护程度是有区别的，简单排斥侵权责任的适用对受害人确实不利。请求权竞合说认为一种行为符合两种构成要件时，应当成立两项独立的请求权，这对债权人有利。但是该说又忽视了债务人的利益，因为根据该理论，享有请求权的不同主体可以分别向法院起诉，造成各个诉讼的发生，尤其是使债务人将面临多次请求和裁判，致使其承担双重责任。请求权规范竞合说虽然注意了请求权竞合说的不足，但又出现了不利于债权人的倾向。因为该理论认为受害人仅享有一项请求权，而该请求权如在行使过程中遇到障碍，或者在提起诉讼时其请求被法院驳回，债权人就不能再行使另一项请求权了。

3.2.3.2　侵权责任与违约责任竞合的各国立法模式

两种责任之间产生竞合，理论界难以取得共识，实践中也没有统一做法，当前世界上主要有三种立法体例：

一、禁止竞合制度

禁止竞合制度以法国法为代表。法国法认为，合同当事人不得将对方的违约行为视为侵权行为，只有在没有合同关系存在时才产生侵权责任。因此，两类责任是不相容的，不存在竞合问题。如果允许当事人提起侵权之诉，则法律就没有必要分为合同法和侵权法两个部分，并且违背了合同当事人的意思自治原则，漠视了合同另一方当事人的意志。

二、允许竞合和选择请求权制度

允许竞合和选择请求权制度以德国法为代表。德国法认为，合同法与侵权法不仅适用于典型的违约行为与侵权行为，而且共同适用于双重违法行为。受害人基于双重违法行为而产生两个请求权，受害人可以提起合同之诉，也可以提起侵权之诉。如果一项请求权因时效届满而被驳回时，还可以行使另一请求权。但是，受害人的双重请求权因其中一项请求权的实现而消灭，无论如何不能使两项请求权实现。

三、有限制的选择诉讼制度

英国法原则上承认责任竞合。根据英国法，如果原告属于双重违法行为的受害人，则他既可以获得侵权之诉附属利益，也可以获得合同之诉的附属利益。英国法认为，解决责任竞合的关键只是某种诉讼制度，它主要涉及诉讼形式的选择权，而不涉及实体法请求权的竞合问题。

尽管各国对侵权责任与违约责任竞合在规定上有所不同，但权利人只能行使一个请求权，各国的司法实践是一致的。①

3.2.3.3 我国关于侵权责任与违约责任竞合的立法概况

我国最高人民法院 1989 年在《全国沿海地区涉外、涉港澳经济审判工作座谈会纪要》中指出："一个法律事实或法律行为有时可以同时产生两个法律关系，最常见的是债权关系与物权关系并存，或者被告的行为同时构成破坏合同和民事侵害，原告可以选择两者之中有利于自己的一种诉因提起诉讼，有管辖权的法院不应以存在其他抗辩原因为由拒绝受理。但当事人不得就同一法律事实或法律行为分别以不同的诉因提起两个诉讼。"②从我国现行民事立法和司法实践看，我国对侵权责任与违约责任竞合问题采取了从竞合禁止的立法模式逐步向有限制地允许竞合过渡的调整方式。主要表现：

(1)《民法通则》将违约责任和侵权责任分开加以规定，对某些损害行为是违法行为或侵权行为做具体界定。在司法实践中，在多重违法行为产生以后，受害人只能按照既定的方式提起诉讼和请求，人民法院在审理民事案件中，对于"侵权性的违约行为"和"违约性的侵权行为"一般都是按违约行为处理的，而对于一些已经发生责任竞合的案件都是按侵权行为处理的。

(2)《中华人民共和国合同法》第 122 条明确规定："因当事人一方的违约行为，侵害对方人身、财产权益，受损害方有权选择依照本法要求其承担违约责任或按照其他法律要求其承担侵权责任。"在立法上肯定了民事责任竞合的存在，在司法实践中允许责任竞合的债权人选择对自己有利的方式进行诉讼。我国在实践中普遍适用的是请求权自由竞合说，允许当事人自由选择。这些规定是我国民事立法的进步和完善，同时引入侵权行为法来加强对合同债权的保护，使侵权行为法拓展到传统的合同法规范的领域，也是现代民法论发展的一大成果。但是随着社会的发展，这种立法制度已不能完全适应我国国情的需要，逐渐地暴露出它的立法不足。《人身损害解释》第 11 条也体现了这一立法宗旨。

应当承认责任竞合现象是伴随着合同法和侵权法的独立就已经产生的现象，它是客观存在的，是法律无法消除的。禁止竞合虽有助于合同责任和侵权责任的体系完整，但是却无法消除竞合现象，而且必然以牺牲受害人的利益为代价，这不符合立法的宗旨。而允许受害人选择请求权，不仅充分尊重了受害人的意愿和权

---

① 参见：浦增平，翟崇林. 民事法律关系中的侵权与违约责任竞合[J]. 法学，1989(2)：41－42.

② 参见法(经)发〔1989〕12 号。

利，同时可能加重不法行为人的责任，而这种责任也是不法行为人依法应当承担的。笔者认为，在处理这类案件时应当首先由受害人做出选择，即受害人仅能享有一项请求权，但该请求权在行使过程中遇到障碍，或者在提起诉讼时其请求被法院驳回，不能达到预期目的时，可以允许受害人重新选择，这样既有利于对债权人的保护，又使不法行为人承担了其应当承担的责任。

本章小结

在外派船员遭遇人身伤亡损害后，船员外派机构与境外船东之间相互推诿，导致外派船员的正当权益受损，不能得到及时的赔偿。通常，外派船员人身伤亡所产生的损害赔偿均符合人身侵权损害赔偿的构成，且在海事司法实务中，该类案件一般都是从侵权法的角度来进行责任主体和责任承担情况的认定的。但是，在侵权损害发生之前，当外派船员人身伤亡的受害人与赔偿责任人之间业已存在某种包含后者对前者的人身安全保障之特别义务的合同时，赔偿权利人亦可从合同法的角度来寻求损害赔偿。尽管从两种索赔路径的实效来看，赔偿权利人所能获得赔偿金额并不会因为诉由不同而产生实质上的差别，但是从实践经验来衡量，则无疑是侵权损害赔偿的救济途径更为便捷，毕竟多数情况下当事人之间是否存在合同关系的证明并不容易，更不必说对于相关合同中，明示或默示的人身安全保障义务予以查明和界定之难度。

因此，本章首先就与外派船员人身伤亡损害赔偿请求权相关的法律关系进行梳理，其中包括劳动关系以及在此基础上的工伤保险责任、境外船东与外派船员之间事实上的雇佣关系以及在此基础上的雇主责任、侵权损害赔偿关系、保险合同关系；尤其是根据外派船员人身伤亡损害赔偿的实际情况，对境外船东承担外派船员人身伤亡损害赔偿责任的多种情形进行详细分析；就如何处理侵权损害赔偿、雇主责任、工伤保险和商业保险之间关系的问题的处理上，笔者提出应针对外派船员人身伤亡损害造成的原因采取不同的处理模式。

第 4 章

外派船员人身伤亡损害赔偿之归责原则问题

归责原则问题是构建外派船员人身损害赔偿制度的首要问题。研究外派船员人身伤亡损害赔偿最根本的任务便是解决责任的承担问题，而责任承担的核心便是归责原则问题。一定的归责原则既决定着侵权行为的分类，也决定着责任构成要件、举证责任的负担、免责事由、损害赔偿的原则和方法、减轻责任的根据等等[①]。对于执法机关来说，只有明确了归责原则，才能准确适用相关法规以确定外派船员人身伤亡损害赔偿责任的承担；即便在没有具体法律规定的情况下，依靠归责原则亦能断明相关责任的归属；而对于受害船员来说，掌握了责任的归责原则有助于其理解并运用法律规则来保护自身的合法权益。

实践中，外派船员人身伤亡事故的发生，基本上是由两种原因引起的，其一是突发的侵权行为，其二是由于当事人之间合同的履行。在侵权损害赔偿领域，归责原则是确定侵权行为人承担侵权损害赔偿责任的一般原则；在合同损害赔偿范畴，归责原则是确定违约方承担违约损害赔偿责任的一般原则。如果否定责任竞合的存在，即将所有的外派船员人身伤亡损害赔偿责任均作侵权责任处置和对待，则对其归责原则的探讨仅局限于侵权责任的领域；如果肯定责任竞合的存在，则对于归责原则的探讨就不应仅限于侵权责任的领域，而应包括合同责任等领域。如前章所述，笔者对责任竞合持肯定的观点，因此，本文拟从以下两个方面来系统地探讨外派船员人身伤亡损害赔偿的归责原则问题：(1) 外派船员人身伤亡损害赔偿之侵权责任归责原则；(2) 海上违约行为导致的外派船员人身伤亡损害赔偿归责

---

① 王利明.侵权行为法研究(上卷)[M].北京：中国人民大学出版社，2004：195.

原则。

4.1　外派船员人身伤亡损害赔偿之侵权责任归责原则

4.1.1　我国侵权责任的归责原则体系

4.1.1.1　归责原则

归则原则(der prinzip der Zurechnung，principle of imputation)，顾名思义就是作为原则的归责理由，是责任归咎的标准与依据。关于归责(imputation)含义的理解，国内外学者们的观点不一。我国台湾学者邱聪智曾在其发表的著作《庞德民事归责理论之评介》中指出："归责者，似可进一步定义如下：即行为人因其行为或容态，侵害他人权益，在法律价值判断上，因而应负赔偿责任之成立要素。"①王利明教授也曾在《侵权行为法归责原则研究》中对归责的含义进行论述，"所谓归责，是指行为人因其行为和物件致他人损害的事实发生以后，应依何种根据使其负责，此种根据体现了法律的价值判断，即法律应以行为人的过错还是应以发生的损害结果为价值判断标准，抑或以公平考虑等作为价值判断标准，而使行为人承担侵权责任。"②而德国学者拉伦茨认为，"归责即负担行为之结果，对受害人言，即填补其所受之损害。"③尽管学者们对归责含义的表述不同，却反映出相同的内容：归责就是责任的归咎。

归责原则作为责任归咎的标准与依据，"在侵权损害赔偿情况下，归责原则是确定侵权行为人承担侵权损害赔偿责任的一般原则"④，它要解决的是法律为何规定一个人要对其行为的后果承担责任的问题。

现代民法认为损害赔偿义务人与损害事故之间必然存在某种关联，即归责的依据。从对这种依据的不同态度出发，可把归责原则分为两类：一类是以行为人主观上的过错作为确定和追究行为人民事责任的依据，称之为主观归责原则(以德国法为代表)，即有过错即有责任，无过错即无责任，所以这一原则又被称为过错责任原则(也称过失责任原则)。另一类是以损害事实、加害行为以及两者之间的因果

① 邱聪智．庞德民事归责理论之评介[A]//民法研究(一)．北京：中国人民大学出版社，2002(10)：257.

② 王利明．侵权行为法归责原则研究[M]．北京：中国政法大学出版社，1992：17-18.

③ 王泽鉴．民法学说与判例研究(5)[M]．北京：中国政法大学出版社，2005：27.

④ 杨立新．侵权法论[M]．北京：人民法院出版社，2004：111.

关系作为责任成立的充分条件，称之为客观归责原则（以法国法为代表），也就是说只要行为人的加害行为造成了损害事实，无论其是否存在过错都应承担民事责任，所以这一原则又被称为无过错责任原则或严格责任原则。此外，一些学者还认为在主观归责原则和客观归责原则之间，还存在一种“中间责任”，即过错推定责任，依此原则，如果加害人不能证明自己的行为没有过错，就应承担民事责任。从本质上说，过错推定责任，只是举证责任的转换，并非一种独立的归责原则，而可以归为过错责任原则的一种特殊的适用方法①。随着社会生活的发展，归责原则由单一化向多元化发展，由此而形成不同的归责原则体系。

4.1.1.2 学界对于损害赔偿归责原则体系的争论

归责原则体系，是指整合各个归责原则而组成的具有内在逻辑联系的系统结构，使得各个原则相互协调，从而有效地实现各类侵权纠纷的责任归属②。归责原则体系的构建，并非将各个归责原则进行简单叠加，而是通过各个归责原则的协力合作和相互补充而建立的具有内在逻辑性与外在周延性的体系。在实践中，归责原则体系的合理构建对于各类侵权纠纷责任的判定起到十分重要的作用。因此，这一课题历来都受到各国学者们的重点关注，对其论述也是纷繁复杂、观点林立。时至今日，我国关于侵权损害赔偿归责原则的立法及理论依据损害赔偿请求权之基础的不同进行了特殊化处理，代表性的学说有以下三种：

一、一元归责原则说

一元归责原则说认为侵权行为的归责原则只有一个，否认在过错责任之外另行确认任何其他的归责原则，主张应以单一的过错责任原则，构建中国式的民事责任制度的和谐体系③。

二、二元归责原则说

二元归责原则说主张我国侵权法的归责原则“应摒弃单一的一元制，认为过错责任原则和无过错责任原则同为我国侵权法的归责原则”④，分情况适用不同的归责原则。一般侵权行为适用过错责任原则，而对于特殊侵权行为需要在法律做出特别规定的情况下适用无过错责任原则。主张“二元论”的学者们认为，两种归责

① 李开国，张玉敏. 中国民法学[M]. 北京：法律出版社，2002：679.
② 孟旭. 侵权责任归责原则体系分析[J]. 商业研究，2011(4)：129.
③ 王卫国. 过错责任原则：第三次勃兴[M]. 北京：中国法制出版社，2001：185 - 196.
④ 参见：米健. 再论现代侵权责任法的归责原则[J]. 政法论坛，1991(2)：26.

原则并存的情况将在今后长期存在；同时认为"公平责任"多是赔偿标准问题而不是责任依据问题，故能否作为一种独立的归责原则还大有讨论空间。

三、三元归责原则说

"三原则说"认为我国侵权法的归责原则应是三元制的，不过在具体的构成上意见却不统一，代表性的观点主要有两种：第一种观点主张我国归责体系由过错责任、无过错责任、公平责任三原则组成，其中过错责任原则表现为一般过错原则和推定过错原则两种方式。这种主张是过去学术界的通说，在很长的一段时间里被我国法院的司法实践所采用，过错责任原则是适用于一般侵权行为的原则，无过错责任原则是适用于各种特殊侵权行为的原则，而公平责任原则是为弥补过错责任的不足、为补救当事人的损害而存在的一项归责原则[①]。另外一种观点则主张我国的归责原则体系由过错责任、过错推定责任和无过错责任三原则组成。代表人物是杨立新教授，他在《简明类型侵权法讲座》中曾指出，"将过错推定责任原则作为一种单独的归责原则，将公平责任不再作为一种独立的归责原则，只是将其作为一种侵权责任形态。"[②]两种代表性的观点曾在我国的《侵权责任法》的立法过程当中进行过反复的论证，两种不同主张纠结之处就在于对公平责任原则能否成为一项单独的归责原则，以及过错责任原则的认定上。

4.1.1.3　本书对损害赔偿归责原则体系的观点

分析以上各观点不难发现，各学说都认为过错责任原则应作为侵权损害赔偿法上的基本归责原则。争议的焦点主要集中在以下三个问题上：(1) 过失推定原则是否为独立的归责原则；(2) 严格责任（无过失责任）是否为独立的归责原则；(3) 公平责任原则是否为独立的归责原则。以下笔者将就这些问题分别进行讨论。

笔者认为，学者之间关于归责原则争论的核心，并不是对我国具体法律规范的认识上差异，而是对"原则"一词的含义具有不同的理解和认识。如果认为同一个领域可以存在若干个归责原则，各个归责原则之间彼此合作、互相补充，归责原则的确定是合理的，并能指导各类侵权纠纷的归责、充分实现侵权法的全部规范功能[③]，那么我国法律必然可以采纳多元归责原则；相反，如果将"原则"理解为在一

① 参见：王利明．侵权行为法研究（上卷）[M]．北京：中国人民大学出版社，2004：209.

② 杨立新．简明类型侵权法讲座[M]．北京：高等教育出版社，2003：95.

③ 王利明．侵权行为法研究（上卷）[M]．北京：中国人民大学出版社，2004：24.

个领域中具有统率地位的、根本性的指导原则，那么似乎法律中就只能有一个归责原则，其他归责事由只能作为例外规定适用。

从各国相关立法实践来看，单一制的归责原则已不能适应社会经济发展的需求，而归责原则的多元化已成为法律发展的必然趋势。从当代侵权法的发展来看，归责原则体系从单一的过错责任转向过错推定、公平责任、无过错责任等多重责任原则发展，已成为两大法系的共识。在大陆法系国家采取一般化的立法方式，以法国为代表，通过立法和判例逐步确立了责任推定、过错推定和危险责任三种基本类型；而在英美法系国家，侵权法的发展始终沿着类型化的方向，规定了其中基本类型的侵权行为，另外附加了一种无名侵权行为，即弹性的侵权行为类型①。我国在民事侵权立法和司法实践上采用了包括过错责任原则在内的多种归责原则，从而形成了有中国特色的侵权归责原则体系。

在这一点上我国学者在侵权责任法的立法过程中达成了普遍共识。从我国的《侵权责任法》第二章对于侵权责任的归责原则的规定上看，我国采用了过错责任和无过错责任原则相结合的二元归责原则。将过错责任原则作为民事责任的一般归责原则，同时考虑到随着经济的发展，在一些特殊的领域安全事故、侵权纠纷频发，仅依据过错责任原则不能有效地保护受害人的根本利益，因此在产品责任、环境污染等纠纷处理中采取无过错责任的归责原则。同时，过错推定责任原则作为过错责任的一种特殊形式，被规定在过错责任中。故笔者认为在由侵权行为引起的外派船员人身伤亡损害赔偿领域，归责原则体系应将使用最为广泛的过错责任原则作为一般损害赔偿的归责原则；将为适应现代化大工业生产而出现的无过错责任原则作为特殊侵权的归责原则；同时以“分配不幸”为主要功能的公平原则作为补充，即在受害人与行为人对于损害的发生都没有过错时，按照侵权归责原则行为人不构成侵权故不承担侵权责任的情形下，按照公平原则由双方当事人共同分担受害人的损失。在外派船员人身伤亡损害赔偿的相关法律规定中，这三种原则均能得到体现，根据不同的情形分别加以适用，从而在特定案件中确定具体的责任主体及其所应承担赔偿责任的限度。

4.1.2 侵权责任归责原则的内涵及适用

各国的侵权责任法，虽然属于国内法的范畴，但由于海上活动及船员外派的涉

① 王利明.侵权行为法研究(上卷)[M].北京:中国人民大学出版社,2004:24.

外性，因此在不违背国家利益和国内条件许可的情况下，国内立法在相当程度上须要做到与通行的国际公约及国际惯例接轨①。我国1993年实施的《海商法》就是在基于我国国情的基础上，考虑国际立法趋势，吸收国际公约和国际惯例的规定而制定的。在目前"人命优位"的国际大环境下，加重海上侵权行为人的责任已经成为当代世界各国立法的基本趋势，国际上相关公约也不断涌现。这些国际立法动态必然对我国侵权责任的归责原则产生影响。我国对于侵权责任的归责原则采取的是多元归责原则体系，笔者就外派船员以侵权为诉由要求境外船东承担人身伤亡损害赔偿责任时，不同情形下适用的不同归责原则的情况加以阐述。

4.1.2.1 过错责任原则的内涵及适用

过错责任原则又称为过失责任原则，是侵权法中较为常见的一项基本的归责原则。过错责任原则首创于罗马法。公元前287年，在《阿奎利亚法》中明确了过错责任的内容，从此奠定了罗马法过错责任原则的基础。之后随着中世纪罗马法的复兴，过错责任原则得到了普遍的重视。首先是身为民法典鼻祖的1804年《法国民法典》在第1382条和第1383条里围绕"过错"对过错责任原则作做全面、系统的规定②。在这之后随着资产阶级夺取政权，为促进资本主义经济的发展，过错责任原则被以德国③、日本为代表的大陆法系国家的民法典广泛采纳，并以其强烈的时代精神被尊为资本主义私法三大理论基石之一，形成了具有普遍意义、抽象的过错责任归责原则。我国《民法通则》第106条第2款规定："公民、法人由于过错侵害国家、集体的财产，侵害他人财产、人身的，应当承担民事责任。"④；同时在《侵权责任法》第6条第1款中明确规定了过错责任原则⑤。《海商法》第169条第1款和

① 各国海上侵权法普遍采取各种方式，尽量保持与国际公约一致。或者加入公约后，无须二次立法，直接将条约转化国内法，如韩国；或在接受条约后在根据其指定国内法，如英国；或者在加入国际公约后，在国内法中规定该公约优先于国内法适用，如中国。即便国际条约中某些规定对有些国家来说，尚不具备实施的客观条件或有违该国政策，该国也可能在对此类条款做出保留的基础上加入该公约，或不加入该公约，但在其相关的国内立法中参考该公约的某些规定。

② 《法国民法典》第1382条规定："任何使他人受到损害时，因自己的过失而致行为发生之人对该他人负赔偿的责任。"第1383条规定："任何人不仅对其行为造成的损害负赔偿责任，而且还对因其懈怠或疏忽大意造成的损害负赔偿责任。"这两条作为《法国民法典》侵权构成的核心条款，确定了侵权责任的构成要件：过错、损害、因果关系。其中过错是最重要的构成要素，是过错侵权责任区别于其他责任的标志。

③ 《德国民法典》虽然在立法体例上与《法国民法典》截然不同，并对侵权责任体系做了根本性的调整，但是过错依然是德国民法侵权责任的核心概念，在第823、826条里明确了过错作为德国民法侵权责任构成要件。

④ 参见《中华人民共和国民法通则》第106条第2款。

⑤ 参见《侵权责任法》第6条第1款："行为人因过错侵害他人民事权益，应当承担侵权责任。"

第 3 款规定："船舶发生碰撞，碰撞的船舶互有过失的，各船按照过失程度的比例负赔偿责任；过失程度相当或者过失程度的比例无法判定的，平均负赔偿责任。"

过错责任原则，是以过错作为价值判断标准，判断行为人对其造成的损害应否承担侵权责任的归责原则①。过错是行为人在法律上应负责任的重要根据②。在理论界，"过错"一直是学者们所钟爱的研究对象，他们的分歧在于如何对过错进行准确地界定，从而来确定判断过错的标准。纵观我国各种侵权法的学术专著或者教材，对于过错的定义可谓是大同小异、不一而足。笔者认为，所谓过错，是指行为人在实施不正当的、违法的行为时所表现出来的某种应受非难的主观状态。简言之，即"谁有错谁负责"。具体而言，过错责任原则主要包括以下内涵：

其一，过错责任原则是一种"主观"归责原则，即以行为人主观上的过错作为承担责任的准则。因为"过错"就其本质而言，是一种主观的东西，是行为人的可归责的心理状况，是行为人在实施行为时的疏忽、轻信或故意乃至恶意的心理状态。因此，行为人的内在意志和心理状态才是侵权损害的罪魁祸首。依照此原则，行为人仅在其主观上存有过错的情况下才承担民事责任，如果仅有损害行为，而主观上却没有过错，则行为人无须承担责任。

其二，以"过错"作为责任的构成要件。一般说来，构成法律上的责任须具备法定的一切要件。过错责任原则以行为人的主观过错作为必备的构成要件之一，"如果行为人在主观上没有过错，就缺少必备的构成要件，就不能构成侵权责任。"③过错的表现形式有故意和过失两种："行为人有意造成他人损害，或者明知其行为会造成他人损害仍实施加害行为的，为故意；行人由于疏忽或者懈怠，对损害的发生未尽合理注意义务的，为过失。"④

最后，过错责任原则以过错作为归责的最终要件。过错责任原则以过错作为法律价值的最终判断标准，即将过错作为决定赔偿责任构成的最终的、决定性的要件，从而贯彻"无过错即无责任(no liability without fault)"的法律精神。诚如德国学者耶林所言："使人负损害赔偿的，不是因为有损害，而是因为有过失，其道理就如同化学上之原则，使蜡烛燃烧的，不是光，而是氧，一般的浅显明白。"⑤

① 杨立新. 简明类型侵权法讲座[M]. 北京：高等教育出版社，2003：127.
② 王利明. 侵权行为法研究(上卷)[M]. 北京：中国人民大学出版社，2004：215.
③ 杨立新. 侵权法论(第三版)[M]. 北京：人民法院出版社，2005：130.
④ 参见《中华人民共和国侵权责任法(草案)专家建议稿》第 2 条。
⑤ 转引自：王泽鉴. 民法学说与判例研究(第 2 册)[M]. 北京：中国政法大学出版社，1998：144 - 145.

值得一提的是过错责任原则还有一种变化形式，即过错推定责任原则。过错推定责任原则从功能上实现了举证责任的转移，从立法价值取向上看是对受害人提供易于实现的法律救济。按照法律规定的形式以事实推定的方法减轻受害人举证责任，从而增加其胜诉受偿的机会。不过笔者认为，过错推定责任原则并不是一个独立地归责原则，从责任的构成要见上看，它与过错责任原则完全一样，都是以过错来作为确定加害人民事责任的最终依据，因此其实质上仍是过错责任原则。过错推定原则在适用上保持一定的弹性，从维护正常交易秩序和社会关系平衡一般意义上讲，过错推定较为优越[①]。由于海上作业具有相当高的专业性，除经营人及其聘用的专业人员外，其他人很难了解到海上事故的真正原因。再加上海上自然环境较为特殊，很多海上事故都是突然发生，过程很短，目击证人有限，现场难以保存，事后调查取证困难非常大。此种情形下，采取过错推定的归责方式，免除赔偿权利人对侵权行为人的过错的举证责任，将无过错的举证责任分配给处于举证优势地位的侵权行为人，更能体现法律的公平和正义。基于此，过错推定也被广泛运用到国际民事、海事公约。如《联合国海上货物运输公约》(汉堡规则)第 5 条关于责任基础的规定等。

4.1.2.2　无过错责任原则的内涵及适用

无过错责任原则作为一个独立的归责原则，独立地调整着部分特殊侵权行为的责任归属。鉴于海上运输的特殊风险，有时即便已经采取了合理的措施，仍不能避免损害的发生。然而损害结果的分配，关系受害船员权益的保护，以实现社会的正义与公平。按照过错责任原则，雇主因无过错可以不负责任或者免除责任。换句话说，此种情况下，所有不利的后果将由受害船员自己承担。这显然是以牺牲无辜的受害船员的合法权益为代价，这样无论是从受害船员的角度还是社会法律的公平观念来看都是显失公平的。

“无过错”是与过错相对而言的，侵权行为人对法律规定的适用该原则的侵权行为承担责任，而不问其对于该损害的发生是否有过错。无过错责任原则在海上侵权中的适用是建立在对海上活动主体作为保护弱势群体的基础上。人在近代民法上的资格中，被看作平等的主体对待，两者之间的经济实力、社会势力、情报收集能力的差异却完全没有当成问题[②]。然而，伴随着社会化大生产的迅猛发展，19 世

---

① 王卫国. 过错责任原则：第三次勃兴[M]. 北京：中国法制出版社，2000：269.

② 参见：[日]星野英一. 私法中的人——以民法财产法为中心[M]. 王闯，译. 北京：法律出版社，1997：68.

纪末出现了工业事故中受害人无法得到赔偿等严重社会不公平现象，并进而导致了社会的动荡为弥补过错责任的不足，保障受害人得到及时有效的补偿而创设了该归责原则。无过错责任原则首先由普鲁士王国在其制定的《铁路企业法》时采纳，而后为了“对不幸损害之合理分配”，该原则逐渐被德国、法国、英国及美国通过特别立法或者判例等方法所确认，使之成为一个普遍通行的归责原则。我国《侵权责任法》第 7 条规定：“行为人损害他人民事权益，不论行为人有无过错，法律规定应当承担侵权责任的，依照其规定。”这里规定的就是无过错责任原则。

对于“无过错”的概念，基于无过错原则的创设宗旨，主要形成四种不同观点。第一种观点认为，无过错责任是指“在法律有特别规定的情况下，以已经发生的损害结果为价值判断标准，由与该损害结果有因果关系的行为人，不问其有无过错，都要承担赔偿责任的归责原则。”①持第二种观点的学者从各国关于无过错责任的立法和实践出发，认为无过错责任是指“当损害发生以后，既不考虑加害人的过失，也不考虑受害人的过失的一种法定责任形式，其目的在于补偿受害人所受的损失。”②第三种观点认为，无过错责任原则是指“无论行为人有无过错，法律规定应当承担民事责任的，行为人应当对其加害行为或准侵权行为所造成的损害承担民事责任。”③第四种观点认为，无过错责任是指“损害发生后，不以行为人的主观过错作为责任要件的归责标准，即不问行为人的主观上有无过错，只要行为人的行为和所管理的人和物与所造成的损害后果之间有因果关系，他就应该承担民事责任。但是，无过错责任不是绝对责任，行为人也有权依照法律规定的抗辩事由主张抗辩，只不过不能以自己没有过错主张抗辩。”④

笔者认为，从我国法律规定出发，我国《民法通则》第 106 条第 2 款规定的无过错责任原则，是指法律规定了某些特殊侵权责任的承担，不以行为人的主观过错为要件，即便是行为人没有过错，法律要求行为人承担责任的，应当承担侵权责任。不过需要注意的是，无过错责任原则仅仅是不考虑过错的责任，而不是没有过错的责任，二者不能混为一谈。

需要指出的是，有些学者将“严格责任原则”和“无过错责任原则”对立起来，笔者认为这既无法律依据，也无客观基础。事实上，大陆法系所说的无过错责任原则

---

① 杨立新．侵权行为法[M]．北京：中国法律出版社，2006：68．

② 王利明．侵权行为法研究（上卷）[M]．北京：中国人民大学出版社，2004：317．

③ 张新宝．侵权责任法[M]．北京：中国人民大学出版社，2006：25．

④ 马俊驹，余延满．民法原论[M]．北京：法律出版社，2005：1005．

与英美法系的严格责任的责任构成是相同的，只是叫法不同而已。严格责任的“严格”与无过错责任原则的“无过错”含义相同，都是不考虑行为人的主观过错因素，而就其行为的后果来论责任。但受我国海上侵权行为法研究起步较晚的影响，在我国的侵权行为法学术研究中，学者们较多的是采用英美法系的“严格责任”的概念，“但现代的英美法作为远离罗马概念法学的法官法，其侵权法所走的道路远不同于大陆法国家；英美法的概念也只有在其自己的法律体系中才具有明确的内涵和外延。”①我国属于大陆法系国家，英美法系的“严格责任”在我国海上侵权法中很难找到其定位和与之相对应的归责原则。基于此，笔者在本书中采用“无过错责任原则”进行研究。

4.1.2.3 公平责任原则的内涵及适用

公平责任原则是指双方当事人对造成损害均无过错的情况下，人民法院根据公平的观念，在考虑当事人的财产状况及其他情况的基础上，责令加害人对受害人的财产损失给予适当补偿的原则。在双方都无过错的侵权行为导致的船员人身伤亡损害赔偿时，可适用公平责任原则。《民法通则》第 132 条之规定是公平原则的法律依据，它规定：“当事人对造成损害都没有过错，可以根据实际情况，由当事人分担民事责任。”换言之，在侵权之诉的船员人身伤亡损害赔偿案件中，适用过错责任原则无法使受害人获得赔偿时，法院仍可判令船东或者其他加害人等向赔偿权利人承担一定的赔偿责任。公平责任原则将公平观念上升为民事法律规范，确立双方当事人之间的权利和义务，能够有效地保护当事人的合法权益，及时解决纠纷②。

4.1.3 外派船员人身侵权损害赔偿归责原则之重构

外派船员人身伤亡损害赔偿之侵权责任归责原则，是指“在海上侵权行为导致外派船员人身伤亡损害后，依据一定的标准将该损害归咎于一定主体，使其承担法律上的不利益。”③由此可见，对于外派船员人身侵权损害而言，要确定侵权人是否承担损害赔偿责任、承担多少赔偿责任的关键就是明确外派船员人身侵权损害赔偿的归责原则。就实践来看，外派船员人身伤亡损害事故的发生可能由于船舶碰

① 李志文. 海上侵权行为法基本理论研究[M]. 大连：大连海事大学出版社，2006：108.
② 付金鹏，刘小勇. 关于公平责任原则的几点法律思考[J]. 山东审判，2005(167)：64.
③ 参见：李志文. 海上侵权行为法基本理论研究[M]. 大连：大连海事大学出版社，2006：74.

撞导致，也可能是由于装卸过程中导致，还有可能是由于环境侵权等所致。不同的致害原因所适用的归责原则也不应相同，否则会直接影响外派船员人身伤亡损害赔偿的效果。

4.1.3.1 我国关于船员人身侵权损害赔偿归责原则之立法现状

关于船员人身损害赔偿问题，我国目前还没有专门的规定，因此导致实践中在进行赔偿时所应遵循的归责原则也缺乏统一、明确的规定。在我国，海上侵权关系主要由《海商法》来调整，但《海商法》中涉及外派船员人身侵权损害赔偿归责原则的法律条款也仅有船舶碰撞导致外派船员人身伤亡损害以及海上拖航作业导致外派船员人身损害两种。

（一）船舶碰撞导致外派船员人身侵权损害

船舶碰撞是造成船员人身伤亡损害赔偿事故发生最为常见的原因之一。法律意义上的船舶碰撞是指船舶碰撞侵权行为，本应属于民法中侵权行为法的调整范围，但由于海上运输引起碰撞的原因颇为复杂，对其责任关系的判别亦非易事，靠民法的侵权行为法来调整船舶碰撞引起的各种关系已很感不足，所以在各国海商法中，对船舶碰撞都有专章予以规定。”[①]我国《海商法》的“船舶碰撞”一章中明确规定了对于船舶碰撞造成的损失，由有过失一方承担；双方互有过失的则按照过失比例相应承担，同时对由此造成的第三人人身伤亡双方承担连带责任[②]。这里所指“第三人”即包括碰撞当事船舶上船员[③]。

在我国海事司法实践当中，因船舶碰撞而发生的人身伤亡损害赔偿纠纷的过错举证，无论是直接碰撞还是间接碰撞，通常都是使用过错责任原则。1910年《船舶碰撞公约》在其第3条和第4条也进行了相同的规定，目前各国在处理船舶碰撞发生后的归责原则上看，基本上也都是采用了过错责任原则。依前所述，侵权法中的过错包括故意与过失两种形式，这里所述的“过失”是指在过错责任的构成要件中，行为人具有过失心理状态，并且在此种心态下做出了相关的侵权行为。船舶碰撞的过失标准采用的是客观标准，即船员、引航员在驾驶船舶、管理船舶过程中，具有通常技术和谨慎从事的航海人员，应当遇见碰撞损害的发生而没有预见，或者应

---

① 司玉琢，吴兆麟．船舶碰撞法[M]．大连：大连海事大学出版社，1995：6.

② 详见《海商法》第168、169条的规定。

③ 最高人民法院《第二次全国涉外商事海事审判工作会议纪要》132条规定：“《中华人民共和国海商法》第169条第3款规定的第三人的人身伤亡，包括碰撞当事船舶上的船员、旅客和其他人员的人身伤亡。”

当防止碰撞损害的发生或扩大而没有防止其发生或扩大，在此种情况下所做出的行为或不行为导致对方船员人身伤亡损害的，即构成船舶碰撞中的过失，需要承担相应的赔偿责任。

（二）拖航作业过程中导致外派船员人身侵权损害

拖航作业过程中，对于拖船或被托物碰撞造成第三人的人身伤亡时，承拖方和被拖方之间发生的人身伤亡损害的赔偿责任的承担按照侵权行为的归责原则来确定。我国《海商法》第163条规定，对于造成第三方人身伤亡损害的，则不论承拖方或被拖方中任何一方存在过失，两方均应承担连带赔偿责任[①]。这种情况下，“不存在推定过失问题”[②]。可见，对于海上拖航作业过程中对造成船员人身伤亡损害时，只要承拖方和被拖方中有一方存在过失，则承拖方和被拖方就需要对赔偿权利人承担连带赔偿责任，且采用过错责任原则；在第三方也存在过错的情况下，双方按照过错比例承担赔偿责任。不过，除拖航合同另有约定外，该无过错方在承担了赔偿责任后，可向有过失方行使追偿的权利。海商法做出这样的规定，主要是考虑到在司法实践当中，“受害第三人很难确定损害发生是由于拖船的过错还是被拖物的过错”[③]，出于对受害第三人利益的保护，因此将承拖方和被拖方看成是一个整体来对受害第三人承担损害赔偿责任。

在拖航作业过程中还存在对承拖方船上船员造成伤亡事故的情况，对于这种情况下归责原则的确定，我国《海商法》第162条第1款规定：“在海上拖航过程中，承拖方或者被拖方遭受的损失，由一方的过失造成的，有过失的一方应当负赔偿责任；由双方过失造成的，各方按过失程度的比例负赔偿责任。”可见，此种状况下适用过错责任原则。不过《海商法》对于拖航作业规定的这项过错责任原则并不是强制性的，根据《海商法》第162条第2款之规定，其只在当事人之间没有约定或者没有不同约定时才得以适用。不过这里需要强调的是，该条规定下，由于拖轮的船员或承托方的其他受雇人员在驾驶或管理拖轮时的过失、或者由于拖轮的海上救助或企图救助人命及财产时的过失导致损失的情况下，承拖方可以免责，此时，承托方承担的损害赔偿责任的归责原则是一种“不完全过错责任原则”。

除上述两种外派船员人身侵权损害赔偿归责原则在《海商法》里进行了明确的

① 详见《海商法》第163条的规定。

② 赖尚斌.海上人身伤亡案件的法律适用[J].中国海商法年刊，2005：294.

③ 司玉琢.海商法[M].北京：中国人民大学出版社，2008：228.

规定外，还有几种涉及外派船员人身侵权损害赔偿的情况在《海商法》中找不到统一明确的规定。因此，实践中需要借助《民法通则》以及《侵权责任法》等一般法中的相关规定进行调整。

一、适用过错责任原则

过错责任原则是人身侵权损害赔偿的一般性归责原则，外派船员人身侵权损害作为人身损害的一部分，除法律有特别规定的情况下，基本上都需要遵循过错责任原则来承担责任。我国的相关法律中也对过错责任原则的适用进行了规定，例如《民法通则》第 106 条第 2 款规定："公民、法人由于过错侵害国家的、集体的财产，侵害他人财产、人身的，应当承担民事责任。"我国的《侵权责任法》第 6 条第 1 款也做出了基本相同的规定："行为人因过错侵害他人民事权益，应当承担侵权责任。"此外，《人身损害赔偿解释》第 2 条第 1 款也规定："受害人对同一损害的发生或者扩大有故意、过失的，依照民法通则第一百三十一条的规定，可以减轻或者免除赔偿义务人的赔偿责任。但侵权人因故意或者重大过失致人损害，受害人只有一般过失的，不减轻赔偿义务人的赔偿责任。"

二、适用无过错责任原则

从法律以及实务的角度上看，外派船员侵权人身伤亡事故的发生，既可能因一般侵权行为所致，也可能因特殊侵权行为所致。而特殊侵权行为的类型和种类通常由法律来直接设定，因此笔者通过审视以下几种特殊侵权行为导致的外派船员人身伤亡损害赔偿的情况来归纳其归责原则的适用。

（一）海洋环境污染导致外派船员人身侵权损害

海洋环境污染导致的外派船员人身伤亡损害，通常是指加害人因违反海洋环境保护法律规定，向海洋或与海相通的可航水域排放油类或其他有毒有害物质，而直接或者间接地导致了外派船员人身伤亡损害的情况。

船舶所有人因其船舶运载了油类、燃油货物或运输有毒有害物质导致了海洋环境受到污染，并进而导致船员人身伤亡损害时，根据 1992 年 CLC 和 2001 年的《燃油公约》的相关规定，由有关溢油船舶所有人承担无过错责任。

我国《民法通则》第 124 条规定："违反国家保护环境防止污染的规定，污染环境造成它人损害的，应当依法承担民事责任。"可见，向海洋中排放或者倾倒有害物质污染海洋环境，并对他人的人身造成损害的，首先排放者应当承担消除危害的责任，同时排放者对直接受害者应当承担赔偿损失的责任。我国《侵权责任法》第 65 条规定了环境污染责任，即"因污染环境造成损害的，污染者应当承担侵权责任"；

第 68 条进一步规定:“因第三人的过错污染环境造成损害的,被侵权人可以向污染者请求赔偿,也可以向第三人请求赔偿。污染者赔偿后,有权向第三人追偿。”据此可以推断出,因海洋环境污染导致的外派船员人身伤亡损害时,加害行为人应对受害船员承担无过错责任,除非加害方能够举证证明存在法定的免责事由,例如第三方过错或战争等。

但需要注意的是,海洋环境污染导致外派船员人身损害情况错综复杂,对由该原因造成的“直接性”的船员人身侵权损害适用无过错责任原则应属于本书讨论之范围;而对于该原因导致的船员“间接性”的人身损害的情况则需要讨论,虽然多数情况损害的发生是在“海上”,符合外派船员人身伤亡损害的形式要件,但一般与海上运输和作业活动不存在直接关联。因此,其虽然亦适用严格责任,但不属于本书意义上的“外派船员人身伤亡损害”范畴。

(二) 海上危险品运输导致外派船员人身侵权损害

海上运输业本身就具有一定的危险性,而海上危险品运输活动无疑更是一种具有高度危险性的作业,一旦造成泄漏不仅会引起严重污染,而且还会造成船员人身伤亡的损害。在海事审判实践中,运油船舶在海上或者港口爆炸引起火灾导致船员人身伤亡的案件时有发生。燃油作为一种“易燃”物品,从事燃油运输而致人损害,应属我国《民法通则》第 123 条规定的“高度危险作业致人损害”之一种。按照《民法通则》第 123 条规定:“从事高空、高压、易燃、易爆、剧毒、放射性、高速运输工具等对周围环境有高度危险的作业造成他人损害的,应当承担民事责任;如果能够证明损害是由受害人故意造成的,不承担民事责任。”同时,《侵权责任法》第 69 条规定:“从事高度危险作业造成他人损害的,应当承担侵权责任。”据此,因海上危险品运输而导致的船员人身伤亡损害,加害行为人应对受害船员承担无过错责任。例如:船舶在运输危险品的航行过程中,易燃、易爆货品发生爆炸致使船员死亡,此时,船舶所有人应对船员死亡损害承担无过错赔偿责任。1996 年,《国际海上运输有毒有害物质损害赔偿责任及赔偿公约》(《HNS 公约》)明确将船员的人身伤亡纳入公约的损害赔偿范围,对船舶所有人由此而造成的损害实行无过错责任,只要造成了有毒有害物质污染损害,除非有法定的免责事由,船舶所有人都要承担赔偿责任,而不论其是否存在过错。因此,《HNS 公约》生效后,对属于该公约规定的人身伤亡损害,赔偿权利人可以依据该公约进行索赔。

(三) 高速船航行导致外派船员人身侵权损害

正如上文所述,海上航行其本身即具有一定的危险性,因而高速船航行活动也可以适用《侵权责任法》第69条和《民法通则》第123条的规定，适用无过错责任归责原则。

(四) 产品质量问题导致的外派船员人身侵权损害

产品质量问题导致的外派船员人身伤亡损害，通常是指因产品质量不合格而造成的船员人身伤亡损害。《民法通则》第122条规定："因产品质量不合格造成他人财产、人身损害的，产品的制造者、销售者应当依法承担民事责任。"同时，我国的《侵权责任法》在"产品责任"一章中的第41条也规定："因产品存在缺陷造成他人损害的，生产者应当承担侵权责任。"由此可见，因产品质量缺陷致人损害赔偿责任是无过错责任，只要产品存在缺陷与受害人遭受的损害存在法律上的因果关系，行为人就应当负责①。燃油也是一种产品，因此为海上航行、作业的船舶添加燃油时，因燃油质量不合格而导致船舶起火爆炸等情况造成船员人身伤亡事故的发生的，燃油的制造者、销售者也应适用无过错责任原则追究其责任。

(五) 装卸作业导致外派船员人身侵权损害

装卸作业过程中导致外派船员人身侵权损害的事例比比皆是，而港口对一些超大、超重型货物的装卸作业是否构成"高度危险作业"存在不同观点。笔者认为，这主要是一个事实的认定和判断问题，关键看事实上这种作业是否具有"高度危险"性，进而据此来确定其是否应适用《民法通则》第123条关于"高度危险作业"的特别规定，及《侵权责任法》第9章关于"高度危险责任"的相关规定，以无过错责任原则来确定责任。

三、适用公平责任原则

(一) 海上紧急避险导致外派船员人身侵权损害

紧急避险导致的船员人身伤亡损害，通常情况下是指因紧急避险人采取紧急避险措施而导致船员人身伤亡损害。《民法通则》第129条规定："因紧急避险造成损害的，由引起险情发生的人承担民事责任。如果危险是由自然原因引起的，紧急避险人不承担民事责任或者承担适当的民事责任。"这是海上紧急避险导致外派船员人身伤亡损害承担责任的法律基础。同时，我国《侵权责任法》第31条规定："因紧急避险造成损害的，由引起险情发生的人承担责任。如果危险是由自然原因引起的，紧急避险人不承担责任或者给予适当补偿。"可见，受害船员因紧急避险行为遭受人身伤亡损害时，如果危险是由于自然原因引起的，并且避险人采取的措施有

① 魏振瀛．民法[M]．北京：北京大学出版社，高等教育出版社，2000：712．

无不当，法院可以判令紧急避险人或者其他受益人基于公平责任原则对受害船员承担一定的补偿责任。因紧急避险而造成的损害，适用公平责任。

（二）海上义务帮工行为导致外派船员人身侵权损害

海上帮工行为属于个人之间的劳务关系，我国的《侵权责任法》第 35 条明确规定："在个人间形成的劳务关系中，提供劳务一方由此而造成他人损害的，应由接受劳务的一方承担侵权责任。"按照该规定，在海上帮工行为导致的外派船员人身侵权损害的情况下，被帮工人原则上按照过错责任原则承担帮工人对外派船员造成的侵权损害责任，即此时，被帮工人承担的侵权责任以帮工人的过错为条件，在双方都无过错的情况下，实际损失可根据实际情况由双方分担。但从维护社会公平角度出发，对于在义务帮工行为中，作为义务帮工人的外派船员出现伤亡事故后，应根据公平原则给予其适当的补偿。对此，《人身损害赔偿解释》第 14 条规定："帮工人因帮工活动受到人身损害的，被帮工人应当承担赔偿责任。被帮工人明确拒绝帮工的，不承担赔偿责任；但可以在受益范围内予以适当补偿。帮工人因第三人侵权遭受人身损害的，由第三人承担赔偿责任。第三人不能确定或者没有赔偿能力的，可以由被帮工人予以适当补偿。"据此，受益人对义务帮工船员伤亡无过错的，也可依据《人身损害赔偿解释》适用公平责任原则处理。

笔者在分析上述我国一般法规定应适用公平责任原则的、涉及船员人身侵权的情况时发现，以上情况虽然都可能导致外派船员人身伤亡损害的发生，但结合本书对外派船员人身伤亡损害赔偿的形式要件和实质要件可知，以上情况的发生和海上运输与作业都没有实质性的联系，并不属于本书所讨论的外派船员人身伤亡损害的范畴，因此没有必要在特别法中强调，归由一般法律进行调整即可。

4.1.3.2　外派船员人身侵权损害归责原则体系的构建

通过上文的梳理，笔者认为我国现行法律在船员人身伤亡损害赔偿的归责原则上缺乏系统规定，具体表现在：部分相关条款散落于《海商法》各个章节，且常暗含于其他规则条款之中；部分船员人身伤亡损害赔偿的归责原则由于缺乏专门规定，因此需要从一般法律规范或其他法律条款中寻求援助；更为重要的是，现有的某些归责原则因与"海上"这种特定环境下的人身伤亡损害赔偿的现实情况不符，而不利于船员权益的保护，不宜采用。

鉴于此，笔者大胆提出在我国的外派船员人身伤亡损害赔偿中应构建包括过错责任原则、过错推定原则和无过错责任原则在内的三重归责原则体系。其中，以过错责任原则为主，适用于一般情况下的船员人身侵权损害赔偿；过错推定责任原则为辅；无过错责任原则为例外，适用于某些特殊情况下导致的船员人身伤亡损害赔偿。

从理论上讲，过错责任原则具有其他归责原则所无法比拟的功能。其一，过错责任原则对于外派船员人身伤亡损害的发生具有预防功能。在船员外派实践中，有相当部分的外派船员人身伤亡事故的发生是由于驾驶和管理船舶中的过失导致的，因此更应该强调外派船员及相关行为人主观注意程度的重要性，使其在预见自己行为将会导致的损害后果时不为该行为，或者尽到注意义务，并合理地预见其应当预见并且能够预见其行为可能导致的损害后果，进而不为该行为。唯有如此，才能抑制损害的发生。基于此，笔者认为理应在外派船员人身伤亡损害赔偿中适用过错责任原则。其二，过错责任原则具有合理协调利益冲突的功能。在适用过错责任原则时，责任主体仅对因其行为过错造成的损害承担赔偿责任，同时过错程度的高低与其承担责任的轻重成正比。另外，我国《民法通则》《侵权责任法》《海商法》及前文提到的与外派船员人身伤亡损害赔偿相关的法律、法规都规定，如果外派船员本人在其人身伤亡中存在过失或伤亡事故完全出于其本人的健康原因或其故意行为所导致，若经责任主体举证证明，则可以适当地减轻或免除其损害赔偿责任。这样不但可以在一定程度上补偿受害船员的损失，也可以将责任主体的不利益限制在一定的范围内，可谓是坚固了双方的利益。

为全面保护船员外派过程中外派船员的利益，无过错责任原则无疑是最佳选择，但是考虑到海上运输的特殊风险，根据现有法律、法规的规定，对于发生外派船员人身伤亡的情况下，责任人尚无法承担无过错责任，可又不能因过多地考虑海上风险而忽略了对受害船员的保护。目前现代海上侵权法的发展趋势是“人命优先”，即“对人身安全的保障与对人身伤亡的补救居于中心地位”[①]。而且从国际立法的发展趋势来看，“人命优先”的理念受到世界各国的重视已是不争的事实。这一点在海上人身伤亡损害赔偿领域主要表现为两方面：首先是海上人身伤亡损害赔偿的责任限额在逐渐提高；其次是适用的归责原则日益严格。因此笔者认为，在如今彰显人命价值的年代，对于外派船员人身伤亡的损害赔偿，应适用相对更为严格的归责原则，从而实现法律对于生命健康权的保护。从加强对外派船员人身权保护的角度出发，本书倾向于将过错责任原则中的过错推定原则作为处理外派船

① 邓瑞平．船舶侵权行为法基础理论问题研究[M]．北京：法律出版社，1999：100．

员人身伤亡损害赔偿的基本归责原则。这样，将举证责任倒置于责任主体，避免了因适用一般过错责任原则时，因请求人不能举证证明行为人过错从而判令责任主体不承担责任的有失公平的情形。因此，为有效地保护生命健康权以及考虑外派船员人身伤亡损害赔偿请求的特点，笔者建议在目前的法律规定了过错责任原则的基础上，立法者在将来的立法中能够明确过错推定责任原则。

如前所述，我国的《民法通则》以及《侵权责任法》都将某些特殊的侵权行为，例如从事高空、易燃易爆、放射性、剧毒、高速运输工具等具有高度威胁周围财产及人身安全的作业纳入无过错责任控制范畴内，鉴于外派船员服务于外轮上，其所从事的海上运输与作业的高度危险性也是上述高危作业的一部分，因此笔者认为也应将其纳入无过错责任原则的调整范围内，理由如下：首先，从利益与责任相对应的角度出发，海上高度危险运输与作业的经营人作为从事该活动的利益最终获得者，其理应承担更大的责任。其次，船方作为从事海上高度危险运输与作业活动的专业实体，在预防和控制危险事故发生的能力上，其与遭受人身伤亡损害的个体受害船员相比明显占据优势。由船方等责任人对海上高危活动承担无过错责任，将迫使其最大限度地运用专业知识提高注意水平，进而达到预防事故的发生之目的；且船方等责任人也可以通过责任保险等方式来化解和分散其责任风险，或者通过海事赔偿责任限制制度将其自身的风险限制在一定的范围之内，因此其在承担损害后果的能力方面也处于明显优势地位。因此笔者认为，对于因从事海上高危运输与作业而造成的外派船员人身伤亡损害，应由船方等责任人承担无过错责任。这里所指的海上高危运输与作业主要包括：涉及有毒有害物质、危险化学品、易燃易爆等放射性物质、持久性油类等物质的运输与作业。需要注意的是，尽管无过错责任的适用可有法定的免责事项，但笔者认为应仅将受害船员的故意作为免责事由。对于事故的发生，受害船员虽无主观故意但存在重大过失的情况下，可相应地减轻行为人的责任；而不可抗力、第三人的故意或过失等都不应作为法定的免责事由。这主要是因为：其一，无过错责任原则的本质就是无论行为人对于事故的发生存在过错与否都要承担责任，如果将不可抗力、受害人的一般过失行为以及第三人的故意或过失行为都纳入无过错责任的免责事由内，则无过错责任与过错责任之间的本质区别将丧失殆尽。其二，从双方实证地位的差异来看，如果允许船方因不抗力或第三人行为而免责，则客观上将造成无辜的受害船员不能得到合理的补偿与救济。

4.2 海上违约行为导致的外派船员人身伤亡损害赔偿归责原则

在我国，违约责任属于合同责任的一种①；所谓违约责任的归责原则，是指合同当事人不履行合同的行为发生后，应当依照何种根据追求其法律责任②。关于因违约行为引起的外派船员人身伤亡损害赔偿的归责原则的讨论前，笔者认为需要事先明确两个问题：其一，归责原则是侵权责任的核心问题，那么违约责任到底存不存在归责原则？其二，违约行为的“约”指的是合同约定，违约责任以违反合同义务为前提，那么船员外派合同三方之间的法律关系下，不同性质的合同关系下适用的归责原则有何不同？外派船员的雇主因违约而承担责任的事由有哪些？雇主承担雇员受害责任如何分担？为了论述方便，以下将从当事人之间的法律关系的角度出发，结合其责任性质阐述违约行为引起的外派船员人身伤害赔偿责任的归责原则。

4.2.1 关于违约责任的归责原则的重新思考

针对已经发生的违约行为及损害结果，法律是以当事人的过错还是以实际损害作为判断标准使违约当事人承担责任是违约责任的归责原则的内涵所在。关于违约责任的归责原则，我国学术界对违约责任的归责原则一直存有争议。“1999年《合同法》颁布以前，我国的理论界通常把违约责任的归责原则归纳为过错责任原则和无过错责任原则两种。”③从合同法起草和制定开始，违约责任的归则原则成为各界争论的焦点与核心，很难取得意见上的统一。归纳起来主要存在两种观点，代表人物是在《合同法》草案起草过程中起关键作用的我国两位著名民法学者梁慧星教授和崔建远教授。梁慧星教授认为，我国《合同法》应采纳的是无过错责任归责原则，这种观点得到了当时多数学者的支持；而崔建远教授对无过错责任的归责原则持反对态度，他认为我国合同法应采取过错责任原则作为违约责任的归责原则。

---

① 其他几种合同责任包括缔约过失责任、合同无效责任和后契约责任。

② 薛楠. 论中国合同法的违约责任归责原则[J]. 法制与社会，2011(2)：271.

③ 李守芹. 海事诉讼与海事(商)法[M]. 北京：人民法院出版社，2007：193.

笔者认为，对于违约责任的归责原则不应以单一的过错责任原则或无过错责任原则作为判断标准，而应以无过错责任原则为主，同时辅之以过错责任原则作为补充，理由如下：其一，从合同法的国际立法发展趋势来看，近年来所公布的国际公约中[①]，两大法系的权威学者经过充分的斟酌权衡之后达成共识，采纳无过错责任作为合同中违约行为的主要归责原则。而且在我国以无过错责任作为违约行为的归责原则并非从统一合同法草案开始，事实上我国的《民法通则》第 3 条、《涉外经济合同法》[②]第 18 条及《技术合同法》第 17 条早已将违约责任规定为无过错责任。其二，无过错责任与过错责任相比有其显而易见的优点。在无过错责任原则下，并不要求同时具备侵权责任的四个构成要件，而只须证明对方不履行或者没有充分的履行合同义务的事实即可，有无过错与责任的承担无关，这里的逻辑是"有违约即有责任"，违约责任的构成仅以合同的不履行为要件，而构成免责的唯一可能性在于能够证明免责事由的存在。合同义务的不履行与免责事由均属客观事实，相对于过错责任下需要对责任人存在过错的主观心理状态进行举证来说，显然无过错责任的举证相对容易。因此，采纳无过错责任作为违约行为的归责原则有利于维护合同的严肃性以及增强当事人的责任心和法律意识。其三，无过错责任更符合违约责任的本质。违约责任本质上是由合同义务转化而来，以存在合法有效的合同关系为基础。合同关系下双方自由约定利益，排除强行法的干涉，这与侵权责任不同。因此，违约责任应比侵权责任严格。由于侵权责任发生在预先没有任何密切联系的当事人之间，广泛的权利冲突使损害的发生在所难免，因此法律要求在损害事实之外还要有过错要件，过错等同于可归责性，它使侵权责任具有合理性和说服力。而违约责任本质上出于当事人自己的约定，这就足够使违约责任具有了充分的合理性和说服力，无须再要求使违约责任具有合理性和说服力的其他理由[③]。其四，若我国合同法仅以无过错责任作为归责原则，同时又规定不可抗力作为免责条件，不仅在法律上会存在漏洞，在合同法内部也会形成许多不和谐之处。所以，既然合同法上的缔约过失责任与有过失责任、免责条款及无效规则等所关注的均是过错，那么比较理想的是采取过错责任原则与无过错责任原则的双轨体系，

① 参见《国际商事合同通则》第 1、4、7 条和《欧洲合同法原则》第 101 条。

② 《涉外经济合同法》目前已被废止。

③ 梁慧星. 民商法论丛[M]. 北京：法律出版社，1998：27－28.

并将严格责任限定在特定领域。[①]

随着《合同法》的颁布并生效，对该问题的讨论似乎已经尘埃落定，争论的硝烟也早已淡出江湖。从我国目前法律规定来看，对违约责任的归责原则采取的是无过错责任原则，同时过错责任原则作为补充规定。这一规则体系不仅具有普遍适用性，也体现着我国违约责任制度的全部功能[②]。

4.2.2 合同责任下雇主承担外派船员赔偿责任的归责原则

外派船员人身损害赔偿案件是一种新型的劳动争议案件，为有效地解决纠纷的前提，需要找出责任承担者，然后根据相应的归责原则来确定责任的承担。因此，可以说雇主承担雇佣合同责任的归责原则是关系雇主承担其雇员受害赔偿责任能否成立的问题，同时这又与损害赔偿有着密不可分的联系。

就字面而言，所谓雇主责任，是指雇主依法应当承担的责任，具体包括两种类型：一是雇主对雇员在工作中所受到的损害承担保护赔偿责任，我们通常称为雇主对雇员在雇佣活动中自身受损害时的赔偿责任，也叫雇员受害责任。二是雇主对雇员在执行职务中造成的他人损害承担的替代赔偿责任，又称转承责任。雇主无论承担何种赔偿责任，都是以雇佣关系的存在为前提的，因此雇佣关系成为雇主承担赔偿责任的一个基础事实。

4.2.2.1 外派船员雇主的判定

雇主作为雇佣法律关系的主体，是指与雇员之间存在劳动关系的一方。根据劳动法理论，由于劳动关系的典型形态是由劳动者和与该劳动者在一定条件下为其工作并获得报酬的雇主之间所产生的关系。因此，在判断劳动者与用人单位是否存在劳动关系时，除了考虑双方当事人订立合同是否存在合意、是否有从属关系等要素之外，还能从作业上的实际指挥监督状况以及劳资双方在履行合同内容上的互动关系上得到结论。[③] 如前所述，在我国现有的模式下，外派船员必须由具有资质的船员外派机构招募。因此船员外派的过程中，必须订立两个前后相互关联的合同，以外派船员为中心牵涉两个雇佣关系主体，即船员用人单位和船员用工单位。

---

① 崔建远.严格责任？过错责任？[A]//梁慧星.民商法论丛(第11卷)[C].北京：法律出版社，1999：190-197.

② 参见：王利明.违约责任论[M].北京：中国政法大学出版社，2000：61.

③ 参见：孙冰心.劳务派遣法律规制研究[D].长春：吉林大学博士学位论文，2008：23.

归根到底，船员外派属于劳务派遣的一种。理论界对劳务派遣法律关系的认识上一直存有争议，主要形成两种学说，即“一重劳动关系说”和“双重劳动关系说”。

一重劳动关系说根据“一次结合”“一次劳动”和“一个责任”的传统思维模式，认为在劳务派遣三方主体中，只有派遣单位与派遣劳动者之间存在劳动关系，用工单位与被派遣劳动者之间不存在劳动关系。该学说对世界各国劳务派遣立法产生了重要的影响，欧盟、法国、秘鲁等大多数国家以及我国台湾地区在立法上都采用了一重劳动关系理论。尽管此种学说看似符合传统规范的劳动关系理论，但与实践存在一定程度的脱节。依据一重劳动关系说，发生劳动争议时被派遣劳动者只能以与其存在劳动关系的劳务派遣单位作为被申诉人或被告，而在实践中被派遣劳动者发生争议的真正事项常常是与用工单位有关的，因此派遣单位往往无法完成举证责任，而用工单位却因与劳动者之间未签订合同而逃避责任，常常会使劳动者的救济落空①。一重劳动关系说使得用工单位得以逃避雇主责任，不利于被派遣劳动者各方面权益的保护。

而双重劳动关系说认为，在劳务派遣中，派遣单位、用工单位分别与被派遣劳动者存在劳动关系，即存在两个用人单位，这两个用人单位不仅存在着法律或实务上的联系，也存在着合同上的联系，其典型形式是一种“功能衔接”和“责任衔接”(所谓功能衔接，是指两个合同关系一个以“雇用”为其功能，另一个以“使用”为其功能，两个合同关系的配合，完成着相当于一个标准劳动合同关系的内容。所谓责任衔接，是指在追究雇用责任时，由于某些主体缺乏独立承担责任的资格，法律上要求一个具备资格的主体承担连带责任)②。如美国即主张劳务派遣法律关系是双重劳动关系，派遣单位与用工单位基于经济上的关联程度共同对被派遣劳动者承担责任，但事实上由于被派遣劳动者是由派遣单位直接雇用的，因此几乎在所有相关事项上派遣单位都须承当相应的雇主责任，而用工单位是否须承担共同雇主责任的主要判定标准就是用工单位平时对被派遣劳动者行使监督管理权的程度③。双重劳动关系说的问题在于，其承认被派遣劳动者与用工单位存在劳动关系，这看似为劳动者提供了双重保障，但实际产生纠纷时，派遣单位和用工单位在划分雇主责任时往往相互推诿，并不能真正保障被派遣劳动者权益的实现。由此

① 参见：董保华．劳务派遣的法学思考[J]．中国劳动，2005(6)：12.

② 参见：孙冰心．劳务派遣法律规制研究[D]．长春：吉林大学博士学位论文，2008：29.

③ 参见：郑津津．从美国劳务派遣法制看台湾劳务派遣法草案[J]．中正法学集刊，2002(10)：47.

可见，不论是一重劳动关系说还是双重劳动关系说，一个关键的问题就是判定劳务派遣中的劳动关系，只有明确劳动关系才能对雇主进行判定。

在船员外派业务中，虽然船员用人单位与外派船员签订了劳动合同，但外派船员并不会像典型劳动关系中劳动者那样向船员用人单位提供劳务，用人单位自己也并不实际使用外派船员，而仅仅是向外派船员提供境外船东的工作岗位，并承担向外派船员支付工资及办理社会保险的责任，这就说明，在外派船员与船员用人单位之间并未实现全部劳动过程，虽然二者之间存在形式上的劳动关系，但其与典型劳动关系是有区别的，只是具备了典型劳动关系的形式特征。因此笔者认为，船员用人单位是外派船员形式上的雇主。

同样，虽然在船员外派实践中，多数情况下外派船员并未与境外船东（船员用工单位）签订劳动合同，但外派船员实际上是向境外船东提供劳务，并接受其指挥、管理和监督，境外船东也必须向外派船员提供相应的劳动条件和安全卫生保障。按照劳动法理论，劳动关系的形成和运行是一个动态的过程，其目的是为了生产劳动，因而劳动过程的实现处于劳动关系的核心位置。因此，外派船员实际向境外船东提供劳务的行为构成了船员劳动过程实现的核心，即境外船东与外派船员之间的管理与被管理的关系实际上具备了典型劳动关系的实质特征。所以笔者认为，境外船东是外派船员事实上的雇主。

由此可见，在传统劳动关系理论框架下，船员外派中的劳动关系可以看成是由船员用人单位与外派船员之间的形式上的劳动关系和境外船东（船员用工单位）与外派船员之间实质上的劳动关系相结合的一种特殊劳动关系，即实际上只存在一个“劳动关系”。但这又与一重劳动关系说有所不同，在这种特殊的劳动关系中，有船员外派机构作为形式上的用人单位和境外船东作为事实上的用人单位，外派船员按照劳动合同或在实际劳动过程接受两个用人单位分别的管理，两个用人单位则各自按照自己与外派船员的联系承担相应的劳动法及劳动合同法中的义务，由此共同构成劳动关系中的权利和义务。

4.2.2.2 雇主承担雇员受害赔偿责任的归责原则

雇主对其雇员受害承担赔偿责任的归责原则，理论和实践中也是颇多争议。大体可归纳为三种基本类型：第一，过错责任原则。采此种立法例的主要是大陆法系国家，如德国、日本、瑞士等[①]。第二，无过错责任原则。采此种立法例的代表主

① 参见《德国民法典》第 831 条、《日本民法典》第 715 条、《瑞士债务法》第 55 条。

要是英美法系国家及法国、意大利、丹麦、挪威等[1]。第三，过错责任与衡平责任相结合。我国台湾民法采此立法例[2]。

需要指出的是，在上述三种立法例中，英美法国家采取无过错责任原则已有数百年历史。而鉴于雇主承担其雇员的赔偿责任采用过错责任原则有许多弊端，因此，大陆法系国家在司法实践中大都做了修正。以德国为例，《德国民法典》采用过错责任原则在施行以前就遭到多方面的批评，之后，立法者和司法机关为保护受害人利益并进而平衡社会利益，在一些单行法规和判例中确立了无过错责任。因此，在许多领域，德国民法规定的雇主适用过错责任已经被司法判例所取代或修正。在日本，由于政治经济情况的不断变化，日本法院对雇主的免责几乎不予认可，实际上采取了无过错责任原则。在台湾许多学者也都主张应将雇主过错责任原则改为无过错责任原则。在将来的欧洲债权法典中，欧洲国家已就雇主赔偿责任应为严格责任的问题取得一致意见。我国大陆学者也对过错责任原则多持批评态度，主张采用无过错责任原则。可见，目前关于雇主对其雇员受害责任的承担问题，世界上多数国家采取无过错责任原则。

侵权法理论认为，雇主之所以对其雇员的行为负责，是因其二者之间存在选任与监督的关系。雇主赔偿责任的适用不应仅限于传统的雇佣关系，而应对其做扩大解释，即不限于有契约关系之存在，亦不限于受有报酬者，凡事实上使用他人为其服劳动者，皆为雇主[3]。而“使用”直接表现为用人单位对职员的实际指挥控制与监督[4]。梁慧星教授主持的《中国民法典草案建议稿》也采纳该观点，他指出：“此在大陆法系本来称为雇主责任，须以雇佣合同关系的存在为前提，后来扩大适用范围，只需构成使用与被使用关系，无论是否有雇佣合同，因此改称使用人责任。”[5]在英美法及欧洲大陆法中，对于雇主赔偿责任的适用范围上的观点也都认为：“决定因素不在于是否在技术上存在一份雇佣合同，而在于是否存在具有控制、

---

① 参见《法国民法典》第 1384 条第 4 款、《意大利民法典》第 2049 条等。

② 参见我国台湾地区民法第 188 条。

③ 曾隆兴. 详解损害赔偿法[M]. 北京：中国政法大学出版社，2004：100.

④ 这种解释是从雇主赔偿责任规则的目的出发，已经脱离了合同法和劳动法对雇佣关系的理解。实际上，这种解释是在雇佣关系“雇用”和“使用”两个要素中选择了“使用”作为标准，即以作为目的的相对稳定的“使用”吸收了作为手段而以多样化形态存在的“雇用”，从而使雇主责任规则摆脱了手段的限制，扩大了适用范围。

⑤ 梁慧星. 中国民法典草案建议稿附理由：侵权行为编、继承编[M]. 北京：法律出版社，2004：76.

指示性的依附以及工作的包含性质为特征的依赖关系。”①鉴于前文已对外派船员与船员外派机构或国内航运公司之间存在劳动合同的情况进行过论述，此处不再赘述。下文笔者对于外派船员与境外船东之间存在劳动合同的情况下，一旦发生外派船员发生人身伤亡损害时雇主承担赔偿责任的性质以及归责原则进行论述。

一、境外船东作为事实上的雇主承担无过错责任

在我国的船员外派实践中，境外船东与外派船员之间存在两种情况，如果外派船员与境外船东在船员外派机构的督促下签订了劳动合同，则此时境外船东作为外派船员的雇主身份无疑；另一种情况，也是实践中存在的多数现实情况，即外派船员与境外船东之间往往没有直接的书面合同存在，在这种情况下，两者通过船员外派机构与境外船东之间的劳务雇佣合同和船员外派机构与外派船员之间的劳动合同联结起来。外派船员依照以上两个合同接受外派，在境外船东经营的船舶上按照境外船东的指示为境外船东的利益提供劳务；同时从境外船东处领取工资、津贴，享受船上的劳保待遇。

在典型劳动关系中，劳动者是基于劳动合同而提供劳务给付，因而劳动者对用人单位具有人格、经济上的从属性，而正因为这种从属关系的存在，劳动者由此享有在法律上受到倾斜保护的权利②。而在船员外派法律关系中，劳动者（外派船员）此时的给付对象在法律意义上严格来说是劳动合同外的第三人——境外船东，且船员还要服从境外船东的指挥监督而提供劳务，从而实现劳动过程。由此可见，外派船员与境外船东之间的关系实际上具有劳动关系的实质要素。正如有些学者所说，接收单位实际上是事实上的用人单位。另外，立法也为用工单位确立了一系列的雇主责任，如《劳动合同法》规定的平等待遇、禁止强制劳动、劳动时间、休息休假、加班报酬、女职工特殊保护以及造成损害时的连带赔偿责任等。

由作为雇主的船方在合同责任下承担无过错责任，符合国际公约的规定。《1936 年船东责任（海员患病和受伤时）公约》第 2 条第 1 款规定：“船东应对下述情况负责：(a)从协议条款规定的任职那天起到雇用期终止期间所发生的疾病和受伤；(b)由这种疾病或受伤所导致的死亡。”以上规定并没有要求船东要有过错，可见这是一种无过错责任的规定。《2006 年国际海事劳工公约》中也有类似的规定。

---

① [德]克雷斯蒂安·冯·巴尔.欧洲侵权行为法中的替代责任[A].张新宝，译.//梁慧星.民商法论丛(第 15 卷)[C].北京：法律出版社，2000：522.

② 参见：孙冰心.劳务派遣法律规制研究[D].长春：吉林大学博士学位论文，2008：33.

从目前多数国家的相关立法来看，船东对船员的人身伤亡损害承担赔偿责任的基础多数都是无过错责任，例如在美国专门用来调整船员人身伤亡的《琼斯法》中关于举证责任的规定里关于船员的举证责任规定很轻。英国也有相似的规定，自1897年后，英国制定的雇主责任法和劳工赔偿法里都规定："即使没有过错的相关证据，雇主仍需支付赔偿。"而这些相关规定也适用于船员与船东之间雇佣关系。德国和法国的法律也都规定了船东对船员承担严格责任。因此，在合同责任下，船舶所有人对其船员在劳动过程中遭受的损害，除非是船员故意所致，均应给予赔偿，这种赔偿具有无过错责任的性质。对于受雇船员在雇佣合同关系中受到的伤害，由于船员是利用船舶所有人提供的劳动条件进行工作，船员遭受损害，往往是由于船舶所有人提供的条件所致。因此，船员在执行职务中受到的人身伤亡损害，船舶所有人不论是主观上是否有过错，均应承担赔偿责任，采用严格责任原则。比照我国相应的法律规定，笔者建议从保护外派船员弱者利益的角度出发，雇主在合同责任下也应适用无过错责任。

尽管船东对船员遭受的人身伤亡承担严格责任，但是按照《1936年船东责任(海员患病和受伤时)公约》的规定，如船员的人身伤亡是由于下列原因所导致的则免除船东的赔偿责任："并非在船上工作时发生的受伤；自身的故意、违章或不正当行为造成的患病或伤亡；签约时故意隐瞒的疾病或虚弱；受雇时的拒绝体检等。"根据惯例，如果船员的死亡、疾病、伤害是由于性传染病、自杀或试图自杀、自残、滥用毒品、饮酒过度、参加任何危险行动(除非是救人)、参与非法活动等造成的，船东也不负赔偿责任。

二、船员外派机构作为形式上的雇主承担选派方面的过错责任

如上所述，在现有的雇主责任归责下，按照"管理和控制船舶"原则将雇主责任指向了境外船东，似乎可以得出这样的结论：船员外派机构对由外派船员的职务活动引起的侵权行为不负任何责任。笔者认为得出这种结论的原因，是由于在传统雇佣关系中雇用与使用合一的情况下，以使用代替雇用。而雇主责任的承担源自雇主与雇员间选任与监督的关系，即强调雇主对雇员的选任与监督上存有过失，选任雇员与监督其执行职务两者疏漏其一，即不足防范危险[①]。在传统雇佣关系下，雇主既是雇佣关系的主体也是使用关系的主体，既是雇员的选任者也是其监督者。在以"使用关系"作为雇主责任的判断标准下，表面上使雇主既承担了监督责任，同

① 耿云卿.侵权行为之研究[M].台北：台湾商务印书馆，1985：80.

时也承担了选任责任，即以一个标准将这两种责任涵括在内，因为此时“雇用人对其选任受雇人的侵权行为……负损害赔偿责任”①。然而在船员外派中雇佣和使用两者相分离，此时雇佣再也无法被使用代替。

上文得出的境外船东承担无过错责任的结论，更进一步讲，境外船东实际上承担的只是监督方面的责任。通过雇主责任的原理可知，选任责任也是雇主责任的重要的一方面，同时考虑到船员外派机构作为船员外派中实际利益的获取者之一，如果由于船员外派机构的选任不合格，导致外派船员在职务活动中造成对第三人的侵权行为，按照现有规则仅要求境外船东承担无过错责任显然是不合理的。因此，笔者认为在船员外派法律关系中也应考虑“雇佣”的因素，由船员外派机构来承担起选任方面的过错责任。因此，船员外派机构在选任派遣船员时，应该对外派船员的能力、资格以及对其能否胜任外轮的工作进行详尽的考查。否则，船员外派机构应对其选任不当承担赔偿责任(美国雇主责任中有一种过失雇佣责任，即主人事实上或者被推定认为了解其雇员的不称职，并且损害就是由于这种不称职所造成的，雇主应对此负责)。②

本章小结

归责原则是责任构成的进一步抽象，把握了归责原则也就把握了责任构成，进而可以了解责任的本质。在外派船员人身伤亡损害赔偿之侵权责任归责原则的论述上，围绕侵权损害赔偿归责原则的问题，一直存在着一元论、二元论以及三元论不同观点，笔者提出我国损害赔偿应采用“2＋1”元论的归责原则体系；同时，对于过错责任原则与无过错责任原则的内涵及在具体损害赔偿案件中的适用问题进行分析，并大胆提出以过错责任原则、过错推定责任原则、无过错责任原则来构建外派船员人身伤亡损害赔偿之侵权责任归责原则体系，以充分体现现代海事侵权法之“人命优位”的价值理念；关于海上违约行为导致的外派船员人身伤亡损害赔偿归责原则问题一直存有争议，笔者在对违约责任的归责原则进行重新思考后，以船员外派合同三方之间的法律关系为基础，提出不同性质的合同关系下应适用的不同的归责原则。

---

① 王泽鉴. 雇用人无过失侵权责任的建立[A]//民法学说与判例研究(第一册)[C]. 台北：台湾三民书局，1981：14.

② [美]文森特·R. 约翰逊. 美国侵权[M]. 赵秀文，等，译. 北京：中国人民大学出版社，2004：193.

第5章

外派船员人身伤亡损害赔偿之理赔问题

“从权利的实质看，某些权利受到侵害实质上是权利所包含的利益受到了侵害，而利益的侵害只有通过赔偿的方法才能获得补偿。”[①]外派船员一旦发生人身伤亡事故，受害者及其亲属最关心的法律问题莫过于能否获得赔偿以及赔偿的数额多少，这样就涉及损害赔偿的范围和赔偿金额问题。“损害赔偿范围的确定与计算，既涉及损害赔偿责任的承担亦即损害的‘量化’问题，本质上又属于损害赔偿之债自身的问题；其既可视为一个事实问题，又可视为一个法律问题。”[②]本章围绕外派船员遭受人身伤亡损害时根据怎样的赔偿原则来确定责任主体的赔偿范围以及具体的赔偿金额，也就是说它解决的是“怎样赔”“赔什么”及“赔多少”的问题。

5.1　外派船员人身伤亡损害赔偿的范围

关于赔偿的范围，即外派船员因遭受人身伤亡损害后，哪些损失或者损害可以得到赔偿。从损害性质的出发，人身伤亡损害的后果包括财产性损害（伤者收入的减少以及治疗中各种费用的支出等）和非财产性损害（身体的残缺以及精神上的煎熬等）。最高院2003年发布的《关于审理人身损害赔偿案件适用法律若干问题的解释》将人身损害赔偿的范围做了统一的规定，这样大大地促进了该领域的司法统一。不过，在外派船员人身损害赔偿范围的确定与计算方面，仍有许多焦点问题需要探讨。依照我国法律的相关规定，在外派船员遭受到不同程度损失的情况下，其所能获得赔偿的范围也不同。

---

① 参见：王利明．侵权行为法归责原则研究[M]．北京：中国政法大学出版社，1997：8.

② 曾世雄．损害赔偿法原理[M]．北京：中国政法大学出版社，2001：162.

5.1.1 财产损失

外派船员人身伤亡损害中财产损失的赔偿，是指在受害船员的人身权益遭受不法侵害时，赔偿权利人就由此所遭受的财产上的损失而依法要求赔偿义务人承担的金钱赔偿的责任。

5.1.1.1 外派船员人身伤亡损害中财产损失的赔偿原则

法律以公平、等价作为基本原则，以实际的损害作为确定其损害的基本依据。这样既保护了受害人的合法权益，同时也保障了责任人不必承担非因“本人”行为所造成的损失。笔者认为，在以赔偿外派船员的财产损失为一般目的、以抑制加害行为为社会目的、以责任人的经济状况为实现条件的外派船员人身伤害的财产赔偿案件中，应遵循全部赔偿、限定赔偿以及减损赔偿三项原则来实现对赔偿权利人的补偿。

一、全部赔偿原则

赔偿的一般原则，也体现了侵权损害赔偿法律制度的公平价值取向，即救济赔偿权利人已受损害，以侵权行为加害人所造成的实际损害为限，损失多少，赔多少，这样有利于充分保护受害人的合法利益，因此这一原则在外派船员人身伤亡损害赔偿实践中具有重要意义。

在外派船员人身伤亡损害赔偿的案件中，受害船员往往会因为海事赔偿责任限制、免责条款等制度不能获得充分的或者全额的赔偿。在立法与实践中的这种非全部赔偿，致使受害人的经济状况所遭受的负面影响不能得到完全的补救。为此，学者们主张侵权损害赔偿责任范围的大小，应当以行为人对其违法行为所造成的财产损害的大小为依据，承担全部责任。[①] 全部赔偿原则“与当代海商法加重船方责任，朝着公平、合理方向发展的趋势相一致”[②]。同时，这种原则的适用效果往往和“恢复原状”是一致的，即“通过赔偿使受害方的经济状况尽可能地恢复到如同其没有遭受过损害时应有的状况”[③]；但是这仅是从达到的效果上讲的，因为恢复原状原则只适用于财产损害赔偿，对于外派船员人身伤亡的精神损害赔偿则不再适用。

---

① 杨立新．侵权责任法[M]．北京：法律出版社，2011：69．

② 张明远，司玉琢．世纪之交海商法走势探析[J]．中国海商法年刊，1997．

③ 司玉琢，吴兆麟．船舶碰撞法[M]．大连：大连海事大学出版社，1995：22．

在适用全部赔偿原则解决赔偿范围的问题时，笔者认为存在三个必须解决的问题：第一，人身损害中，对于受害人财产性损害应该按照怎样的标准来进行确定？第二，如何对受害人的损失进行划分？第三，受害人的间接财产损失是否应予赔偿？也正是由于以上问题的存在，使得人身损害赔偿之财产性损害的赔偿范围以及赔偿标准问题成为人身损害赔偿中的核心内容，也往往成为各种争议的焦点所在。在适用全部赔偿原则时，笔者认为需要特别注意几个问题：

其一，赔偿标准问题。确定赔偿数额及赔偿责任的大小时，只能以实际损害作为标准，予以全部赔偿。但全部赔偿不等于全额赔偿，前者包含了赔偿范围和赔偿金额两方面的内容；而全额赔偿仅是指赔偿数额问题，局限于对其财产损失的赔偿。而且适用全部赔偿原则时，赔偿责任的大小只能以实际遭受的损害为标准，而不论加害人的过错程度。

其二，赔偿范围的确定问题。外派船员因人身权遭受侵害而产生的财产性损失，既包括既存的直接损失，如已经支出的医药费、误工费、丧葬费等，还包括受害船员因劳动能力受损或丧失而产生的预期收入的间接损失，如受害人本应得到的利益，只是由于加害人的侵害才使这些可得利益没有得到①。我国《民法通则》第117 条规定："受害人因此遭受其他重大损失的，侵害人应当赔偿损失。"这里所提到的损失即为间接损失。所以，在外派船员人身伤亡损害时，加害人既要对外派船员现有的财产的直接减少进行赔偿，也要对在正常情况下其可以得到的利益进行赔偿。根据全部赔偿原则，只要是当事人已经预见或者能够预见的利益，并且可以期待、必然得到的，而由于加害人的侵害使得这些利益没有得到时，就应当予以赔偿。直接损失由于已经实际发生，所以确定起来比较容易；但对于受害船员未来预计产生的间接损失的确定则颇为困难，往往会因多种不确定因素而受到影响，包括受害人的自然情况、职业的变动以及升降等，同时还会受到国际、国内以及行业经济环境等情况的影响。

其三，按照全部赔偿原则，所赔偿的只能是合理的损失，对于不合理的损失则不应予以赔偿。其中合理的损失通常情况下包括受害人为恢复权利、减少损害而支出的必要费用。应当计入赔偿范围之中的，是受害人因人身受到侵害，为恢复权利、减少损害而支出的费用，这是侵权行为所造成的损害。需要注意的是，对于诉

① 参见：王利明，杨立新. 侵权行为法[M]. 北京：法律出版社，1996：61.

讼过程中产生的律师费，有学者主张其是处理人身伤亡相关必要费用之一[①]，因此也应纳入赔偿义务人的赔偿范围之内。在美国法中，Vaughan v. Atkinson[②] 一案中法官确认船舶所有人支付船员的律师费；同时在 Curtis v. Curtis[③] 一案中，法官也确认"承担无辜"条款包含支付律师费的义务，即使合同中没有特别注明。而在我国，法律没有明确律师费的承担问题。笔者认为，律师费的支出应当说是受害人为恢复权利而进行的必要支出，但司法实践中，律师费用并没有被列入赔偿范围内，而是单独计算，对于律师费用基本上不予赔偿，这样做法既不能体现全部赔偿的要求，也不利于对船员这一弱势群体合法人身权益的保护，因此合理的律师费用也应该列入受害船员的获赔范围之内，由败诉一方来承担。

二、限定赔偿原则

限定赔偿原则，是指在侵权损害赔偿中，由于受到法律的价值取向、国家政策以及损害赔偿实现条件的制约，加害人只在一定的范围内对受害人的损失予以赔偿。

在该原则的指导下，赔偿义务人赔偿的数额受到法定限定。首先，在外派船员人身权受到损害而进行求偿时，赔偿义务人可以根据海事赔偿责任限制制度来限制其赔偿责任；其次，赔偿的范围也可以通过具体的法律或者公约的规定得到一定的限定，而在没有具体规定的情形下，法律和公约也应对赔偿范围做出相应的限制，防止其无限扩大，而赔偿范围的限定也就使得可以受偿的权利主体的范围得到了限定；最后，不同种类的侵权情形下赔偿责任人的赔偿条件也应该得到限定。

海上人身侵权有其自身的特殊性，其所造成的损失经常是形态复杂、程度巨大，如果不对赔偿加以限制，那么受害人就有可能提出各种各样的损害赔偿请求，这对于赔偿能力有限的海上侵权人来说自然是难堪重负，而受害者本人往往也难以获得实际的全额赔偿。限定赔偿原则反映了国家的立法政策和价值取向，海上侵权事故发生后，如果所造成的损害在"限定赔偿"所确定的限度范围之内，则适用"全部赔偿"原则；而一旦所造成的损害特别巨大，已经超出了"限定赔偿"所确定的限度，则"全部赔偿"原则就不再适用，而只能适用"限定赔偿"原则[④]。

---

① William W. Pugh, Harold J. Flanagan. Master Service Agreements and Risk Allocation: In Whose Good Hands Are You? [M]. London: Sweet&Maxwell, 1961.

② Vaughan v. Atkinson, 369 U. S. 527, 1962 AMC 1131(1962).

③ Curtis v. Curtis, 680 So. 2d 1327, 1332(La. Ct. App. 2d Cir. 1996).

④ 参见：刘冉昕. 海上人身伤亡损害赔偿责任制度研究[D]. 大连：大连海事大学硕士学位论文，2004.

三、减损赔偿原则

减损赔偿原则，又称受害方尽力减少损失原则，是指在侵权事故发生以后，受害方有采取合理措施以减轻损害的义务。

这一概念的提出最早是由英美法系学者提出来的，是从英美普通法中的合同法发展出来的一项古老原则，在美国《布莱克法律字典》和《美国合同法重述》(第二版)中都规定了这一原则。根据减损赔偿原则，当受害人遭受损害时，其应当就当时情况所允许可采取的力所能及的措施减轻原有的损害或者避免新的损害，如果受害方没有及时采取减损措施，则其不得就扩大的损害主张赔偿。可见，减损原则实质上是将受害方的责任进行了第二次分配，避免由违约方在违约发生后承担全部责任这种不公平现象。如今，减损赔偿规则也适用于侵权案件，大陆法系国家对受害方减损义务的规定有所欠缺，有的是将其纳入过错相抵原则下规定，有些直接就没有这方面的规定。

"受害人尽力减少损失原则"是合同义务中的减损义务在侵权损害赔偿中的具体应用。有些学者认为，在我国减损赔偿原则的法律依据为我国《民法通则》的第 131 条[①]，将减损赔偿看作是一种过错相抵，并认为该规则的法律理论是受害方过错理论，即受害方对损害发生后所出现的扩大的损失存在过错，也就是说受害方负有没有采取合理的措施而减轻损失的过错[②]。笔者认为，这种观点值得商榷。我国立法将减损赔偿和过错相抵并存，且二者的分界线以时间来划分，过错相抵管的是损失发生的阶段，减损赔偿管的则是损失扩大的阶段[③]。因此，在外派船员人身伤亡损害赔偿中确立这样一种原则，是为了激励受害人按照促进经济效益的方式行事，这不仅是对赔偿义务人利益的维护，也是为避免社会财富的减少而对社会整体利益的维护。

海运业较之其他陆上行业具有明显的特殊风险，因此一旦发生海上侵权事故，造成的损失通常是非常大的，救助也要比陆地上进行困难得多，所以法律对从事此种海上作业的人员在注意义务方面的要求要比对从事一般工作的人员更高。尤其是涉及人的生命、健康安全的情况下，法律对负有安全责任的海上从业人员有着更高的要求。因此在减损赔偿原则的指导下，法律要求受害船员作为一个"合理谨慎"的人，在人身权益遭到侵害时，需采取合理而谨慎的措施以避免或减少损害。具体来讲，除其

① 《民法通则》第 131 条规定："受害人对于损害的发生也有过错的，可以减轻侵害人的民事责任。"

② 参见：邓瑞平. 船舶侵权行为法基础理论问题研究[M]. 北京：法律出版社，1999：47.

③ Harvin. D. Pitch. Damages for Breach of Contracts[M]. Toronto：The Carswell Company Limited，1985：150.

不得扩大损害外，还须采取合理的措施减少损失；同时，由于受害船员采取了必要的措施而避免或减少了损害的发生，实际上是使侵权责任人从中获益，因此在受害船员为了减少损失而支付的合理费用和导致新的损害时，享有获得补偿的权利。

我国在《民法通则》的第 114 条[①]中规定了减损规则，虽然该条款是针对合同而定的，但也有学者主张也适用于侵权行为[②]。上文已经提及，海上情况变幻莫测，自然条件恶劣，一旦发生险情，损失就会很大，受害船员及时采取有效的措施以减少损失的发生就显得尤为重要。因此，“受害方减轻损失的相应义务”的重要性渐渐地得到了认同。

5.1.1.2 外派船员人身伤亡财产损失的赔偿范围与赔偿标准

有关外派船员人身伤亡财产损失的赔偿范围与赔偿标准，我国法律、法规对此没有统一的规定，国际上也没有统一的规则可循。由于船员外派活动是具有涉外性因素的活动，有关外派船员人身伤亡损害赔偿范围的法律依据主要是：《民法通则》《民通意见》以及《涉外海上人身伤亡损害赔偿规定》。

《民法通则》作为调整我国民事关系的基本法，对人身损害赔偿中的财产损害赔偿项目进行了规定。根据《民法通则》第 119 条规定：“侵害公民身体造成伤害的，应当赔偿医疗费、因误工减少的收入、残废者生活补助费等费用；造成死亡的，应当支付丧葬费、死者生前扶养的人必要的生活费等费用。”可见，《民法通则》将人身损害赔偿之财产损失赔偿项目规定为：医疗费、误工费、残疾者生活补助费、丧葬费以及被扶养人的生活费。之后《民通意见》在其第 143 条至 147 条对这五项赔偿标准做出了具体的规定。这些规定在当时特定的历史时期对于审理人身损害赔偿案件起到了积极的指导作用。但是，不过《民法通则》《民通意见》受当时立法条件限制，很多应赔偿项目，例如住宿费、交通费、营养费、残疾者的后续治疗费以及残疾补助金等都没有进行规定。最重要的是，《民法通则》只是对人身伤亡财产损失进行了规定，而对于精神损失没有明确的规定。

一、侵权之诉下财产损失的赔偿范围

由于船员外派活动是具有涉外性因素的活动，因此，当外派船员以侵权为诉因要求人身损害赔偿时，其人身伤亡损害获赔范围的主要法律依据是《涉外海上人身伤亡

---

① 《民法通则》第 114 条规定：“当事人一方因另一方违反合同受到损失的，应当及时采取措施防止损失的扩大；没有及时采取措施致使损失扩大的，无权就扩大的损失要求赔偿。”

② 王利明．侵权行为归责原则研究[M]．北京：中国政法大学出版社，1992：67.

损害赔偿规定》。据此，在外派船员遭受不同程度的人身伤害时，其获赔范围包括：

（一）外派船员伤残的赔偿范围

《涉外海上人身伤亡损害赔偿规定》的第 2 条“责任的承担”中第 3 项的规定：伤残赔偿范围包括：(1) 收入损失；(2) 医疗、护理费；(3) 安抚费；(4) 其他必要的费用。同时，该规定还就每一个赔偿所及的范围做出了具体的解释：所谓收入损失，是指根据伤残者受伤致残之前的实际收入水平计算的收入损失。因受伤、致残丧失劳动能力者，按受伤、致残之前的实际收入的全额赔偿；因受伤、致残丧失部分劳动能力者，按受伤、致残前后的实际收入的差额赔偿。医疗费包括挂号费、检查诊断费、治疗医药费、住院费等；护理费包括住院期间必须陪护人的合理费用和出院后生活不能自理所雇请的护理人的费用。安抚费是指对受伤致残者的精神损失所给予的补偿。可按伤势轻重、伤痛情况、残废程度，并考虑其年龄、职业等因素作一次性的赔付。而其他必要的费用则包括运送伤残人员的交通、食宿之合理费用、伤愈前的营养费、补救性治疗（整容、镶牙等）费、残疾用具（假肢、代步车等）费、医疗期间陪住家属的交通费、食宿费等合理支出[①]。

（二）外派船员死亡的赔偿范围

根据《涉外海上人身伤亡损害赔偿规定》第 4 条的规定，外派船员在海上人身伤亡案件中死亡的，其近亲属可以向赔偿义务人索赔的项目包括：(1) 收入损失；(2) 医疗、护理费；(3) 安抚费；(4) 丧葬费；(5) 其他必要的费用。其中，收入损失是指根据死者生前的综合收入水平计算的收入损失；医疗、护理费同上述伤残赔偿情形相同；安抚费是指对死者遗属的精神损失所给予的补偿；而丧葬费则包括运尸、火化、骨灰盒和一期骨灰存放费等合理支出，但以死者生前 6 个月的收入总额为限；其他必要的费用的范围包括寻找尸体、遗属的交通、食宿及误工等合理费用。

二、违约之诉下财产损失的赔偿范围

由于《涉外海上人身伤亡损害赔偿规定》只适用于以侵权为诉因的涉外人身伤亡案件[②]，因此如果受害的外派船员或其近亲属以违约为诉因向赔偿义务人索赔，那么不论是否具有涉外因素，违约之诉下受害船员的人身伤亡损害赔偿范围都应依据我国《人身损害赔偿解释》的相关规定加以确定。同样地，在违约之诉下，外派船员因遭受的损害程度不同，其所获赔偿的范围也有所区别。根据《人身损害赔偿

① 参见《涉外海上人身伤亡损害赔偿规定》第 3 条的规定。
② 参见《涉外海上人身伤亡损害赔偿规定》第 1 条的规定。

解释》的相关规定，受害船员人身伤亡损害赔偿的范围可以分为以下三种情形：

（一）外派船员一般人身伤害的赔偿范围

当外派船员只是遭受人身损害，并没有因伤致残或因此死亡时，根据《人身损害赔偿解释》第 17 条第 1 款的规定，其可以获赔的范围限于因医疗支出的各项费用以及因误工减少的收入，具体来讲，包括医疗费、误工费、护理费、交通费、住宿费、住院伙食补助费以及必要的营养费。

（二）外派船员因伤致残的赔偿范围

当受害船员因伤致残时，根据《人身伤亡损害赔偿解释》第 17 条第 2 款的规定，受害船员除了可以获得上述一般人身伤害情形中所能得到的赔偿外，还可以获赔因增加生活上需要所支出的必要费用以及因丧失劳动能力导致的收入损失，具体来讲，包括残疾赔偿金、残疾辅助器具费、被扶养人生活费，以及因康复护理、继续治疗实际发生的必要的康复费、护理费和后续的治疗费。

（三）外派船员死亡的赔偿范围

外派船员因伤死亡的，根据《人身伤亡损害赔偿解释》第 17 条第 3 款的规定，赔偿义务人除应当根据抢救治疗情况赔偿受害船员一般人身伤害情况下的相关费用外，还应当赔偿丧葬费、被扶养人生活费、死亡补偿费以及受害人亲属办理丧葬事宜支出的交通费、住宿费和误工损失等其他合理费用。

5.1.2 精神损害

5.1.2.1 精神损害赔偿的含义及其必要性

学界早先对于人身损害赔偿制度的研究主要局限于伤残和死亡的赔偿方面，而对于精神损害后果的赔偿问题的研究则重视不够，甚至几乎没有涉及。然而航运业事故频发，伤亡一旦发生便会给受害船员及其家属带来巨大的财产损失和难以弥补的精神伤害。当今世界，以人为本，权利在民，是势不可挡的时代发展潮流。因此，通过立法来确立精神损害赔偿制度是保护公民人格权益的必要手段。

法律概念是构成法律体系的基石，全部精神损害赔偿制度的基础可以说都维系于精神损害的概念。所谓精神损害，在 2001 年 3 月 10 日我国最高人民法院公布的《关于确定民事侵权精神损害赔偿责任若干问题的解释》（以下简称《精神损害赔偿司法解释》）中被称为“抚慰金”，是指受害人因他人侵害其生命权、健康权、身体权而产生的损害；包括受害人的肉体痛苦、精神折磨、丧失生活享受、生命缩短、丧失亲人之痛苦等①;而精神损害赔偿,就是侵权人因对受害人精神利益的损害而依法承担的赔偿责任。

从法律意义上讲,精神损害赔偿制度可谓是地地道道的舶来品,13 世纪的欧美人权运动的兴起和发展促进了精神损害赔偿法律制度的建立。自 1804 年《法国民法典》公布在实践中实行精神赔偿原则以来,世界各国几乎都在不同程度上确认和实行了这种制度。

从法理层面上分析,其不仅涉及诸多深层次的法理问题,同时也关系到复杂的维权机制。自 20 世纪确立人身权制度之后,关于人身权受到非法侵害,究竟能否对受侵害的精神利益适用财产责任,即能否以给付财产的手段补偿精神损害,成为在各国民法学中争论了近百年的复杂问题。

我国的司法实践受前苏联的民法理论影响颇深,在人身损害方面大多认为精神上的损害不能用金钱来衡量,故对于以给付财产的手段来补偿精神损害的观点多持否定态度,认为侵权责任应该以财产上的损失为限,这在我国的立法中表现为:在《民法通则》的规定中没有将精神损害赔偿民事责任进行救济的方式适用到侵害人身权上。我国在立法上的这种保守的做法主要是片面地坚持了大陆法系关于人身损害的"补偿原则",认为损害赔偿上的数额不应超出损失的范围;同时,由于当时中国国民人均收入水平较低,支付能力有限,因此在立法和司法实践当中尽量地限制赔偿范围,使加害人尽量地少赔。不过随着社会主义市场经济的不断发展,各种新情况和新问题也随之不断涌现,人格权也伴随着此种趋势不断扩张,表现为其范围的不断扩大和在立法方面的越来越重要的地位②。在这种大的环境

---

① 邓瑞平.人身伤亡精神损害赔偿研究[J].民商法学,2000(1):65-69.

② 1992 年最高人民法院《关于审理涉外海上人身伤亡案件损害赔偿的具体规定(试行)》的第 4 条的第三项中对安抚费,即对死者遗属的精神损失所给予的补偿做出了规定,使得生命权受到侵权损害时请求精神损害赔偿有了依据。1993 年最高人民法院《关于审理名誉权案件若干问题的解答》中第一次使用了"精神损害赔偿"这一概念,确定了死者名誉受到损害时得请求精神损害赔偿。1997 年,最高人民法院公报在第二期公布的"贾国宇诉北京国际气雾剂有限公司等人身伤害赔偿"一案中,肯定了人身伤害的精神损害赔偿,扩大了《民法通则》中第 120 条规定的对侵犯人身权利的赔偿范围。2001 年最高人民法院颁布了《关于确定民事侵权精神损害赔偿责任若干问题的解释》,该部司法解释全面扩展了精神损害赔偿的客体,标志着我国的精神损害赔偿制度进入了一个比较成熟的阶段。同年修正的《婚姻法》第 46 条中也对离婚诉讼中无过错方的精神损害赔偿请求做了规定,确认了我国在婚姻家庭方面的精神损害赔偿法律依据。2004 年 5 月实施的最高人民法院《关于审理人身伤害赔偿案件适用法律若干问题的解释》第 18 条规定了受害人或者死者近亲属遭受精神损害而向人民法院请求赔偿精神损害抚慰金的法律适用。2010 年 7 月 1 日施行的《侵权责任法》第 22 条中明确规定:"侵害他人人身权益,造成他人严重精神损害的,被侵权人可以请求精神损害赔偿。"对于精神损害赔偿的这一立法沿革,反映出我国对人身权益越加重视,对人身价值更为认可,从而加大了立法对公民人身权益的保障力度。

下，人们越来越重视精神权利的价值，重视个人感情和感受对于人存在的价值，重视精神创伤、精神痛苦对人格利益的损害。因此，在我国学界普遍否定和批判精神损害赔偿制度的时候，有些学者主张从比较法研究的角度来借鉴其他领域的精神损害赔偿制度。

同为大陆法系国家，法、德、日的民法制度对我国的民法的影响较为深刻，我国民法学界一般也都从这几个国家来对精神损害赔偿制度进行比较法的考查。从制度的设计来看，法国民法和日本民法将精神损害赔偿的起因扩展到受到侵害的一切民事权利；德国民法关于精神损害赔偿的核心规定是第253条，将精神损害赔偿的对象局限在身体权、健康权、自由权和贞操权，而其他人格权、身份权及财产权受侵害而引发的精神损害则不能适用①。从规范机制上看，法国民法和日本民法一开始就采用了开放的态度，没有将精神损害赔偿的适用范围具体类型化，而是规定了一个概括性的范围；而德国民法则是经历了从类型化到概括化、两者共存的进程②。

在英国和美国的相关判例法中也存在精神损害赔偿相关的规定。例如，在英国判例法中规定了非金钱损失，其主要类型是“疼痛和痛苦”(pain and suffering)③和“安乐生活的丧失”(loss of amenity)④。在美国判例法中也规定了与此相似的“生活乐趣的丧失”(loss of enjoyment of life)，也被称为“享乐损害”(hedonic damage)或者“享乐损失”(hedonic loss)，具体包括了不方便、屈辱、丧失从事娱乐活动的能力，以及丧失成为正常人的能力等多方面的情况⑤，其在性质上和精神损害赔偿相同。

由此可见，无论是大陆法系国家的民法典中还是在英美判例法当中，都存在着精神损害赔偿的规定。在这样的观念的指导下，决定了法律必须顺应历史的发展，确立人身伤害的精神赔偿制度⑥。同时，精神损害赔偿制度的确立有利于提高受害者的人身价值和尊严，有利于预防类似的侵害人身权的行为再次发生，对于社会

① 《德国民法典》第847条当中将适用精神损害赔偿的情形做了具体的规定：(1) 在身体或健康受到损害的情形，以及在剥夺自由的情形，受害人也可以因非为财产损害的损害请求适当的金钱赔偿；(2) 违背道德对妇女犯有重婚或轻罪，或欺诈、胁迫或滥用从属关系诱使妇女许可婚外同居的，该妇女享有相同的请求权。

② 郭卫华. 中国精神损害赔偿制度研究[M]. 武汉：武汉大学出版社，2003：8.

③ 具体参见：A. C. 174 at 188(1980).

④ 具体参见：Damages for Non-Pecuniary Loss, Law Com. Consultation Paper No. 140(1995) at 2.14.

⑤ D. Axelrod, R. Goldstein, C. Kinball, M. Minzer& J Nates. Damages in Tort Actions §801 (1986).

⑥ 陈福民，王洪青. 人身伤害精神赔偿依据、原则及标准[J]. 民事法制，2000(10)：26-27.

的安定和精神文明的建设都有着积极的促进作用。我国民法对精神损害赔偿经历了由否定到肯定的过程。

一、《民法通则》

《民法通则》对公民的生命健康权进行了概括性的规定："公民的姓名权、肖像权、名誉权、荣誉权受到侵害的，有权要求停止侵害、恢复名誉、消除影响、赔礼道歉，并可以要求赔偿损失……"[①]这应该是我国关于精神损害赔偿的第一个里程碑，规定了公民享有人身权利的同时，可以运用精神损害赔偿的方式进行法律救济[②]。但是如前所述，在《民法通则》的规定中，对精神损害赔偿的规定仅局限在姓名权、肖像权及名誉权、荣誉权的侵害上，却没有将精神损害赔偿民事责任进行救济的方式适用到侵害生命健康权上。这不能不说是民事立法上的一大遗憾，而且在《民法通则》实施以后这种规定所带来的局限性也充分显现，很多问题急需解决。不过令人欣慰的是，在《民法通则》颁布实施之前，在理论界批判精神损害赔偿时，司法实务界却已经承认"抚慰金""抚恤金"这种对人身权遭受侵害时进行抚慰的物质手段。[③] 尤其是最高人民法院曾经函复有关部门以及批复下级法院，肯定了因交通事故和铁路运输中致人死亡时应对死者家属给予抚恤或经济补偿，这既是对死者表示尊重和负责，也是对死者家属给予精神上的安慰。这些规定对于在保护生命健康权中适用精神损害赔偿责任方式迈出了第一步，同时也是审批实践中确认精神损害赔偿的最早先例。

二、最高人民法院《关于审理涉外海上人身伤亡案件损害赔偿的具体规定（试行）》

海事方面的精神损害赔偿立法走在我国司法前列。1992 年实施的《最高人民法院关于审理涉外海上人身伤亡案件损害赔偿的具体规定（试行）》首先将精神损害的范围拓展到了一般性的人身损害侵权。《涉外规定》就致伤致残分别提出了"安抚费"的概念：安抚费，是指对受伤致残者的精神损失所给予的补偿；是对死者遗属的精神损失所给予的补偿。可见，该规定对精神损害赔偿是以"安抚费"的形

① 参照《民法通则》第 120 条。

② 对于《民法通则》第 120 条中"赔偿损失"是否包括赔偿精神损失，杨立新教授在其著作《人身权法论》中曾指出："王汉斌（时任全国人大法工委主任）在关于《民法通则》（草案）的说明中，并没有明确提出该法第 120 条就是规定精神损害赔偿，但是，参加立法的佟柔、江平先生撰文介绍，本条确指精神损害赔偿制度无疑。"

③ 在制定《道路交通事故处理办法》中，对造成死亡的，规定赔偿死亡补偿费，在《国家赔偿法》中，规定赔偿残疾赔偿金和死亡赔偿金，在《消费者权益保护法》中，采纳了残疾赔偿金和死亡赔偿金的赔偿项目。

式确立下来的。值得注意的是，该规定分别规定了致伤和致死两种情况下的收入损失和安抚费，说明受害人对收入损失和精神损害赔偿是可以同时提出请求的。该规定第一次使得生命权这种物质性人格权在受到侵害时请求精神损害赔偿有了法律依据。不过值得注意的是，《涉外规定》只能适用于具有涉外性的海上人身伤亡案件，因此对于非涉外性质的案件，受害人往往无法用2001年《精神损害赔偿解释》来保护自己的权利。

三、最高人民法院《关于确定民事侵权精神损害赔偿责任若干问题的解释》

2001年3月10日，我国最高人民法院运用司法解释的手段公布了《关于确定民事侵权精神损害赔偿责任若干问题的解释》(以下称《精神损害赔偿司法解释》)。该解释在总结我国多年立法和司法实践经验的基础上，大胆借鉴国外的先进相关立法技术而制定，是我国第一次通过司法解释明确提出精神损害赔偿的问题。该解释阐发了《民法通则》规定的原则并补充其立法之不足，同时对人格权及身份权的司法保护方面作出重大突破，表明我国法律对于自然人的人格权、人格利益和身份权法律保护方面取得重大进步。

该解释的第1条规定:"自然人因下列权利遭受非法侵害，向人民法院起诉请求赔偿精神损害的，人民法院应当依法予以受理:(一)生命权、健康权、身体权；(二)姓名权、肖像权、名誉权、荣誉权；(三)人格尊严权、人身自由权。"可见，该解释明确了民事侵权精神损害赔偿的范围，解决了一直以来理论界关于人身损害可否请求精神损害赔偿的争论，成为民事诉讼解决精神损害赔偿的主要法律依据。同时该司法解释表明:具有精神损害的侵权行为发生之后，一定数额的经济赔偿也许是迄今为止法律智慧和法官良知所能找到的最重要的救济方法。不过《精神损害赔偿司法解释》第8条，将抚慰金的形式分为"残疾赔偿金"与"死亡赔偿金"，这样做的结果是将精神损害和财产损害混为一谈，使得在司法实践中受害人及其家属的财产损失和精神损失两者无法同时获得补偿，甚至在实务中一些法院据此认为只有受害人残疾和死亡时其本人或亲属才有精神损害抚慰金的请求权。这相比于《涉外规定》无疑是立法上的一种倒退。

虽然2001年《精神损害赔偿解释》有其不足，但是其明确了民事侵权精神损害赔偿的范围，明确了人身损害可否请求精神损害赔偿的争论，确定了精神损害赔偿额的一般依据，是关于精神损害的一个系统规定，也是民事诉讼解决精神损害赔偿的主要法律依据。可以说，《精神损害赔偿司法解释》在保护人身权方面具有里程碑性质的意义，标志着中国精神损害赔偿制度的正式确立及完善。

四、最高人民法院《关于审理人身损害赔偿案件适用法律若干问题的解释》

该解释中纠正了《精神损害赔偿解释》关于精神损害赔偿的不足。在其第17条中将“残疾赔偿金”和“死亡补偿费”明确定义为“收入损失”;同时在其第18条中还规定了受害者本人或其近亲属在遭受精神损害时,赔偿权利人可依据《精神损害赔偿解释》向人民法院请求精神损害抚慰金的赔偿。并且明确规定,对于在该解释公布施行前已生效的司法解释,如果规定之内容与该解释不一致时,以该解释为准。《关于审理人身损害赔偿案件适用法律若干问题的解释》的颁布,明确了非涉外的人身伤亡损害受害人同样有权在请求收入损失赔偿之余,请求精神损害的赔偿;也修正了《精神损害赔偿解释》中关于“残疾赔偿金”“死亡赔偿金”以及精神损害赔偿的模糊界限。

5.1.2.2　精神损害赔偿的功能

确定精神损害的赔偿原则不仅是研究和制定精神损害赔偿的评定思路的基础,而且是解释和操作精神损害赔偿数额标准和方法的参考依据[①]。

自《民法通则》施行后,理论界和司法界关于精神损害赔偿功能的论述就未停止过,至今为止,依然是各界争论未定的热点难题。其争论的焦点关键在于对精神损害赔偿的功能的理解上,对此,学界的分歧主要集中在以下几个问题中:

一、“填补功能”能否适用于精神损害赔偿?

填补损害作为财产损害赔偿的基本功能,能否直接适用于精神损害赔偿?对此学界有肯定和否定两种观点。肯定精神损害赔偿具有填补损害之功能的学者认为,对于精神损害虽无法用金钱的标准来衡量,然而确立精神损害赔偿的目的,就是以财产的方式补偿受害人所遭受的精神损害,对受害人精神利益损失和精神痛苦的赔偿,具有明确的填补损害,使该损害得到平复的功能。在这一点上,财产损害赔偿与精神损害赔偿虽然有所不同,但就填补损害的基本功能而言,却是一致的。[②③] 而反对者则认为,人的精神上的痛苦,既不能以金钱的标准加以衡量,也难以用物质赔偿的方式得以完全平复,因此,精神损害赔偿不具有“填补损害”之功能。

笔者对此也持否定观点,正如上文分析,精神损害具有不可逆转性,根本不可

① 关今华.精神损害赔偿数额的确定与评算[M].北京:人民法院出版社,2002:133.
② 杨立新,薛东,穆沁.精神损害赔偿[M].北京:人民法院出版社,1999:10.
③ 张新宝.侵权责任法立法研究[M].北京:中国人民大学出版社,2009:18.

能通过物质上的增补来恢复到损害未发生之状态。德国联邦法院民事总会在对非财产上的损害赔偿金额进行计算时曾做出重要决议并就非财产上的损害赔偿的功能进行了详细的说明①。认为精神损害赔偿请求权具有双重作用，一是“就被害人所受非财产法上性质之损害予以适当的调整，同时含有慰抚之观念，即加害人因加害对于被害人应有所慰抚”②。以此为准，笔者认为从功能上讲，精神损害赔偿至少应具有调整和抚慰的功能。所谓“调整”，在德文中为 Ausgleich，译为补偿，损害发生时，被害人所感受到的心理及生理上的痛苦没有外在依附之个体，也很难有明确的衡量之尺寸，就赔偿而言也仅是以金钱给付作为赔偿之方法，而并非财产损害赔偿时的增补功能所着重之直接或间接的恢复原状之功能，所以精神损害赔偿不具有财产补偿的增补作用，为了与“增补”相区别，故翻译为“调整”。所谓的“慰抚”作用，主要是从受害人的角度出发，“尽管金钱赔偿的方法无法消除或减轻其痛苦之感受，但除此方法外，再无其他更为客观妥当的方法。故金钱赔偿仍有其存在价值，不过其所扮演之角色仅为加害人向被害人致歉的方法，以发挥慰抚作用而慰抚受害人。”③

二、精神损害赔偿是否具有惩罚性？

惩罚性损害赔偿是英美法系国家的一项民事制度④，一般是指“法庭判定的损害赔偿数额超过受害方实际损害数额，以此对加害方予以惩罚的赔偿。”⑤该赔偿最早适用于侵权行为法中，后被广泛适用于合同纠纷中。关于精神损害赔偿是否应具有惩罚性，也存在赞成和反对两种态度。反对者认为，精神损害赔偿是民法上的一种损害赔偿请求权，按照现代法律关于刑、民分离的必然结果和要求来看，对加害人的惩罚，则应由刑法和其他法律统辖，而民法作为维护财产和人身关系的法律，似乎不应具有惩罚功能。赞成者则认为，“我国侵权行为法的基本功能是补偿，但是，它的惩罚功能也是不可否认的。……侵权行为法责令没有受有财产利益的

---

① 详见德国联邦法院民事总会 1955 年 7 月 6 日就德国民法第 847 条中非财产上损害得请求赔偿相当数额之规定应如何计算一节做出的决议。

② 曾世雄. 损害赔偿法原理[M]. 北京：中国政法大学出版社，2001：309.

③ 曾世雄. 损害赔偿法原理[M]. 北京：中国政法大学出版社，2001：10－312.

④ 1763 年英国法官 Lord Camden 审理的 Huckle v. Money 一案中确定了惩罚性的损害赔偿制度，即在被告因其主观上的恶意或重大过失，在向原告承担了补偿赔偿责任的基础上，再额外承担一定数额的惩罚性损害赔偿金。

⑤ 韩琳. 惩罚性赔偿制度的建立之我见[EB/OL]. (2004-02-28). http://old.chinacourt.org/html/article/200402/27/105520.shtml.

侵权行为人承担财产责任，支付金钱，对受害人而言，是补偿损失，对行为人而言，当然是一种财产惩罚，体现了法律对侵权行为的谴责和非难，是对侵权行为人的制裁。”①

基于上述两种分析，笔者赞成精神损害赔偿除具有调整和慰抚的功能外，还具有一定的惩罚性。尽管惩罚的作用在现代社会主要通过刑法来实现，但为了发挥其教育和引导功能，民事法律规范也通过对违法行为人的惩罚来实现民事责任的承担之目的，例如在美国统一海事法下，如果一个船员因船舶的不适航或船东的其他债权行为遭受伤害，除可请求与此伤害的性质和程度相适应的赔偿外，还可索赔包括由此引起的如伤痛、苦难、精神痛苦、不适和不便；而且在某些情况下，受伤船员还可能得到惩罚性的赔偿和罚金②。可见，精神损害赔偿实际上也是通过民法对加害人的一种制裁方式。而且我国民事责任形式中包括的训诫、没收财产以及国外的惩罚性赔偿金等，也都具有明显的惩罚性质。因此，如果说侵犯财产权利时承担的责任主要强调其补偿性，而不考虑惩罚性的话，则侵犯人身权就必须体现出一定的惩罚性，务求通过对于侵犯人身权的惩戒性，以达到阻止其再度侵害人身权的行为。

对精神损害以给付财产的手段加以补救具有安抚和惩罚的功能，而这些功能是其他民事责任形式及刑事责任、行政责任所无法取代的。一方面，最高人民法院的司法解释中将精神损害称作是“抚慰金”，而“抚慰金”即是“民法赋予遭受人身伤害的受害人对其所造成精神损害的一项保护性民事权利，其自然属于损害赔偿的请求权”③；另一方面，法律在赋予受害人这一权利的同时，加害人也就有了对应的义务，即赔偿受害人的精神损失，这种赔偿义务因为有了国家强制力做后盾加以保障，所以属于法律对加害人实施的一种制裁方式。

不过在运用惩罚功能时也应意识到，毕竟对违法人的惩罚主要通过刑罚的方式，所以民法对于其惩罚性的适用应限制在合理的范围内。因此，通常情况下，“精神损害赔偿以补偿受害人之必要为判决依据，不在补偿受害人精神损失必要金额之上加处惩罚性赔偿”④。仅当必要金额的支付明显不能起到惩戒加害人的目的时，或加害人主观恶性非常严重时，审理案件的法官方可运用其自由裁量权在上述

① 杨立新. 侵权法论[M]. 北京：人民法院出版社，2004：40.

② E. E. Fallon. 琼斯法——统一海事法下人身伤害赔偿[A]//赵劲松，刘寿杰，译. 海事法律实务译文选[C]. 北京：人民交通出版社，2001：318.

③ 鲁宝. 人身伤害中的精神损害赔偿问题初探[J]. 中国证券期货，2010(6)：93－94.

④ 郭卫华. 中国精神损害赔偿制度研究[M]. 武汉：武汉大学出版社，2003：149－150.

判决金额的基础上，加处以必要的惩罚性的赔偿金额，以实现民法之惩戒功能。因此，精神损害赔偿的惩罚功能并不是其主要功能，而是作为辅助功能存在于精神损害赔偿中。

三、精神损害赔偿的功能是否仅具有单一的补偿性?

在上述争论的背景下，关于精神损害赔偿的功能到底是仅具有单一的补偿性或是同时兼具多重功能的问题上，学者们也存在着不同的主张。主张单一功能说的学者认为，精神损害赔偿仅具有单一的补偿性，即一是对非财产损害之赔偿，是受害人就许多甚至难以金钱估计及证明之财产损害，亦可获得补偿机会；二是慰抚金可以使受害人之不愉快感受，其精神之不利，以金钱购买之利益来补偿；三是慰抚金是加害人引起对人所为之侵害，而受经济上不利，因而使受害人得到心理上之补偿①。而更多的学者则是从多角度出发，主张精神损害赔偿具有多重功能。

笔者认为，精神损害赔偿的最高目的是维护受害者的精神利益与维护一般社会成员行为自由之间的平衡。也就是说，一方面要是受害者所遭受的生理及心理的痛苦得以抚慰，另一方面又不能由此而使一般的社会成员承受过重的赔偿负担。可见，精神损害赔偿应基于两种观念之平衡而受到适当的限制，为此，精神损害赔偿的调整、慰抚以及惩罚功能都具有重大的意义，他们作为总的指导原则统辖各类精神损害赔偿案件的具体赔偿范围及标准。例如，在因侵权行为引起的外派船员人身伤亡案件中，如果构成了精神损害侵权责任，在确定赔偿范围时应从调整以及抚慰功能出发，来具体考量多少金钱给付可达到调整受害人掩盖由此带来的痛苦；或在金钱给付对受害人来说没有意义的情况下，考量判决多少金钱给付可表达对受害人之歉意；同时依据调整和慰抚功能还可将虽具可赔偿性、但违背精神损害赔偿功能的损害排除在赔偿范围之外，以防止精神损害赔偿数额的过分扩张。

5.1.2.3 精神损害赔偿的适用

通常学者认为精神损害赔偿只能适用于侵权责任领域，因违约导致的损害受害人不能请求精神损害的赔偿。同时，根据我国相关法律中对精神损害赔偿的规定，可以判定精神损害赔偿适用于人身权遭受损害的情形，结合人身权的范围，具体来讲主要包括三种情形：(1) 侵害身体权。侵害身体权往往会造成受害人蒙受人格上的屈辱和精神上的痛苦，因此即使侵权行为并没有造成受害人实际的人身伤害后果也应赋予其诉求精神损害赔偿的权利，以维护法律的公平价值。(2) 侵

① 黄立.民法债篇总论[M].北京：中国政法大学出版社，2002：417.

害健康权。侵害健康权的直接后果是造成了受害人轻伤、重伤或全部、部分丧失劳动能力，不论是否构成残废，笔者认为都应该适用精神损害赔偿。(3) 侵害生命权。无可厚非地，侵权行为如果造成受害人死亡这一严重的后果，当然适用精神损害赔偿。

精神损害赔偿能否适用于违约责任领域学术界存在争议。争议的焦点在于：其一，合同自由之界限何在？能否允许当事人依据合同自由原则来任意约定精神损害及其赔偿数额？多数学者对此持否定态度，因为侵权之债与合同之债之间最大的不同在于侵权法是用来保护公民的合法权利，而合同之债的目的则是取得财产。侵权行为的法律后果是产生损害赔偿之债权债务关系，这与合同之债作为商品交换的法律形式也是迥然有别的①。若允许通过合同来约定发生精神损害，则等同于将精神利益作为商品进行交换，而非作为权利来进行保护了。其二，责任竞合原理的适用。在某些情况下，基于某一加害行为，可能产生侵权责任和违约责任之竞合。对于精神损害而言，精神损害在合同当事人订立合同时难以预见，同时这种损害又难以通过金钱加以确定，因此，受害人不能基于合同之诉获得赔偿，但受害人在责任竞合的情况下，为了获得精神损害赔偿，完全可以基于侵权行为提出诉讼，而不必提起违约之诉。假如合同责任也可以对精神损害做出赔偿，就使得责任竞合失去了存在的意义②。其三，惩罚性原则的适用。反对者认为，若允许合同双方自由约定精神损害作为违约金的一部分，则在没产生精神损害的情况下仍需支付违约金无异于承认惩罚性赔偿，这与违约金不具有惩罚性相违背③。

关于违约能否产生精神损害，各国的立法例亦有不同的观点。在大陆法系中，以法国为例，起初法国学者对于因违约而产生的精神损害赔偿的请求多持否定观点，但随着时代的发展，实务中逐渐承认因违约造成的精神损害得以违约之诉请求金钱赔偿④。德国民法也通过"非财产上损害商业理论"⑤来间接允许违约精神损害赔偿。在英美法之判例来看，英国法对于假期之无益度过案件，允许当事人依据

① 梁慧星. 民法[M]. 成都：四川人民出版社，1988：420.

② 王利明. 违约责任论[M]. 北京：中国政法大学出版社，1999：106－107.

③ 按照大陆法系国家立法以及我国合同法的规定，违约金不具有惩罚性，其过高时可请求法院酌减，与此便发生矛盾。

④ 依据《法国民法典》第 1382 条的规定，任何行为在他人受损害时，因自己的过失而造成损害发生的人，对该他人负赔偿责任。此处所谓损害，既可以是财产损害也可以是精神损害。

⑤ 非财产上损害商业理论，是指凡于交易上得以支付金钱方式购得之利益，如享受娱乐和方便等，依据交易观念，此种利益具有财产价值，从而对其侵害所造成的损害，应属财产上的损害，被害人得请求金钱赔偿以恢复原状。

违约请求精神损害赔偿。在 Jarvis v. Swan's Tourts Ltd 一案中，原告与旅行社订立了合同，利用假期到瑞士滑雪。但旅行社承诺的服务内容以及服务质量与原告实际享受到的不符，后法院最终判决旅行社赔付原告高出合同价款两倍的金额作为原告所受之精神损害[①]。美国法虽然原则上不允许违约之诉中请求赔偿非财产损害，但例外地承认违约可以产生具有可赔偿性的精神损害。《美国合同法重述》规定："不允许对精神损害获取赔偿，除非在违约同时造成躯体伤害，或者合同或违约系如此特殊以致严重的精神损害成为一种极易发生的结果。"[②]我国很多学者在学说和通说上都否定违约的精神损害赔偿，其中王利明教授的观点最为鲜明："应当看到，一方面，因违约造成精神损害的情况在违约中是时常发生的，而允许采用惩罚性赔偿，将会使惩罚性赔偿在合同责任中应用得过于广泛，这是不符合合同法的基本原则的。另一方面，既然违约责任制度不能对受害人所遭受的精神损害提供补救，那么也就不能采用惩罚性赔偿来替代精神损害赔偿。"[③]当然也有学者持相反意见，主张"我们实应勇敢地突破原有成见，在学说上承认对违约场合非财产损害的赔偿，并进而在理论上对其谋求正当化和系统化。"[④]笔者同意这种看法，借鉴国外法律、实践和国际性立法文件的经验，支持在中国亦须确立有限的违约精神损害赔偿原则。建议参照美国《合同法重述》的做法，原则上禁止违约之诉中请求精神损害赔偿，同时对于合同双方当事人根据合同自由原则，在合同中自由约定精神损害赔偿金原则上无效。但在违约责任和侵权责任发生竞合的场合及可预期到的容易发生精神损害的特定类型的合同的场合，允许债权人请求精神损害赔偿。

5.2 外派船员人身伤亡损害的赔偿金额的计算

5.2.1 财产损失赔偿金额的计算

外派船员人身伤亡损害赔偿金额的计算标准的法律依据是《涉外海上人身伤亡损害赔偿规定》，据此规定，在造成的伤害程度不同的情况下，损害赔偿金额的计算标准也有所区别。根据上述分析，外派船员人身伤亡损害赔偿范围包括收入损

① 参见：王泽鉴. 民法学说与判例研究[M]. 北京：中国政法大学出版社，1998：138.

② 参见《美国合同法重述》第 2 版第 353 条。

③ 王利明. 惩罚性赔偿研究[J]. 中国社会科学，2000(4)：118.

④ 参见：韩世远. 非财产损害与合同责任[J]. 法学，1998(6)：28.

失，医疗、护理费，安抚费以及其他必要的费用四项。

5.2.1.1 受伤或者致残时赔偿金额的计算

一、受伤或者致残船员的收入损失

《涉外海上人身伤亡损害赔偿规定》第5条规定："受伤者的收入损失，计算到伤愈为止；受害人的误工日期，应当按其实际损害程度、恢复状况并参照治疗医院出具的证明或者法医鉴定等认定。致残者的收入损失，计算到70岁。"第6条规定："伤亡者本人无固定工资收入的，其收入损失可比照同岗位、同工种、同职务的人员工资标准，或按期所在地区正常年度的收入计算。伤亡者为待业人员及其他无固定工资收入的，按其所在地的平均生活水平计算。伤亡者为未成年人的，可参照本款以18岁为起点计算。伤亡者为我国公民的，其对外索赔的标准，可参照我国有关部门制定的对外索赔工资标准处理。"具体来讲，对于因受伤、致残而丧失全部劳动力的船员，其收入损失按照受伤致残之前的实际收入全额赔偿，具体的计算公式为：收入损失＝受伤致残之前年收入×受伤时起至退休的年龄＋退休收入×10；而对于因受伤、致残丧失部分劳动力的船员的赔偿标准则以其受伤、致残前后实际收入的差额为准计算赔偿金额，具体的计算公式为：收入损失＝(受伤致残之前年收入－受伤致残之后年收入)×死亡时起至退休的年龄＋退休收入×10。按照上述计算方式计算受害船员的人身伤亡损害赔偿额存在一定的问题：由于涉及海上工种的自身特点，很多伤残船员尽管致残较轻且仍有较强的劳动能力，但是仍然无法继续上船工作；而船员的工资，尤其是高级船员的工资往往远远高于陆上一般行业的工资水平，这就导致了其伤残前后的收入水平差距巨大，此时按照此种计算方式赔偿其收入损失显然有失公平。同时，这样的规定也极易产生道德风险，因为船员极有可能为了获得巨额的赔偿金而宁愿忍受一次小的伤残事故。[①] 为防止上述情况的发生，应充分考虑伤残船员的伤残等级、一般陆上工资收入水平等因素，由法官的"自由心证"合理计算受害船员的收入损失。

二、医疗、护理费

从我国最高人民法院颁布《民通意见》至今，几乎所有的法律、法规及司法解释都将医疗费的计算确定为：根据医疗机构出具的医药费、住院费等收费凭证，结合病例和诊断证明等有关证据确定的于一审辩论终结前实际发生的费用和根据医疗

① 胡正良，韩立新. 海事法[M]. 北京：北京大学出版社，2006：566.

证明或者鉴定结论确定的必然发生的费用，其他必需的后续治疗费可以在实际发生后另行起诉①。

护理费的计算要根据护理人员的收入状况、护理人数、护理期限来确定。其中，护理人员的收入状况的确定，其有收入的，参照误工费的规定计算，没有收入或者雇用护工的，参照当地护工从事同等级别护理的劳务报酬标准计算；护理人数原则为 1 人，但根据医疗机构或者鉴定机构的明确意见也可以增添人数。

三、安抚费

根据《涉外海上人身伤亡损害赔偿规定》关于安抚费的规定可知，安抚费，又称精神损害抚慰金，是指对受伤致残者的精神损失所给予的补偿，是对死者遗属的精神损失所给予的补偿。《涉外规定》第 3 条所规定的"安抚费"一项与残疾赔偿金的内涵是相同的②，而其第 4 条所规定的"安抚费"则是指死亡赔偿金③。当前的司法实践中尚没有确定安抚费数额的统一标准，确定具体的赔偿数额时可以根据《涉外人身伤亡损害赔偿规定》，按伤势轻重、伤痛情况、残废程度，并考虑其年龄、职业等因素做一次性的赔付。

四、其他必要的费用

其他必要的费用通常所包括的运送伤残人员的交通、食宿之合理费用、补救性治疗费、残疾用具费、医疗期间陪住家属的交通费、食宿费等相关费用，按照实际的花费金额，根据一定的票据证明予以赔偿即可。

5.2.1.2 外派船员死亡赔偿金额的计算标准

根据上述分析，受害船员在人身伤亡事故中死亡的，其近亲属作为赔偿权利人可以索赔的项目包括收入损失，医疗、护理费，安抚费，丧葬费以及其他必要的费用。其中，医疗、护理费和安抚费，以及其他必要的费用的计算方法同伤残损害的情形一致，以下对其余两项赔偿项目的计算方式加以说明。

一、死亡船员的收入损失

《涉外海上人身伤亡损害赔偿规定》第 5 条规定："死亡者的收入损失，计算到 70 岁。70 岁以上致残或死亡的，其计算收入损失的年限不足 5 年者，按 5 年计算，并予以一次性赔付（综合考虑利率及物价上涨因素）。"如果船员在人身伤害事故中

① 参见我国《民通意见》第 144 条、《人身损害赔偿解释》第 19 条的规定。

② 参见《关于审理涉外海上人身伤亡案件损害赔偿的具体规定（试行）》第 3 条第 3 项。

③ 参见《关于审理涉外海上人身伤亡案件损害赔偿的具体规定（试行）》第 4 条第 3 项。

立即死去，则其收入损失应根据死亡船员生前的综合收入水平计算，具体的计算公式为：收入损失＝(年收入－年个人生活费)×25%～30%；还需要强调的是，当死亡船员在事故发生时受伤但没有立即死去，而是经过一段时间后因伤残而死亡的，则其收入的损失应分段计算：从受伤至死亡期间的收入损失，以上述伤残情况的赔偿标准进行计算；从死亡之日起，则以死亡赔偿标准计算。而在这一过程中，即随即产生的医疗、护理费等合理费用，赔偿义务人也应加以赔偿。

二、丧葬费

丧葬费的赔偿属于致人死亡的特有赔偿项目。死亡船员的丧葬费，包括运尸、火化、骨灰盒和一期骨灰存放费等合理支出，但以死者生前 6 个月的收入总额为限。关于丧葬费的赔偿，有学者认为不宜过高，应有所限制。“因人早晚皆难免死亡，死亡的殡葬费用习惯上由遗属支付，从而从理论上认为丧葬费并非侵权行为产生之损害，充其量仅相当于本来死期提最早支出之费用的利息损害而已。”[①]但各国立法及通说都认为丧葬费应包含在死亡损害赔偿范围之内，应该予以赔偿，但考虑到死者遗属的殡葬义务，关于丧葬费的赔偿标准应适当。在海上死亡事故中，经常会出现船员死亡后找不到其尸体的情况，在这种情形下其近亲属一般向法院申请宣告死亡，但法院一般仍然会支持死亡者的近亲属可以索赔一定数额的丧葬费，具体的标准则根据实际情况，一般由法院进行自由裁量。

5.2.2　精神损害赔偿金额的计算

在关于外派船员人身伤亡损害赔偿的诸多法律问题中，精神损害赔偿金额的确定，无论对于理论界还是实务界来说都是很重要也是疑难的命题。由于精神损害本身的难以估量性及其赔偿金额确定的复杂性，与外派船员的人身损害赔偿金额的确定相比，其精神损害赔偿金额的确定存在很多不确定性。

精神损害无法用金钱加以计算，而对于精神损害的赔偿往往以金钱赔偿为主，这就要求在确定精神损害赔偿金时，要依据不同条件和诸多的因素来进行综合的评定。对此，国内外的理论界及司法界都在积极地探讨和研究赔偿金的确定和评算的出路，积累了很多的评价技术和理算方法，为精神损害赔偿数额的确定和理赔提供借鉴。

在这方面，英美法系的国家因为受判例法的限制一般没有固定的标准，通常采

① 参见：曾隆兴．现代损害赔偿法论[M]．台北：台北益华印刷公司，1988：158.

用分类计算法和概算法对具体案件的精神损害赔偿数额加以确定[①]；而大陆法系国家在实务中则采用将精神损害和财产损害区别开来分别估算的方法。具体而言，日本采取以固定的表格作为精神损害赔偿金额确定的参考标准[②]；德国采取以受害人因人身伤害所花费的医疗费的价值作为参照的方式来确定精神赔偿金。受德国立法影响，大部分发展中国家在立法上都采取限额标准，即在一定的金额范围内给予受害人以精神损害赔偿。

纵观世界各国，无论对精神损害赔偿数额是否在立法中规定了具体的标准，基本上都认为应该充分考虑影响精神损害赔偿金额确定的全部因素，并认为以这种思路来确定精神赔偿金比财产损害赔偿更为重要。笔者认为，在对影响精神损害赔偿金确定的全部因素进行分类，可以分为侵害方因素、受害方因素和非当事人的影响因素等。

一、侵害方因素

从侵害人角度来分析确定精神损害赔偿数额的因素，主要是考虑侵害人的行为原因，包括侵害人的主观过错程度、侵权行为的具体情节、侵害人所使用的手段、侵害人对行为的认识态度、获利情况等。同时在确定精神损害赔偿数额时，大多数场合都需要考虑过错原则，从精神损害赔偿的构成要件中对侵害人的主观方面进行分析。我国的《精神赔偿解释》将侵权人的过错程度，作为确定精神损害赔偿金的第一个考虑因素，之所以如此，是由于侵害人的过错程度往往与受害人所遭受的精神损害程度以及该侵权行为所造成的后果相联系的，因此在确定精神损害赔偿数额时，应将侵害方的主观故意和过失加以区别。

二、受害人因素

从受害人角度加以分析，包括受害人遭受损害的程度和后果，受害人的主观过错[③]，受害人在社会上的角色、地位、名望和家庭背景等。这些主、客观因素对于确定精神损害赔偿数额时起到次要作用，只有受害人遭受的精神损害程度以及是否存在过错是应当考虑的主要因素。在确定残疾赔偿金时，应综合受害人死亡时的

---

① 在对精神损害赔偿数额的评定标准上，一般认为，以前英国法采取“分类计算法”，近来采用上下限额赔偿法。而美国采用“概算法”，有些类型损害赔偿也用“限额法”。美国是联邦制国家，各州具有立法权，联邦政府和各州政府可就某一类型或某类案件的精神赔偿，通过立法来确定精神损害赔偿的最高限额。例如，1986年，美国佛罗里达州通过一项法律，将痛苦的赔偿金上限额定位45万美元。

② 罗丽. 日本的抚慰金赔偿制度[J]. 外国法译评，2000(1)：56.

③ 《最高人民法院关于确定民事侵权精神损害赔偿责任若干问题的解释》第11条规定：如果受害人本身对损害事实和损害后果的发生存在过错，则可以根据其过错程度减轻甚至免除侵权人的精神损害赔偿责任。

痛苦程度，以及受害人死亡事实对其近亲属带来精神打击的程度等因素，同时考虑受害人伤势轻重、伤痛情况、残废程度等，并考虑其年龄、职业等因素来确定精神损害赔偿金额。①

三、客观制约因素

客观制约因素又可以称为社会因素，即从社会总体经济状况和侵权地经济状况的对比状况等方面判定精神损害的赔偿金额。在司法实践中，精神损害赔偿金额的确定，实际上主要考虑侵害行为所造成的后果以及受诉法院所在地平均生活水平等客观因素。这些因素一方面体现了影响精神损害赔偿数额的双方当事人的主客观因素，另一方面也让人看出同类案件出现谨慎赔偿金差异的原因。

从法律的正义和公平处理纠纷的角度来衡量，虽然有这些因素作为参考，但还有其他的一些因素也会对精神损害赔偿数额的确定产生影响，法官在自由裁量精神损害赔偿金额时应当综合考虑在内。“从国外的经验来看，许多国家在确定精神损害赔偿金额时都将受害人遭受损害的程度与其他相关的因素，尤其是侵害人的过错程度以及当事人双方的经济状况作为重要的因素加以考虑，并作为一种原则确定下来，这一点已经被英国、美国、法国、奥地利和斯堪的纳维亚群岛国家（除挪威外）的法律制度所认可。”②在我国，对于人身伤害的精神损害赔偿采用的是立法非限定主义，由于我国目前立法的不完善，导致在具体案件中，当事人动辄提出数十万甚至数百万的精神损害赔偿请求，而法官行使其自由裁量权对于精神损害赔偿金额的审判结果往往也不尽相同，差别较大。因此在精神损害赔偿金额方面，还有待相关立法确定一个统一的标准。这样一方面可以保证司法人员在处理精神损害赔偿案件时可以“有法可依”；同时，也可以防止法官滥用自由裁量权来随意评定赔偿金，从而体现司法的公正以及个案的正义。

笔者认为，结合我国目前的实际情况，关于我国精神损害赔偿金额的确定标准，我们可以将日本和德国的做法加以借鉴和融合，即“以某一特定受害人一定等级的受损程度为参考，并依照该等级确定该特定受害人的精神损害应该在怎样的一个幅度内获得赔偿。”③同时，还应该充分意识到精神损害是一种无形的损害，这决定了很难用物质的尺度来衡量其大小。因此，精神损害赔偿只能是一种补偿性

---

① 参见《关于审理涉外海上人身伤亡案件损害赔偿的具体规定（试行）》第3条第3款。

② 关今华. 精神损害赔偿数额的确定与评算[M]. 北京：人民法院出版社，2002：243.

③ 陈福民，王洪青. 人身伤害精神赔偿依据、原则及标准[J]. 民事法制，2000(10)：28.

质的，而不能是等价的甚至是超额赔偿的。现实操作中，经常会出现一些天价精神损害赔偿请求，但这在公民收入普遍不高的我国适用的可能性确实较小。因此，对精神损害的赔偿数额应该做出一定的限制，防止出现“只抚不赔”和“只赔不抚”的现象。[①]

5.2.3 外派船员人身伤害赔偿金的给付

在外派船员人身伤亡损害赔偿纠纷中，赔偿义务人应就赔偿权利人的财产损失和精神损害予以赔偿，法院在判决关于赔偿金的支付方式上，通常采取一次性支付和定期金支付两种方式。

5.2.3.1 一次性支付方式

所谓“一次性支付”(be award on lump sum)，是指无论是受害人的所受损害还是所失利益都应当在一次诉讼中一揽子算定，要求赔偿义务人一次性支付给赔偿权利人。”[②]而所谓的定期金的支付的方式，是指法院判决赔偿义务人在未来的一段时间内(终身或某一段时间内)，以年或月为确定期限，定期向赔偿权利人支付损害赔偿金的支付方式。

然而，关于赔偿权利人的财产损失的范围上，如前文所述，不仅包括其所受损害，还包括其所失利益。前者如医疗费、交通费以及住院伙食补助费和丧葬费等，这部分在现实中基本上客观明确，因此法院在判决时采取一次性支付的方式基本上不存在问题；但是对于后者，由于受害船员因死亡、完全或部分地丧失了劳动能力的所失利益，这部分包括死亡赔偿金、残疾赔偿金、被抚养人生活费等，究竟是采取一次性支付还是定期金的支付方式，各国在立法上存在差异。总结起来，目前世界各国对于上述问题的处理方式上大致有以下几种：

一、绝对的一次性给付

目前英国、美国、丹麦和西班牙采取此种方法来支付受害人的赔偿金。例如，英国法院基于“一了百了(once and for all)”原则，要求赔偿义务人应将财产损害赔偿金一次性地支付给受害人。[③] 不过该支付方式有两个例外情况：其一，如果受害

① 赵振华.海上人身伤亡损害赔偿法律问题研究[D].重庆：西南政法大学硕士学位论文，2007.

② 张新宝.人身损害赔偿案件的法律适用[M].北京：中国法制出版社，2004：405.

③ W. V. H. Rogers. Winfield and jolowicz on Torts[M]. 15th. ed. London：Sweet & Maxwell，1998：765.

人能够证明因产生诉因的作为或不作为而导致其在未来的某个确定或不确定时间内，将出现某种严重的疾病或者出现生理或心理的状况上的恶化后果，则受害人有权要求法院判给“临时性给付(provisional awards)”[①]；其二，英国法院采取“预先支付(interim awards)”的方式，即在案情已经明朗的情况下，法院判令赔偿义务人先行支付一部分赔偿金给原告，用以克服因缓慢的诉讼程序而给受害人造成收入上的损失及其他费用的增加。

二、以一次性给付为原则、定期金支付为例外的方式

采用这种立法例的主要是我国澳门及台湾地区。例如，根据《澳门特别行政区民法典》第561条规定，考虑到损害的连续性，经受害人申请，法院可判令被告就全部或部分损害赔偿定出终身或者暂时定期金的赔偿方式。如果受害人没有申请的情况下，法院应判令被告一次性支付损害赔偿金给受害人。

三、以定期金支付为原则、一次性给付为例外的方式

采用这种立法例的国家主要是德国和俄罗斯。《德国民法典》规定：“因伤害他人的身体或健康致被害人丧失或减少其劳动能力，或增加其生活需要者，加害人对被害人应支付定期金以赔偿其损害。”[②]此外，其关于死亡赔偿金、残疾赔偿金以及被抚养人的生活费等也都是采用定期金的赔偿方式[③]。

四、由法官自由裁量决定赔偿金的支付方式

采取这种立法例的主要是《荷兰民法典》，按照该民法典的规定：“法官可以全部或部分推迟对尚未发生的损害之估价，也可在进行盖然性评估之后立即对未来的损害进行估价。于后一情形，法官可以判决债务人一次性支付赔偿金额，或者判决债务人附履行担保或不附履行担保分期支付赔偿金额。此等判决由法官以具体情况定之。”[④]

对于人身损害赔偿金的给付方式，我国的《民法通则》中没有明确规定，不过其他的一些行政法规及司法解释上都明确规定了损害赔偿金要采取一次性给付的方式。例如，根据我国的《医疗事故处理条例》第52条的规定：“医疗事故赔偿费用，实行一次性结算，由承担医疗事故责任的医疗机构支付。”《道路交通事故处理办

---

① Harvey McGregor. McGregor on Damages[M]. 16th. ed. London: Sweet & Maxwell, 1997: 1527.

② 参见《德国民法典》第843条第1款。

③ 参见《德国民法典》第844条第2款关于被抚养人生活费的规定以及第845条关于死亡赔偿金和残疾赔偿金的规定。

④ 参见《荷兰民法典》第105条第1款的规定。

法》第36条第2款的规定："前款固定的赔偿项目应当按照实际情况确定，并一次性结算费用。"另外，作为外派船员损害赔偿金具体支付方式的法律依据，最高人民法院《关于审理涉外海上人身伤亡案件损害赔偿的具体规定》也做出了相同的规定："受伤者的收入损失，计算到伤愈为止；残疾者的收入损失，计算到70岁；……70岁以上致残或死亡的，其计算收入损失的年限不足5年者，按5年计算，并予以一次性赔付(综合考虑利率及物价上涨因素)。"可见，我国司法实践中出于考虑方便和保护受害人的利益的原因，一般都比较注重一次性的给付方式，而且这种支付方式能够一次性地了解争议从而节省司法资源。但是实际上，一次性给付这种给付方式往往存在一定的弊端，由于对未来可能发生的损失无法提前做出准确的判断，因此一次性的赔偿可能低于或高于实际损失，而且受害人在得到一次性赔偿后，其有可能提前花费所有的费用或者将赔偿金挪作他用，甚至如果其在得到全部赔偿金后不久便死亡，其近亲属还有可能得到重大的不当得利①。另外，从损害赔偿金的性质上看，是对赔偿权利人将来可得利益损失的赔偿，如果对于受害人的将来收入采取一次性支付的方式进行赔偿的话，由于利息因素，势必会对赔偿义务人造成额外多支付利息的不公。可见，人身损害赔偿金的给付方式不应着重于一次性给付，其有待于进一步改进。

为弥补一次性支付的弊端，我国《人身损害赔偿解释》第33条规定："赔偿义务人请求以定期金方式给付残疾赔偿金、被扶养人生活费、残疾辅助器具费的，应当提供相应的担保。人民法院可以根据赔偿义务人的给付能力和提供担保的情况，确定以定期金方式给付相关费用。但一审法庭辩论终结前已经发生的费用、死亡赔偿金以及精神损害抚慰金，应当一次性给付。"同时，我国《侵权责任法》第25条也对赔偿金的给付方式做了规定："损害发生后，当事人可以协商赔偿费用的支付方式。协商不一致的，赔偿费用应当一次性支付；一次性支付确有困难的，可以分期支付，但应当提供相应的担保。"由此可见，目前我国司法实践中，关于人身伤亡赔偿金的支付方式采取的是"以一次性给付为原则、定期金支付为例外"的方式。

5.2.3.2 定期金支付方式

我国立法在有条件地允许赔偿义务人在提供担保的前提下，以定期金方式给付赔偿金。需要注意的是，人身伤亡损害赔偿金定期金的支付方式不等同于一次

---

① 邵洁.试论赔偿金的支付方式[EB/OL].(2007-01-30)www.chinacourt.org/acticle/detail/2007/01/id/233673.shtml.

性赔偿分期付款方式，两者存在本质上的差别：首先，两者的适用条件不同。定期金支付方式是在赔偿义务人有给付能力并在提供担保的前提下才能适用；而考虑债务人的履行能力差异等因素，法院做出分期付款方式裁决并不需要债务人提供任何担保，经债权人同意或根据债务人的履行能力即可。其次，两者对赔偿金的计算标准不同。每期定期金的计算标准不一定是一审判决时确定的值，而是根据给付时的统计数据变化的①；但一次性赔偿支付方式计算的赔偿标准是一个定值，是根据一审法庭辩论终结时的上一统计年度相关统计数据确定的。最后，两者对赔偿金的计算年限不同。适用定期金的给付方式，受害人得到的赔偿金并根据其实际生存年限计算，这样对保护双方当事人的利益更有利②；而判决一次性支付赔偿金的，对后续的相关费用都是根据该司法解释中有关赔偿期限的规定确定的。

综合考虑关于人身伤亡损害赔偿金的支付，笔者认为，应当从更有利于受害人的角度进行制度的设计③。对受害人来说，如果赔偿义务人的支付能力充分，允许其依伤势和健康状况的变化分阶段地提出赔偿要求，则其可以选择定期金的支付方式，可以使其未来的损害得到更充分的弥补；而如果赔偿义务人未来的支付能力无法预测，则一次性支付方式对受害人来说将会是更好的选择。

5.3　外派船员人身损害赔偿的海事赔偿责任限制

5.3.1　海事赔偿责任限制制度的概念

从国际上看，各个国家的海事立法包括国际公约几乎没有关于海事赔偿责任限制的定义，但总结该制度的主要内容和各国海商法学者的论述，我们可以将海事赔偿责任限制(Limitation of Liability for Maritime Claims)的概念界定为："在发生海损事故造成较大的人身伤亡和财产损害时，船舶所有人、船舶承租人和船舶经营人等责任主体有权依据法律的规定，将其对某些海事请求的赔偿责任限制在一定范围内的法律制度。"④它是由船舶所有人责任限制发展而来的，Bouher v.

---

① 参见最高人民法院《关于审理人身损害赔偿案件适用法律若干问题的解释》第 34 条第 1 款规定。

② 参见最高人民法院《关于审理人身损害赔偿案件适用法律若干问题的解释》第 34 条第 2 款规定。

③ 王军，刘春梅. 英国人身伤害之非金钱损失赔偿制度研究——兼论对我国相关制度的构建[J]. 北方法学，2009，3(1)：28－29.

④ 胡正良，韩立新. 海事法[M]. 北京：北京大学出版社，2009：587.

Lawson[1] 一案最终促成了海事赔偿责任限制制度的建立[2]，该制度适用于某些特定海事事故或某一具体航次引发的合同之债和侵权之债。

海事赔偿责任限制的应用突破了民法领域所普遍奉行的全部赔偿原则，客观上必将导致受害人的损失不能得到充分完全的赔偿。其作为一般民事损害赔偿制度的例外，能够在海商法中独树一帜并历久弥新，从历史上看，各个航运大国浸润在海事赔偿责任限制里的立法理由可能不尽相同，但从法理层面以及立法精神上讲，最主要的理由可归纳为以下几点[3]：

其一，保障航运业的稳定发展。航运一直以来都被认为是一项高风险的行业。在科技落后的时代，人类自身能力低，从事航运主要靠的是经验和技能，没有先进的技术做辅助，在海难面前也无能为力，因而航运业曾被比喻为"海上冒险"。今天，虽说从某种程度上讲，在航海活动中自然界带给人们的风险已经有所减弱，但是相对而言，海上运输已经成为资金和技术高度密集的行业，仍然没有被移除高风险行业之列。高风险意味着事故多发以及损失重大。在这样的背景下，如果法律上要求航运从业者对海损造成的事故必须按实际损失全额赔偿，那么一些业绩良好的航运企业势必会因为哪怕是一次小型的事故而顷刻间倾家荡产。虽然这从航运者的角度来讲只是又葬送了一个航运经营者，但是从国家层面讲，则会极大削弱各方资本投资的积极性，并最终导致一个国家航运业的萧条和没落；从世界经济来讲，也会造成巨大创伤。这样的结果显然与各航运国家发展成为航运强国的方针策略不符。鼓励增加商船数量，避免挫伤船舶经营者的信心事关本国的最重要利益。如果船舶所有人在毫不知情、毫无私谋的情况下，却要对其所雇用的船长和船员偷窃的船上货物承担全部责任，这会严重打击商人投资航运的信心，进而必定损害本国的贸易和航运事业[4]。故而，在此大背景下，海事赔偿制度是在保障航运业稳定发展以及经济现实的需要的前提下占有一席之地的。

其二，鼓励救助。海难救助制度对于保护海上人命和财产安全、维护海上交通

---

① Bouher v. Larson(1733)Cas t. Hard. 53;95E. R. 116.

② 海事赔偿责任限制制度最初源于1733年"Bouher v. Lawson"一案。在该案中，一艘英国船在葡萄牙的港口装载黄金时遭到该船船长偷盗，法院判令船舶所有人全额赔付船长监守自盗所载黄金的损失。这一判决引发诸多英国船舶所有人的恐慌，他们向英国议会请愿，要求制定法律给予他们适度保障，最终促成了英国1733年《船舶所有人责任法》通过。该法第一次确立了船舶所有人以船价为限享有海事赔偿责任限制的权利。

③ 参见：杨良宜．海事法[M]．大连：大连海事大学出版社，1999：152－158.

④ 胡正良，韩立新．海事法[M]．北京：北京大学出版社，2009：587.

秩序、保护海洋环境具有重要意义，鼓励海难救助理所当然地成为各国海商立法和各类国际海事公约的立法宗旨之一。海事赔偿责任限制立法也不例外。1957年《关于海船船舶所有人责任限制的国际公约》(International Convention Relating to the Limitation of the Liability of Owners of Sea-going Ships)已把救助报酬规定为非限制性海事请求，不准被救助人主张责任限制。1976年《Convention on Limitation of Liability for Maritime Claims》更是将救助人明确列为有权主张责任限制的主体之一，赋予其对于救助作业直接相关的人身伤亡或者财产损害的索赔主张责任限制的权利。如果救助人的救助报酬不能得到全额支付，却需要其对救助作业造成的损害全额赔付，还有谁敢于和乐于从事海难救助作业？所以，海事赔偿责任限制制度在鼓励海难救助方面功不可没[1]。

其三，促进海上保险业发展。众所周知，海上保险人在承保时，需要对风险造成损失有一个基本的测算和评估。海事赔偿责任限制制度通过对船舶所有人赔偿责任限制在一定限度内，可以使保险人较准确地估出投保人可能承担的最大的责任，增强了预见性。另一方面，船舶所有人等责任主体由保险人予以承保，并配以相应的诉讼制度，对于海事请求人来说无疑多了一份可靠的保障。

综上，海事赔偿责任限制制度是法律上寻求公平的一种折中方法。基于航运业在国计民生中的特殊地位和影响，在贯彻雇主责任时，倘若与陆上行业一样，完全采用严格责任，势必会打击船东经营船舶积极性，正如国际法之父、荷兰著名国际法学家格劳休斯所言："如果人们一直处于担心由于其雇佣的船长的行为而承担无限责任的恐怖之中，那么就无人敢经营船舶了。"[2]这样必然会影响航运业乃至国民经济的发展。为解决这一难题，法律和实践找到了一种"折中"的方法，即在坚持船东的雇主责任的基础上，将船东的责任限制在一定的范围内，即从最初的以投入营运的船舶为限到现在根据船舶吨位来确定责任限额的方法。

为了保护和促进航运业的发展，世界主要海运国家的海商法以及相关的海事国际公约中基本上都保留了这一制度，此后一直发展延续至今，成为各国普遍接受的一项特有的海事制度。按照这一规定，赔偿权利人无论是主张违约责任或是侵权责任，除了法定原因外，赔偿义务人的赔偿责任不超过法定的赔偿限额。可见，海事人身伤亡损害赔偿的法定限定性是海上人身伤亡损害赔偿区别于其他人身伤

---

① 胡正良，韩立新. 海事法[M]. 北京：北京大学出版社，2009：590.

② International Maritime Law. London: Lloyds' of London Press, 1984: 124.

亡损害赔偿的一个重要特征①。

对此，笔者认为，根据《海商法》第 204 条到 207 条的规定，船舶所有人、船舶承租人、船舶经营人、救助人以及他们对其行为、过失负有责任的人员，包括对限制性债权承担责任的保险人，有权对在船上发生的与船舶营运、救助作业直接相关的海上人身伤亡损害的赔偿请求按照《海商法》的第 11 章海事赔偿责任限制的规定限制其赔偿责任。换句话说，海上人身伤亡损害赔偿权利人很可能因赔偿义务人享有法定的赔偿责任限制而无法获得全额赔偿，这无疑对船员的人身保护极为不利，确有必要对现有的法治框架进行调整，将船员的人身索赔规定为非限制性债权。

5.3.2 海上人身伤亡之海事赔偿责任限制

根据上条规定，海上人身损害赔偿被明确列入限制性债权之内，因而将受到海事赔偿责任限制制度的调整和约束。不过同时，该法第 209 条对于责任人丧失海事赔偿责任限制权利的情形也做出明确规定："经证明，引起赔偿请求的损失是由于责任人的故意或者明知可能造成损失而轻率地作为或者不作为造成的，责任人无权依照本章规定限制赔偿责任。"

对于海事赔偿责任限制的金额，根据我国《海商法》第 210 条的规定，关于人身伤亡的赔偿请求，根据不同的船舶吨位，具体可以分为：(1) 总吨位 300 吨至 500 吨的船舶，赔偿限额为 33 3000 计算单位；(2) 总吨位超过 500 吨的船舶，500 吨以下部分适用本项第 1 目的规定，500 吨以上的部分，应当增加下列数额：501 吨至 3 000 吨的部分，每吨增加 500 计算单位；3 001 吨至 30 000 吨的部分，每吨增加 333 计算单位；30 001 吨至 700 00 吨的部分，每吨增加 250 计算单位；超过 70 000 吨的部分，每吨增加 167 计算单位。

而对于不满 300 总吨的赔偿限额，《海商法》授权国务院交通部主管部门来制定。按照交通部对此制定的《关于不满 300 总吨船舶及沿海运输、沿海作业船舶海事赔偿限额的规定》，超过 20 总吨、21 总吨以下的船舶人身损害赔偿限额为 54 000 SDR，超过 21 总吨的船舶，超过部分每吨增加 1 000 SDR。从事沿海运输与作业的船舶，不满 300 总吨的船舶，赔偿责任限制按《不满 300 总吨船舶限额规定》规定的赔偿限额的 50％计算。同一事故中的当事船舶的海事赔偿责任限额，有适用《海商法》或者《不满 300 总吨船舶限额规定》，其他当事船舶的海事赔偿限

① 胡正良，韩立新. 海事法[M]. 北京：北京大学出版社，2009：560.

额应当同样适用。不以船舶进行救助作业或者在被救助船舶上进行救助作业的救助人，在责任限额按照总吨位 1 500 的船舶计算。此外，我国海商法采取事故制度，即通常所说的“一次事故、一次限额”①。

故而，《海商法》第 11 章以及《关于不满 300 总吨船舶及沿海运输、沿海作业船舶海事赔偿限额的规定》对于海上人身伤亡损害赔偿根据船舶吨位的大小有了较为系统的规定，但是，目前我国涉及海上人身伤亡损害赔偿责任限制的法律规定并不仅仅限于此法，而是呈现出多元化的状态，此外还有《海上旅客赔偿限额规定》《涉外海上人身伤亡损害赔偿规定》。这种多元化的责任限制规定，经常会导致人身伤亡损害赔偿限额因与造成海上人身伤亡损害的船舶总吨位的大小、海上人身伤亡损害类型等的不同而不同，从而造成了一个对此赔偿限额的多种计算标准，造成了法律适用的混乱。故而，笔者认为确有必要对现有的这些法规进行一个系统的梳理和整合，甄选出一个最为适用于海上人身伤亡损害赔偿的标准和方法。

5.3.3　海事赔偿责任限制与海事连带责任

海事连带责任在第 3 章中已有论述，那么海事赔偿责任限制与海事连带责任究竟是一种怎样的关系？首先我们须明确两种制度设立的初衷，侵权连带责任设立的目的在于保护受害人的合法权益，使其可以最大限度地填补损失。而海事赔偿责任限制的出发点则正好与其相反，其是以保护责任人为宗旨，使其可对某些特定的海事赔偿请求仅承担部分赔偿责任。这样，在海上侵权案件中，当享有海事赔偿责任限制的责任人须根据《海商法》的规定承担连带责任时，这两项制度之间的冲突似乎是难以避免。此时，应如何协调两者适用的冲突？对此，我国《海商法》并未给出确切的答案。

在此类案件中，是采取“先限制再连带”的这种优先考虑连带责任对受害人有利的做法，还是采取“先连带再限制”的这种优先考虑责任限制对责任方有利的做法呢？对此，笔者认同后者观点。理由如下：

(1) 根据有关国际公约和各国立法，船东享有的海事赔偿责任限制权利都不应被随意剥夺。《1957 年责任限制公约》《1976 年责任限制公约》都明确做出了这样的规定，并且包括碰撞公约在内的有关海事国际公约，只要其条文涉及处理这些公约与海事赔偿责任限制法律之间的关系时，均无一例外地规定其自身将不影响

① 陈琦. 海上人身损害赔偿之限制论：冲突与协调[D]. 大连：大连海事大学硕士学位论文，2006.

有关海事赔偿责任限制的法律效力。那么在此情况下，考虑我国海商法与国际公约的高度切合性，我们有必要对《海商法》169 条第 3 款有关连带责任的规定解释为对责任人公允的立法意图，而非使其丧失责任限制的权利。

(2)“先限制后连带”的做法，可能会导致责任限制方在共同侵权时承担的赔偿数额超过其单独侵权时的赔偿额。换言之，在此情况下，船东在多了一个可以分担责任的共同责任人之后，其对船员的赔偿数额反而增加，这显然有失公平。

(3) 如果采取“先限制后连带”的做法，即认为连带责任会影响责任方援引责任限制的权利，必将使船东等责任主体丧失对其可能承担的最大责任的合理预期，并可能导致其在船舶投保时的一系列后续实际困难，对于整个航运的发展都有负面的影响。

综上，笔者认为在受害人与责任方之间，不论是受害人对该责任方提出起诉，还是将其他责任方共同诉至法院；也无论是受害人仅要求在其过失范围内承担责任，还是要求其全部承担责任，该方承担的责任都应以其海事责任限制为准。

5.3.4 对《涉外规定》80 万责任限额的质疑

船员外派以外派船员为中心主要涉及三方法律关系。对于我国外派船员人身伤亡损害赔偿的责任限制问题，主要适用的法律是我国的《海商法》和《涉外规定》，其中《涉外规定》调整的是具有“涉外性”的海上人身伤亡损害赔偿案件；而《人身损害赔偿解释》则适用于“非涉外”以及根据冲突规范应适用中国法的海上人身损害案件。《涉外规定》与《人身损害赔偿解释》在受害人可以获得的赔偿数额方面差距很大，前者常常是后者的数倍。因此，对于一起具体的海上人身损害赔偿案件来说，对于其是否具有“涉外性”的判断就变得极为关键。

宁波海事法院曾审理一起相关案件：1999 年 3 月 29 日，应巴拿马籍“春天商人”(Spring Trader)号船舶所有人巴拿马古德吉尔航运股份有限公司(Good hill Navigation, S. A.)通过中国宁波外轮代理公司提出的申请，宁波港务局引航管理站指派引航员俞小洪和沈勇为“春天商人”号船提供进港引航服务。由于引航软梯的绳索突然断裂，沈勇从高处摔落到业已登梯的俞小洪身上，使俞小洪跌压在“雨港引 1”号艇的舷墙上而严重受伤，宁波市劳动鉴定委员会鉴定为二级伤残，生活不能自理，大部分依赖护理。俞小洪在宁波海事法院对“春天商人”号船舶所有人提起诉讼各种经济损失共计人民币 3 685 581.53 元，最终一审宁波海事法院支持了原告请求[①]。被告不服该判决提出上诉。浙江省高级人民法院于 2001 年 11 月 20 日判决维持原判[②]。

本案是目前为止司法实践中唯一一起突破《涉外规定》第 7 条所规定的 80 万限额的案例，也是唯一一起出现认定第 7 条无效的案件。可见，我国立法及司法界对于 80 万的限额虽有反对的呼声，但却也是个别，主流的观点以及大部分的司法判例对这一数额还是持认可态度的，但不可否认的是，对于第 7 条的效力问题，在学术界还是存在很大争议的。

《涉外海上人身伤亡损害赔偿规定》的第 7 条规定："海上人身伤亡损害赔偿的最高限额为每人 80 万元人民币。"这是对船员人身伤亡损害的单位赔偿责任限制的规定。笔者认为 80 万的赔偿责任限额应予以修改，理由如下：

一、结合目前的国际立法和国内相关法律、司法解释对海事赔偿责任限制的相关规定，海事赔偿责任限制的立法主要体现出的趋势

首先，法律更加倾向于对受害人的司法保护。随着造船技术和航运技术的日益提高，海上作业的安全性越来越高，海上人身伤亡的概率也随着船舶安全性能的逐渐提升而逐渐降低。但由于海上作业的高风险性，依旧需要大力预防人身伤亡损害的发生，为了提高船舶所有人对船员人身权的重视，尽可能地控制海上人身伤亡发生的几率，无论是国内法还是相关的国际公约，都在加大船舶所有人对海上人身伤亡损害赔偿的力度，以此高额的赔偿款来使船东对船员人身伤亡重之又重。因此，海事赔偿责任限制的立法体现出了对遭受人身伤亡损害的受害人保护的倾向性。

其次，海上人身伤亡损害赔偿的责任限额必将越来越高。一方面，如上所述，海上人身伤亡损害的发生几率逐渐降低，如果不对责任限额做较高的规定则难以加强船舶所有人对海上人身安全的重视程度；而另一方面，随着生活水平的不断提高、货币的不断升值，原有的人身伤亡损害赔偿责任限额越发不能满足现实的需要。因此，关于海上人身伤亡损害赔偿的责任限额必将有所提高。

最后，国内关于海上人身伤亡损害赔偿责任限制的规定必将追求与国际的统一。海上运输等海运事业本身即具有一定的涉外性，因而一个海上人身伤亡损害赔偿案件中往往牵涉不同国家的因素，因此为了达到法律适用的统一、实际赔偿的

---

① 参见宁波海事法院(1999)甬海事初字第 55 号《民事判决书》。
② 参见浙江省高级人民法院(2001)浙经二终字第 96 号《民事判决书》。

统一，有必要争取统一各国国内立法和国际公约的规定。

二、80万的责任限额整体缺乏时代发展性和司法合理性

《涉外规定》考虑到某些情况下如遭受海上人身伤亡的船长或者船员本身为经营船舶的合伙人时，其实际收入较高，一旦发生海上侵权，仅损失一项就是一笔天文数字，这似乎对责任人太过苛刻，从此角度来讲，《涉外规定》第7条有其合理性。但笔者认为：

一方面，《涉外规定》所规定的个人最高限额80万，是根据20世纪90年代初的物价水平制定的，这一限额就当时的情况而言完全能够填补受害人的损害，亦与一般的填补损害的民事损害赔偿制度不相冲突，但现在距立法当时已超过20年，社会经济情况变化如此之快，工资收入与物价水平数倍增长，80万的限额已不能适应当前的生活水平，我们如果执意设定一个固定的赔偿限额，而不考虑物价上涨、通货膨胀等现实因素，既不符合社会经济发展的实际情况，也会导致受害人的权益持续受影响，这与当下人文关怀日益彰显的时代背景也不符合。故而，我们应该设计一套留有浮动空间的责任限额。

另一方面，《涉外规定》第7条的规定属"法院造法"，且与其后制定的法律《海商法》的规定相抵触，应当被认定为无效。

根据《立法法》《最高人民法院关于司法解释工作的规定》等法律法规的规定，最高人民法院作为司法机关，仅有对司法实践中具体应用法律的问题做出司法解释的权利，而不能逾越法律规定的范围立法，其所做的司法解释也不得与相关法律相抵触。《立法法》第8条规定："民事基本制度必须通过法律制定方能成立。"80万的责任限额，不仅免除了责任人应承担的责任，也构成了对受害人索赔权利的限制，这涉及民事基本制度的改变，究其实质，已经超出了司法解释的权限范围，属于法院造法，应该被认定为无效。而且，《涉外规定》与随后出台的《海商法》相互抵触。《海商法》第11章是参照《1976年责任限制公约》的规定，仅对非旅客的海上人身侵权损害规定了单独的海事赔偿责任限额，也即综合赔偿责任限额，而未给海事责任人单位赔偿责任限制的权利，也未授权最高院对涉外海上人身损害赔偿责任限额问题做出不同的司法解释。而且，在最高院《关于学习宣传和贯彻执行〈海商法〉的通知中》明确指出，"海商法施行后，最高人民法院以前对海事海商案件实体审理方面所做的规定、解释，凡与海商法相抵触的，今后不再适用。"由此可见，《涉外规定》的效力有两条走向，或者因为"法院造法"而自始无效，或者因为与《海商法》的相关规定相抵触而自动失效。因此，从此角度来讲80万责任限额法律来

源不合法，应当废止。

综上，《涉外规定》第 7 条规定的 80 万限额不应再继续适用，不过，该条反应出的精神实质或者立法本意，即对海上人身侵权损害时的单位限制，可以在以后海商法修订时加以吸收，但对于已经发生的和后续会发生的医疗、护理以及残疾人用具费，均不适用赔偿限额的规定，应以已经发生的或者将来会发生的数额予以全部赔偿。

本章小结

外派船员一旦发生人身伤亡事故，受害者及其亲属最关心的法律问题莫过于能否获得赔偿以及赔偿的数额多少，这样就涉及损害赔偿的范围和赔偿金额问题。因此，赔偿问题无疑是本书的第一要务，损害赔偿范围的确定与计算，既涉及损害赔偿责任的承担亦即损害的“量化”问题，本质上又属于损害赔偿之债自身的问题。本章围绕外派船员遭受人身伤亡损害时根据怎样的赔偿原则来确定责任主体的赔偿范围以及具体的赔偿金额，也就是说它解决的是“怎样赔”“赔什么”及“赔多少”的问题。

提出在对外派船员人身伤亡进行赔偿时应区分外派船员人身伤亡损害中的财产损失和精神损害进行分别研究，这样有助于上述有关的赔偿问题的确定可以更加科学、合理、有效。尤其是针对精神损害赔偿的可行性和必要性问题，笔者提出在以人为本的当今社会应尤其重视对于受害船员的精神损害赔偿，一方面要使受害者所遭受的生理及心理的痛苦得以抚慰，另一方面又不能由此而使一般的社会成员承受过重的赔偿负担，应基于两种观念的平衡而受到适当的限制。为此，精神损害赔偿的调整、慰抚以及惩罚功能都具有重大的意义，它们作为总的指导原则，统辖各类精神损害赔偿案件的具体赔偿范围及标准。

在对外派船员人身伤亡损害赔偿现有规则研究和分析的基础上，针对海事实践中存在的一些现象、做法和问题加以反思和质疑。在发生海损事故造成较大的人身伤亡和财产损害时，船舶所有人、船舶承租人和船舶经营人等责任主体有权依据法律的规定，将其对某些海事请求的赔偿责任限制在一定范围内的法律制度。按照《海商法》的规定，海上人身损害这种限制性海事请求，应受到海事赔偿责任限制的约束。当海上人身损害是由共同侵权引起的，各责任人之间所承担的责任与其各自享有的海事赔偿责任限制之间就不可避免地产生适用上的冲突，对此，笔者秉承采取“先连带再限制”这种优先考虑责任限制对责任方有利的做法。此外，对于《涉外规定》中规定的80万限额，笔者亦对其提出质疑，并提出对于已经发生的和后续会发生的医疗、护理以及残疾人用具费，均不适用赔偿限额的规定，应以已经发生的或者将来会发生的数额予以全部赔偿的建议。

第 6 章

外派船员人身伤亡损害赔偿之程序问题

“正义不仅要得到实现，而且要以人们能看得见的方式得以实现。”这句英国古老的箴言常被学者们引用来探讨程序的重要性，并借以折射出诉讼程序的价值。海商活动与国际贸易密切相关，它以船舶为媒介，以海洋为通径，沟通万国。不仅要求有共同适用的实体法规范，而且还要求规范海事诉讼的程序法具有很强的国际性，以保障海事纠纷发生时能提供各国公认的“公正、高效”的争端解决机制，进而促进本国国际贸易活动的发展。只有这样，“才能适应市场的全球化和世界经济的一体化”①。

就外派船员人身伤亡损害赔偿案件而言，仅通过相关的实体法来确定当事人应得赔偿是远远不够的，还需借助相关程序性的法律规定来确保赔偿的最终实现。诉讼程序作为一种法律程序，包括为公正有效地解决该纠纷而设立的阶段、步骤、方式和方法的总和，可以说它是一个具有时间性和空间性特点的法律运用过程。其中确定案件的海事管辖权使得外派船员的权益通过海事法的救济得以实现；有效地保全受害人的索赔请求将名义上的损害赔偿落到实处；客观地鉴定受害人的受损程度将损失与赔偿尽量准确对应。可见，在损害赔偿中，相关程序问题的妥善解决与当事人实体权利的明确是同等重要的环节。

6.1 外派船员人身伤亡损害赔偿案件的涉外海事诉讼管辖

海事诉讼管辖是海事诉讼程序的诸多环节中极为重要的一部分，正确地行使

① 司玉琢.国际海事立法趋势及对策研究[M].北京：法律出版社，2002:54.

司法管辖权是法院行使实体审理以及案件的裁决能否得到最终承认和执行的前提和基础。

6.1.1 涉外海事诉讼管辖

涉外海事诉讼管辖权，是指一国法院对于具有涉外因素的海事案件进行审理和裁决的权力或权限，也可以称之为涉外或国际海事案件管辖权。它是一国法院受理并审判相关涉外海事案件的前提。可以说，如果一国法院对某涉外海事案件不具有管辖权，就不能有效地管辖这一案件，更不能对其实体问题进行审理；或者即便是受理了该案件，也会因此构成不正当管辖（unjust jurisdiction），相应的，其做出的判决也不会得到别国的承认和执行。

在外派船员人身伤亡损害赔偿案件中，由于当事人间关系复杂，加之涉外性的背后往往会涉及不同国家的利益，因此海事诉讼管辖权的冲突时常发生。在现有的国际秩序下，还没有一个权威性的国际机构或总括性的国际公约能使之规范化、明确化，正如茨威格特所说的“一切条约都很难实现并且是相当笨重的工具”；而且从相关司法实践来看，各国法院对管辖权冲突的处理方式又不尽相同，而这种处理方式的多样化又会进一步加剧冲突的混乱程度。因此，笔者认为要准确理解和把握外派船员人身伤亡损害赔偿的涉外海事诉讼管辖权的本质，应就以下两种关系进行区分：

一、涉外海事诉讼管辖与国内海事诉讼管辖之间的关系

国内海事诉讼管辖，是指国内各海事法院之间受理第一审海事案件的分工和权限。它主要解决的是对应的海事案件应该由国内哪一地区的海事法院来行使审判权的问题，并不涉及不同国家间法院的管辖权之冲突问题。以我国为例，在我国通常将由海上运输关系而发生的民事纠纷划分到海事纠纷范畴，通过海事审判机关进行海事诉讼是解决该类纠纷的最主要的方式[①]。自 1984 年 11 月 4 日第六届全国人民代表大会常务委员会第八次会议通过《关于在沿海港口城市设立海事法院的决定》以来，我国目前已有 10 个海事法院专门审理各类海事纠纷案件，为世界上建立专门海事法院最多的国家。由于外派船员人身伤亡多发生于海上运输过程中，与航运活动密切相关。因此，在我国该类案件应由我国海事法院受理，属于海事诉讼专门管辖。我国海事法院对海事案件具有专门管辖权。

---

① 参见最高人民法院《关于海事法院受理案件范围的若干规定》第 1 条第 8 项。

涉外海事诉讼管辖解决的主要是涉外多个国家的海事案件应由哪个国家的法院来行使审判权的问题。显然，只有先解决了这个问题，才会涉及一国法院系统内部的海事审判分工（国内海事诉讼管辖）的问题。

因此，从这个角度上分析，涉外海事诉讼管辖权的确定相比于国内海事诉讼管辖权的分工来说具有“先决性”与“先行性”。当然，在实践操作中两者可能会同步进行，但在逻辑上两者有先后次序之分。

二、涉外海事诉讼管辖权与国际法中国家管辖权之间的关系

国际法中国家管辖权，是指国家对其领域内的一切人和物所享有的最高管辖权，包括属地管辖权和属人管辖权两方面内容。根据属人管辖权，一国不仅对其国内的人而且对其在国外的本国人也同样具有管辖权。而国家对于涉外海事案件所享有的管辖权则源于或从属于国家管辖权，同时又与国家管辖权不同。为保持正常的国际交往，世界各国均主张在不影响其国家主权的前提下，允许外国法院来审理或裁决其不具有管辖权的涉外案件。

由此可见，涉外海事诉讼管辖权是一种特殊的管辖权。首先，它作为国家司法主权的重要组成部分，应由各国的国内法确定。其次，它解决的是对相关的涉外海事案件是否具有审判权的问题。所谓涉外海事案件，通常是指案件的主体、客体或法律事实具有涉外因素的海事案件。再次，它与国内海事管辖权有严格的区分，其实质是要解决一国的海事法院对涉外海事案件是否具有管辖权的问题。

6.1.2　确定涉外海事诉讼管辖的原则

一、属地管辖

根据海事争议的人、事件或行为等与本国领域的相关联系，确定本国法院对与此相关的涉外海事争议的管辖权制度，这种管辖属于属地管辖。属地管辖是基于国家对其领域内的人和事具有属地主权的原则确立的，是世界各国普遍采用的确定涉外海事管辖权的重要管辖原则。我国确定涉外海事诉讼管辖权的标准，也大都是依据这一原则确立的。

在侵权之诉下的外派船员人身伤亡损害赔偿案件中，如果侵权行为地（包括侵权行为实施地和侵权结果发生地）为中国，当涉案船舶进入我国管辖海域或最初到达地或交船港、还船港为我国港口的，则根据我国《民事诉讼法》第 24 章“管辖”、第 2 章第 2 节“地域管辖”、《海事诉讼法》第 2 章有关“管辖”的相关规定以及最高人民法院《关于涉外海事诉讼管辖的具体规定》，我国法院即具有相关涉外海事诉讼的

管辖权。

对于合同之诉，由于海事合同空间跨度大的履行特点，例如外派船员在外派合同的履行过程中，通常服务的外轮上会将一批货物从一国送至另一国，可能要经过几个甚至十几个国家和地区的港口或海域，从广义上讲，其所途经的这些国家和地区都构成合同的履行地。所以，只要此类合同的装货港、卸货港、目的地、中途停靠港等之一为我国港口，或其船舶进入我国海域的，我国法院便对因该类合同纠纷所提起的涉外海事诉讼享有管辖权。

二、属人管辖

根据当事人与本国法律的隶属关系，确定本国法院对与此相关的涉外海事案件的管辖权的管辖制度，这种管辖属于属人管辖。我国的海事法院对于涉及我国外派船员的人身伤亡损害赔偿案件的管辖，基本上都是基于属人管辖原则确立的。在具体确定外派船员人身伤亡损害赔偿的管辖法院时，在外派船员以船员外派机构作为被告的情况下，涉及的程序法律规定主要包括以下内容：第一，我国《民事诉讼法》第 24 条的规定，即“因合同纠纷提起的诉讼，由被告住所地或者合同履行地人民法院管辖”；第二，《民事诉讼法》第 29 条的规定，即因侵权行为提起的诉讼，由侵权行为地或者被告住所地人民法院管辖；第三，我国《海事诉讼法》第 2 章第 6 条的规定，即“因海船的船员劳务合同纠纷提起的诉讼，由原告住所地、合同签订地、船员登船港或者离船港所在地、被告住所地海事法院管辖”。

三、协议管辖

涉外海事诉讼中的协议管辖，一般指法律授权涉外海事争议的双方当事人，可在海事争议发生之前或之后，协商达成一项书面协议，自愿将他们之间的争议交由某国法院审理的管辖制度[①]。对于当事人在纠纷发生之前或发生之后，以书面方式约定解决他们之间纠纷的管辖法院的情形（即协议管辖的情形），则须要根据我国《海事诉讼法》第 8 条规定，即“海事纠纷的当事人都是外国人、无国籍人、外国企业或者组织，当事人书面协议选择中华人民共和国海事法院管辖的，即使与纠纷有实际联系的地点不在中华人民共和国领域内，中华人民共和国海事法院对该纠纷也具有管辖权”，由当事人协议约定的法院对案件进行管辖，以充分尊重当事人的意思自治。

---

① 李守芹，李洪积. 中国的海事审判[M]. 北京：法律出版社，2002：65.

四、扣船管辖

相比于一般民事诉讼管辖，海事诉讼管辖还有其独有的一种很重要也很普遍的管辖方式，即扣船管辖。所谓扣船管辖，即通过扣押当事船舶取得对案件的管辖权。目前大多数海运国家都通过立法以及司法实践来确立了这一管辖权制度，而且还制定了专门的国际公约，即《1952 年扣船公约》和《1999 年扣船公约》。扣船管辖突破了属地、属人以及协议管辖的限制，只要本国法院应一方当事人的申请，依法实施了诉讼前扣押船舶措施，本国法院即可取得与此相关的涉外海事诉讼的管辖权。

在外派船员人身伤亡损害赔偿的诉讼中，涉及扣船的情形主要是由于船舶碰撞而引起的人身伤亡损害事故。根据我国《民事诉讼法》第 31 条规定："因船舶碰撞或者其他海事损害事故请求损害赔偿提起的诉讼，由碰撞发生地、碰撞船舶最先到达地、加害船舶被扣留地或者被告住所地人民法院管辖。"由于海事审判实践中常常出现涉及面广、案情复杂和诉讼文书送达困难等情形，也比较容易引起海事诉讼管辖的国际冲突或者区际冲突[1]；而扣船管辖在实践中给诉讼带来了便利，当事人不需要远渡重洋进行诉讼了，这样不但节约了诉讼成本，而且对该起碰撞案件的调查取证工作也提供了方便，并能保证法院判决的有效执行，有效地弥补了"原告就被告"这种做法的不足。因此，它已经成为海事请求权人寻找适当的、有利于自己诉讼地位的管辖法院的一种普遍做法，这就是所谓的"择地行诉"[2]。因此，在外派船员人身伤亡损害赔偿的管辖法院中，还包括了对船舶进行扣留的法院。

6.2 外派船员人身伤亡损害赔偿案件的海事请求保全

6.2.1 海事请求保全

海事请求权(Maritime Claim)，是海运船舶的建造、买卖、租赁、营运、操作、救助和船舶所有权、抵押权有关或者由此产生的赔偿请求的权利[3]。海事请求保全制度，是指海事法院根据海事请求人的申请，为保障其海事请求的实现，对被请求

① 金正佳. 海事诉讼法论[M]. 大连：大连海事大学出版社，2001：29.

② 单凌. 涉外海事诉讼管辖的理论与实践[D]. 上海：上海海事大学硕士学位论文，2003.

③ 司玉琢，等. 海商法详论[M]. 大连：大连海事大学出版社，1995：505.

人的财产所采取的强制措施。[1] 该制度作为法院依法定程序向被申请人的财产所采取的强制性措施，相比于一般的诉讼保全而言，当事人提出海事请求保全的直接目的就是通过扣船来保全其海事请求权的实现，而非要通过扣船使该船成为将来实际执行法院判决的对象；另外，海事请求保全措施一般在诉讼开始前施行，并且采取该项措施后当事人也不一定会提起诉讼。

海事诉讼保全作为扣押船舶的一种法律制度，在某种意义上讲，它是国际扣船公约在国内立法的具体体现，它对于保障当事人的合法权益具有重要的作用。

6.2.2 外派船员人身伤亡损害赔偿的海事请求保全措施

我国《海事诉讼法》的第 21 条规定了 22 种可以申请扣押船舶的情形，其中第 2 项即规定了与船舶营运直接有关的人身伤亡可以申请扣押船舶。由此可见，海事请求保全的措施，主要就是扣押船舶。而对于扣押船舶的范围，《海事诉讼法》的第 23 条做出了具体的规定。根据该条规定，在外派船员人身伤亡损害赔偿案件中，受害船员可以申请扣押的船舶包括其服务的船舶，以及在申请扣押船舶时属于该船所有人（或者光船承租人、定期租船人、航次承租人）所有的其他船舶。

根据我国《海事诉讼法》第 3 章“海事请求保全”第 1 节的规定，对于海事请求保全的申请，主要包括以下几个方面：首先，海事请求保全申请的法院为被保全的财产所在地海事法院，即被扣押船舶所在地的法院，同时，海事请求保全不受当事人之间关于该海事请求的诉讼管辖协议或者仲裁协议的约束”；其次，申请海事请求保全还应当向海事法院提交书面的申请，其中申请书中应当载明海事请求事项、申请理由、保全的标的物以及要求提供担保的数额，并附有关证据；最后，如果海事法院受理海事请求保全申请责令海事请求人提供担保的，海事请求人应当予以提供。

而对于海事请求保全的执行，根据《海事诉讼法》第 17 条的规定：“海事法院接受申请后，应当在四十八小时内做出裁定。裁定采取海事请求保全措施的，应当立即执行；对不符合海事请求保全条件的，裁定驳回其申请。”同时，“利害关系人对海事请求保全提出异议，海事法院经审查，认为理由成立的，应当解除对其财产的保全。”

同时，根据《海事诉讼法》第 18 条的规定：“被请求人提供担保，或者当事人有

---

① 参见《中华人民共和国海事诉讼法》第 12 条的规定。

正当理由申请解除海事请求保全的，海事法院应当及时解除保全。海事请求人在本法规定的期间内，未提起诉讼或者未按照仲裁协议申请仲裁的，海事法院应当及时解除保全或者返还担保。"同时，该法第26条又进一步规定："海事法院在发布或者解除扣押船舶命令的同时，可以向有关部门发出协助执行通知书，该通知书应当载明协助执行的范围和内容，有关部门有义务协助执行。海事法院认为必要，可以直接派员登轮监护。"当然，如果海事请求人申请海事请求保全错误，其应当赔偿被请求人或者利害关系人因此而遭受的损失，这一点应当毋庸置疑。

6.2.3 我国海事请求保全体系之我见

扣船法律程序是一个完整的体系，包括扣押船舶、海事担保、强制拍卖船舶、债权登记、对登记后起诉案件的受理和审理，对被强制拍卖船舶价款的分配等部分，这些内容的总和构成海诉法最核心和最重要的诉讼法律制度是扣押船舶的法律制度[①]。

我国在《海事诉讼特别程序法》中对海事请求保全制度进行了规定，在结构上将海事请求保全扣押船舶的相关法律规定分散编排在不同的章节之中：第3章主要对海事请求保全之扣押船舶的一般规定即主要程序方面进行规定；在第6章对与扣押船舶相关的内容，如扣押船舶后提供海事担保、担保的法律效力以及返还等问题进行规定；在第10章中，对于强制拍卖被扣押船舶程序中的债权登记、登记后起诉案件的受理、债务清偿的顺序和方法等程序问题进行规定。可见，我国关于海事请求保全制度进行了全面、但过于分散的规定，这种编排方式不仅破坏了海事请求保全制度体系的完整，而且造成对其内涵和外延规定的不清晰，进而破坏了我国海诉法的统一体系。

因此，笔者建议我国在对《海事诉讼特别程序法》修改时，应对海事请求保全之扣押船舶诉讼法律制度的体系编排进行重构，使得我国的海诉法在体系上能更加紧凑和完整，也使其能更具特别法之特殊性以及适用上的可操作性。

6.3 外派船员人身伤亡损害的伤残鉴定

法院在审理外派船员人身损害赔偿案件时，除死亡赔偿案件外，伤残案件都会

① 关正义.重构海事请求保全制度若干问题的思考[J].法律适用，2005(232)：82.

涉及伤残等级的鉴定问题。在整个损害赔偿数额里，通常残疾赔偿金占相当大的比例。由于伤残鉴定结论会直接影响法院对残疾赔偿金的判决结果，因此，可以说伤残鉴定结论间接决定着受害方所能得到赔偿的数额。

6.3.1 外派船员人身伤亡的伤残鉴定标准

外派船员人身遭受损害后寻求赔偿的前提是需要对所受到的伤残标准做出准确的鉴定。我国目前存在的伤残鉴定标准主要包括：其一，《职工工伤与职业病致残程度鉴定》，该标准作为国家标准，由我国技术监督局颁布；其二，《人身保险伤残程度鉴定》，该标准为我国人民保险公司颁布；其三，《道路交通事故受伤人员伤残评定》，该标准是由公安部颁布的；其四，《人体轻伤鉴定标准（试行）》和《人体重伤鉴定标准》，这两部标准则是由我国最高人民法院、最高人民检察院和司法部联合发布的。

伤残鉴定是对受害人的组织器官之功能状态以及其对医疗和护理的依赖程度的鉴定。被鉴定人的身体结构和生理机能不受其国籍、民族、性别及职业的影响。因此，在评定人体组织器官之功能状态的伤残鉴定标准须是统一的。然而，“在目前的司法实践中，并没有一个统一的、完善的、用于人身伤残等级鉴定的主要标准，各地法院和司法鉴定机构在进行人身伤残等级鉴定时，适用的标准往往不一。”[①] 由于缺乏伤残鉴定的统一标准，我国关于人身损害赔偿案件的伤残鉴定以及赔偿都很随意，这种做法与法律的严肃性与统一性相悖，同时也不能保证司法的公正性。因此，制定统一的伤残鉴定与赔偿标准是必要的。

6.3.2 伤残鉴定标准适用中存在的问题

如上所述，目前对于海上人身伤残等级的鉴定标准没有一个统一的规定，我国海事审判实践中较为常用的即是《职工工伤与职业病致残程度鉴定》（以下简称《工伤标准》）和《道路交通事故受伤人员伤残评定》（以下简称《道路标准》）两项。然而在对这两项标准进行参读后可以发现：《工伤标准》主要是对与企业订立有劳动合同的职工进行保护，适用于职工工伤与职业病的伤残鉴定；而《道路标准》则对因不法侵害行为所致结果的严重程度进行的规定，适用于道路交通事故受伤人员的伤残鉴定。而且两项标准在鉴定的对象、评估的依据、级别划分的依据、内容和结构以及对多种伤残的定级方式等方面都存在明显的区别。

---

① 钟起锚，李春晓. 人身损害案件的伤残鉴定与赔偿[J]. 人民司法，2001(5)：29.

具体而言，两项标准虽然都将伤残划分为 10 个等级，但具体条款上的规定却存在差异。例如《职工标准》对于一级伤残的划分依据是“器官缺失或功能完全丧失，其他器官不能代偿，需特殊医疗依赖及完全护理依赖方可维持生命及基本生活者”[①]。而《道路标准》划分一级伤残的依据则是“日常生活完全不能自理、意识消失、各种活动均受到限制而卧床、社会交往完全丧失”[②]。对同一人身损害进行伤残鉴定，用《工伤标准》有时要比用《道路标准》鉴定的结果高出几个等级。而且《职工标准》在划分伤残等级时，按医疗机构的科室分类方法，具体而又细致地将所有的临床症状由重到轻地编排，与伤残等级一一对应，方便确定伤残等级的级数；而《道路标准》则是按级别划分，先确定伤残的症状，再确立伤残等级[③]。这样势必会导致相同的伤残程度而等级鉴定的结论不同的情况发生。

另外，关于“残疾者生活补助费”的具体计算，在实践中按照最高院《关于贯彻执行民法通则若干问题的意见（试行）》第 146 条规定：“侵害他人身体致使其丧失全部或部分劳动能力的，赔偿的生活补助费，一般应补足到不低于当地居民基本生活费，即根据伤残等级，按照交通事故发生地平均生活费计算。自定残之月起，赔偿 20 年。但 50 周岁以上的，年龄每增加 1 岁减少 1 年，最低不少于 10 年；70 周岁以上的按 5 年计算。”可见，关于残疾者生活补助费是以 10％的比例依次递减作为赔偿系数进行计算的，这种计算方式看似很具体也便于操作，但实际运用时却缺乏科学性。按照《民法通则》第 119 条规定：“侵害公民身体造成伤害的，应当赔偿医疗费、因误工减少的收入、残废者生活补助费等费用。”而其中“残疾者生活补助费”是对受害人因伤害而导致的劳动能力完全或部分丧失而给予的生活补助费用。按《道路标准》的规定，致 1～4 级的伤残都属于劳动能力完全丧失，因此，被鉴定为 1～4 级伤残的受害者，都应该得到数额相等的残疾者生活补助费，而不应按 10％的比例依次减少。同时笔者认为，被鉴定为 1～4 级伤残的残疾者生活补助费的具体数额多少，不在于他们具体的劳动能力有何不同，而是由于他们所需医疗和护理的不同。

值得注意的是，关于受害人的伤残补助费数额的确定，有些法院按照受害人的伤残等级来进行赔偿，还有的法院按照丧失劳动能力的程度来确定赔偿标准。笔者在查找了相关方面的资料后发现，“伤残”与“劳动能力的丧失”虽然是两个十分相近的概念，但它们之间依然存在差别。“伤残”是指因损伤所致的人体组织器官功能障碍，而“劳动能力的丧失”则是指因损伤（或疾病）造成的人体组织器官功能

① 参见《职工工伤与职业病致残程度鉴定》第 4 条。
② 参见《道路交通事故受伤人员伤残评定》第 4 条。
③ 刘伟民. 论法医伤残鉴定中的自由裁量[J]. 中国法医学杂志，2004(19)：32.

障碍而导致的劳动能力下降或完全丧失；“伤残”侧重的是人体组织器官功能性的障碍，而“劳动能力的丧失”则强调因组织器官功能障碍而导致的劳动能力丧失。目前在立法和司法实践中认为组织器官功能性障碍的程度基本上能够反映劳动能力的丧失程度，因此将二者作同一认定。但笔者认为这种做法不妥，关于“伤残等级”，《职工标准》通过列举的方式列明，而《道路标准》则是在确定伤残的症状后，再对伤残的等级进行确定。虽然对于“伤残等级”的具体划分内容可能存在内容和结构上的不同，但对于伤残等级的划分都是按照具体的标准和规定划分出 10 个等级；而关于“劳动能力丧失”程度的划分，按照《国家赔偿法》的规定只划分为完全丧失劳动能力和部分丧失劳动能力两个级别。可见，关于劳动能力丧失程度的划分方法不仅与伤残程度等级之间相差很大，而且与现行伤残鉴定的标准也很难衔接，如果将二者作同一认定，在审判中难免出现偏差，这样不仅会影响鉴定结论的科学性和准确性，也会直接关系到审判结果的公正、合理。

从我国目前立法和司法实践来看，对于“劳动能力的丧失”所采用的标准，既非受害人劳动所得，也非劳动能力，而是采用生活来源丧失的标准。可见，赔偿数额并不是受害者受伤前后劳动收入的差额，而且法律虽然规定对于导致受害人丧失全部或部分劳动能力的应给予相应的赔偿，但是劳动能力丧失的程度，只是受害人获得残疾者生活补助费的依据。这样在进行赔偿时，既不考虑受害人的教育程度，也不考虑受害人的职业特点及其他劳动能力的构成因素，如果参照这个标准来对外派船员人身损害进行赔偿则有失公允。

本章小结

就外派船员人身损害赔偿案件而言，仅通过相关的实体法来确定当事人应得赔偿是远远不够的，还需借助相关程序性的法律规定来确保赔偿的最终实现。诉讼程序作为一种法律程序，包括为公正有效地解决该纠纷而设立的阶段、步骤、方式和方法的总和，可以说它是一个具有时间性和空间性特点的法律运用过程。其中确定案件的海事管辖权使得外派船员的权益通过海事法的救济得以实现；明确案件的法律适用来协调各国之间相对固定的法律条文与不同的社会观念之间的契合；有效地保全受害人的索赔请求将名义上的损害赔偿落到实处；客观地鉴定受害人的受损程度将损失与赔偿尽量准确对应。可见，在损害赔偿中，相关程序问题的妥善解决与当事人实体权利的明确是同等重要的环节。

结　论

本书要解决的问题有5个：(1) 谁有资格成为外派船员人身伤亡损害赔偿的主体；(2) 与外派船员人身伤亡损害赔偿请求权相关的法律关系如何；(3) 外派船员人身伤亡损害赔偿的责任怎样承担；(4) 外派船员发生人身伤亡后“怎样赔”“赔什么”及“赔多少”；(5) 哪个法院有权对外派船员人身伤亡损害事件行使管辖权、法院在审理相关案件时如何选择法律。

根据本书研究，关于外派船员人身伤亡损害赔偿主体问题方面，就赔偿权利主体而言，按照其自身的人身权是否直接遭受侵害分为两大类：直接受害人和间接受害人。确定了受害船员本人、其近亲属以及其具有扶养义务的被扶养人在不同情形下的赔偿权利主体资格，否定了船员外派机构的主体资格；就责任主体而言，确立了境外船东作为赔偿责任主体时，在不同的租船合同下外籍船东的识别。鉴于外派船员人身伤亡损害赔偿必然涉及船员外派机构和船东互保协会，笔者认为，船员外派机构作为形式上的雇主需要对外派船员的伤亡承担责任，而船东互保协会在案件中并非直接的责任主体。

在确定责任关系问题上，在就与外派船员人身伤亡损害赔偿请求权相关的法律关系进行梳理的基础上，得出以下结论：船员外派机构与外派船员之间存在劳动关系，在此基础上须承担工伤保险责任；境外船东与外派船员之间事实上的雇佣关系，在此基础上须承担雇主责任。对境外船东承担雇主责任的多种情形进行详细分析的基础上，就如何处理侵权损害赔偿、雇主责任、工伤保险和商业保险之间关系的竞合问题予以分析。

归责原则问题是构建外派船员人身损害赔偿制度的基本问题。在对于外派船员人身伤亡损害赔偿所涉及的侵权责任以及雇主责任两方面的归责原则分别进行阐述的基础上，对过错责任原则与无过错责任原则的内涵及在具体损害赔偿案件中的适用问题进行分析。在雇主责任的归责原则问题上，笔者在对雇主责任的性质进行分析的基础上，对外派船员的形式上的雇主以及事实雇主进行区分，并对不同雇主承担责任的归责原则进行界定。

外派船员一旦发生人身伤亡事故，受害者及其亲属最关心的法律问题莫过于能否获得赔偿以及赔偿的数额多少，这样就涉及损害赔偿的范围和赔偿金额问题。笔者区分外派船员人身伤亡损害中的财产损失和精神损害，并进行分门别类地研究，这样有助于科学、合理、有效地确定赔偿问题。在对外派船员人身伤亡损害赔偿现有规则研究和分析的基础上，针对海事实践中存在的一些现象、做法和问题加以反思和质疑。

就外派船员人身损害赔偿案件而言，仅通过相关的实体法来确定当事人应得赔偿是远远不够的，还需借助相关程序性的法律规定来确保赔偿的最终实现。本书通过确定案件的涉外海事管辖权使得外派船员的权益的救济得以实现；有效地保全受害人的索赔请求将名义上的损害赔偿落到实处；客观地鉴定受害人的受损程度将损失与赔偿尽量准确对应。

参考文献

一、中文部分

[1] 安丰明. 船东保赔协会法律制度研究——以英国法为中心[M]. 重庆：西南政法大学出版社，2004.

[2] 常凯. 劳权论[M]. 北京：中国劳动社会保障出版社，2004.

[3] 陈福民，王洪青. 人身伤害精神赔偿依据、原则及标准[J]. 民事法制，2000(10).

[4] 陈晶. 船员人身伤亡损害赔偿法律制度研究[D]. 上海：复旦大学硕士学位论文，2009.

[5] 陈琦. 海上人身损害赔偿制度论——困境与回应[D]. 大连：大连海事大学博士学位论文，2010.

[6] 陈琦. 海上人身损害赔偿之限制论：冲突与协调[D]. 大连：大连海事大学硕士学位论文，2006.

[7] 初北平. 船舶碰撞的责任主体识别[J]. 人民司法，2008(9).

[8] 邓瑞平. 船舶侵权行为法基础理论问题研究[M]. 北京：法律出版社，1999.

[9] 邓瑞平. 人身伤亡精神损害赔偿研究[J]. 民商法学，2000(1).

[10] 付金鹏，刘小勇. 关于公平责任原则的几点法律思考[J]. 山东审判，2005，21(6).

[11] 葛蔓. 工伤保险改革与实践[M]. 北京：中国人事出版社，2000.

[12] 耿云卿. 侵权行为之研究[M]. 台北：台湾商务印书馆，1985.

[13] 关今华. 精神损害赔偿数额的确定与评算[M]. 北京：人民法院出版社，2002.

[14] 郭萍. 海上人身伤亡损害赔偿法律问题研究[A]//司玉琢. 海商法专题研究[C]. 大连：大连海事大学出版社，2002.

[15] 郭卫华. 中国精神损害赔偿制度研究[M]. 武汉：武汉大学出版社，2003.

[16] 韩立新，等，编译. 各国(地区)海商法汇编(中英文对照)[M]. 大连：大连海事

大学出版社，2003.
[17] 韩琳. 惩罚性赔偿制度的建立之我见[EB/OL].（2004-02-28）. http://old.chinacourt.org/html/article/200402/27/105520.shtml.
[18] 韩世远. 非财产损害与合同责任[J]. 法学，1998(6).
[19] 韩立新. 海上侵权行为法研究[M]. 北京：北京师范大学出版社，2011.
[20] 胡正良，韩立新. 海事法[M]. 北京：北京大学出版社，2009.
[21] 黄立. 民法债篇总论[M]. 北京：中国政法大学出版社，2002.
[22] 黄松有. 最高人民法院人身损害赔偿司法解释的理解和运用[M]. 北京：人民出版社，2004.
[23] 黄西柳. 服务型船员管理的新探索[J]. 航海技术，2016(1).
[24] 金正佳. 海事诉讼法论[M]. 大连：大连海事大学出版社，2001.
[25] 江帆. 实质正义的经济法解读[J]. 经济法论坛，2008(1).
[26] 江伟. 民事诉讼法[M]. 北京：高等教育出版社，北京大学出版社，2000.
[27] 蒋跃川. 关于我国现行船员劳动中介制度的思考[J]. 当代法学，2001(6).
[28] 赖尚斌. 海上人身伤亡案件的法律适用[J]. 中国海商法年刊，2005.
[29] 李开国，张玉敏. 中国民法学[M]. 北京：法律出版社，2002.
[30] 李志文. 海上侵权行为法基本理论研究[M]. 大连：大连海事大学出版社，2006.
[31] 梁慧星. 民法[M]. 成都：四川人民出版社，1988.
[32] 梁慧星. 民商法论丛(第 9 卷)[M]. 北京：法律出版社，1998.
[33] 梁慧星. 民商法论丛(第 11 卷)[M]. 北京：法律出版社，1999.
[34] 梁慧星. 中国民法典草案建议稿附理由：侵权行为编、继承编[M]. 北京：法律出版社，2004.
[35] 林均新. 外派海员人身伤亡赔偿论[J]. 中国海商法年刊，1994.
[36] 刘冉昕. 海上人身伤亡损害赔偿责任制度研究[D]. 大连：大连海事大学硕士学位论文，2004.
[37] 李守芹. 海事诉讼与海事(商)法[M]. 北京：人民法院出版社，2007.
[38] 刘伟民. 论法医伤残鉴定中的自由裁量[J]. 中国法医学杂志，2004(19).
[39] 刘志鹏. 劳动法理论与判决研究[M]. 台北：元照出版有限公司，2002.
[40] 鲁宝. 人身伤害中的精神损害赔偿问题初探[J]. 中国证券期货，2010(6).
[41] 罗丽. 日本的抚慰金赔偿制度[J]. 外国法译评，2000(1).
[42] 吕琳. 工伤保险与民事赔偿适用关系研究[J]. 法商研究，2003(3).

[43] 马俊驹，于延满. 民法原论[M]. 北京：法律出版社，2005.
[44] 毛丽娜. 工伤保险背景下的工伤损害赔偿[D]. 重庆：重庆大学硕士学位论文，2007.
[45] 孟红军. 海商法修改中关于船员外派的若干法律问题[J]. 世界海运，2006(4).
[46] 孟旭. 侵权责任归责原则体系分析[J]. 商业研究，2011(4).
[47] 米健. 再论现代侵权责任法的归责原则[J]. 政法论坛，1991(2).
[48] 浦增乎，翟崇林. 民事法律关系中的侵权与违约责任竞合[J]. 法学，1989(2).
[49] 邱聪智. 庞德民事归责理论之评介：民法研究(一)[M]. 北京：中国人民大学出版社，2002.
[50] 单凌. 涉外海事诉讼管辖的理论与实践[D]. 上海：上海海事大学硕士学位论文，2003.
[51] 邵洁. 试论赔偿金的支付方式[EB/OL]. (2007-01-30) www. chinacourt. org/acticle/detail/2007/01/id/233673. shtml.
[52] 沈宗灵. 现代西方法理学[M]. 北京：法律出版社，1983.
[53] 史尚宽. 债法总论[M]. 北京：中国政法大学出版社，2000.
[54] 司玉琢. 海商法专论[M]. 北京：中国人民大学出版社，2007.
[55] 司玉琢，胡正良，傅廷中，等. 新编海商法学[M]. 大连：大连海事大学出版社，1999.
[56] 司玉琢，李志文，郭萍. 海商法专题研究[C]. 大连：大连海事大学出版社，2002.
[57] 司玉琢，单红军. 海商法[M]. 北京：中国人民大学出版社，2008.
[58] 司玉琢，吴兆麟. 船舶碰撞法[M]. 大连：大连海事大学出版社，1991.
[59] 司玉琢. 国际海事立法趋势及对策研究[M]. 北京：法律出版社，2002.
[60] 司玉琢. 海商法[M]. 北京：法律出版社，2003.
[61] 孙冰心. 劳务派遣法律规制研究[D]. 长春：吉林大学博士学位论文，2008.
[62] 孙树涵. 工伤保险[M]. 北京：中国人民大学出版社，2000.
[63] 王军，刘春梅. 英国人身伤害之非金钱损失赔偿制度研究——兼论对我国相关制度的构建[J]. 北方法学，2009，3(1).
[64] 王利明. 惩罚性赔偿研究[J]. 中国社会科学，2000(4).
[65] 王利明. 民法侵权行为法[M]. 北京：中国人民大学出版社，1993.
[66] 王利明. 侵权行为法归责原则研究[M]. 北京：中国政法大学出版社，1992.

[67] 王利明.侵权行为法研究(上卷)[M].北京:中国人民大学出版社,2004.
[68] 王利明.违约责任论[M].北京:中国政法大学出版社,1999.
[69] 王利明.违约责任论[M].北京:中国政法大学出版社,2003.
[70] 王利明.中国民法案例与学理研究[M].北京:法律出版社,2003.
[71] 王利明,公丕祥.人身损害赔偿司法解释若干问题释评[M].北京:人民法院出版社,2005.
[72] 王利明,杨立新.侵权行为法[M].北京:法律出版社,1996.
[73] 王利明.侵权责任法疑难问题研究[M].北京:中国法制出版社,2012.
[74] 王卫国.过错责任原则:第三次勃兴[M].北京:中国法制出版社,2001.
[75] 王泽鉴.民法学说与判例研究(第一册)[M].台北:台湾三民书局,1981.
[76] 王泽鉴.民法学说与判例研究(2)[M].北京:中国政法大学出版社,1998.
[77] 王泽鉴.民法学说与判例研究(5)[M].北京:中国政法大学出版社,2005.
[78] 王泽鉴.侵权责任法[M].北京:北京大学出版社,2009.
[79] 魏振瀛.民法[M].北京:北京大学出版社,高等教育出版社,2000.
[80] 徐敏.海上人身伤害损害赔偿法律制度研究[D].大连:大连海事大学硕士学位论文,2003.
[81] 许艳,王海潮.立足民生奏响船员科学发展新乐章——首届全国船员发展大会在深圳召开[J].中国海事,2008(5).
[82] 薛楠.论中国合同法的违约责任归责原则[J].法制与社会,2001(2).
[83] 杨立新.简明类型侵权法讲座[M].北京:高等教育出版社,2003.
[84] 杨立新.人身损害赔偿问题研究(下)[J].河南省政法管理干部学院学报,2002(70).
[85] 杨立新.人身权法论[M].北京:人民法院出版社,2002.
[86] 杨立新.侵权法论[M].北京:人民法院出版社,2004.
[87] 杨立新.侵权法总则[M].北京:人民法院出版社,2009.
[88] 杨立新.侵权赔偿实务[M].北京:法律出版社,1997.
[89] 杨立新.侵权损害赔偿[M].北京:中国法律出版社,2010.
[90] 杨立新.侵权行为法[M].北京:中国法律出版社,2006.
[91] 杨立新.侵权责任法[M].北京:中国法律出版社,2010.
[92] 杨立新,薛东,穆沁.精神损害赔偿[M].北京:人民法院出版社,1999.
[93] 杨良宜.海事法[M].大连:大连海事大学出版社,1999.

[94] 杨胜坤.侵权责任法新解读[M].北京:中国法制出版社,2010.
[95] 杨艳绥,赵建国.灵活用工与弹性就业机制[M].北京:中国劳动社会保障出版社,2006.
[96] 杨振山,梁书文,黄赤东.损害赔偿法及配套规定新释新解·侵权损害赔偿卷[M].北京:人民法院出版社,2001.
[97] 殷悦.海上人身伤亡损害赔偿法律问题研究[D].武汉:武汉大学博士学位论文,2009.
[98] 尹伟民,许民强.关于船员劳务合同中优先权问题的探讨[J].世界海运,2003,26(1).
[99] 余根荣.海事人身伤害赔偿法研究——关于美国港口工人伤害赔偿若干问题的探讨[J].大连海运学院学报,1986(2).
[100] 臧祥真.船员劳务合同纠纷案评析[J].世界海运,2015(8).
[101] 曾隆兴.现代损害赔偿法论[M].台北:台北益华印刷公司,1988.
[102] 曾隆兴.详解损害赔偿法[M].北京:中国政法大学出版社,2004.
[103] 曾世雄.损害赔偿法原理[M].北京:中国政法大学出版社,2001.
[104] 张敏.船员人身伤亡工伤赔偿问题研究[J].当代法学,2003(3):145.
[105] 张明远,司玉琢.世纪之交海商法走势探析[J].中国海商法年刊,1997.
[106] 张西安,程丽庄.俄罗斯联邦民事诉讼法(执行程序法)[M].北京:中国法制出版社,2002.
[107] 张新宝.工伤保险赔偿请求权与普通人身损害赔偿请求权的关系[J].中国法学,2007(2).
[108] 张新宝.侵权责任法[M].北京:中国人民大学出版社,2006.
[109] 张新宝.侵权责任法原理[M].北京:中国人民大学出版社,2005.
[110] 张新宝.侵权责任构成要件研究[M].北京:法律出版社,2007.
[111] 张新宝.人身损害赔偿案件的法律适用[M].北京:中国法制出版社,2004.
[112] 张新宝.精神损害赔偿制度研究[M].北京:法律出版社,2012.
[113] 张晓.船员劳动安全与职业保障[M].北京:人民交通出版社,2011.
[114] 张金蕾:我国外派船员权利保护法律问题研究[J].辽宁大学学报(哲学社会科学版),2014(3).
[115] 赵振华.海上人身伤亡损害赔偿法律问题研究[D].重庆:西南政法大学硕士学位论文,2007.

[116] 郑津津. 从美国劳务派遣法制看台湾劳务派遣法草案[J]. 中正法学集刊, 2002(10).
[117] 郑尚元. 工伤保险法律制度研究[M]. 北京:北京大学出版社,2004.
[118] 钟起锚,李春晓. 人身损害案件的伤残鉴定与赔偿[J]. 人民司法,2001(5).
[119] [德]克雷斯蒂安·冯·巴尔. 欧洲侵权行为法中的替代责任[A]//梁慧星. 民商法论丛(第15卷)[C]. 北京:法律出版社,2000.
[120] [美]A. L. 科宾. 科宾论合同[M]. 王卫国,等,译. 北京:大百科全书出版社,1997.
[121] [美]Alfred Thayer Mahan. 海权对历史的影响[M]. 范利鸿,译. 西安:陕西师范大学出版社,2007.
[122] [美]博登海默. 法理学[M]. 邓正来,译. 北京:中国政法大学出版社,1999.
[123] [日]星野英一. 私法中的人——以民法财产法为中心[M]. 北京:法律出版社,1997.
[124] [日]伊藤宪一. 国家与战略[M]. 军事科学院外国军事研究部,译. 北京:军事科学出版社,1988.
[125] [加拿大]威廉·台特雷. 国际海商法[M]. 张永坚,等,译. 北京:法律出版社,2005.
[126] 浦法仁. 法律辞典[M]. 上海:上海辞书出版社,2009.
[127] 戴维·M. 沃克. 牛津法律大辞典(中译本)[M]. 北京社会与科学发展研究所,译. 北京:光明日报出版社,1988.
[128] 潘汉典,等. 元照英美法词典[M]. 北京:法律出版社,2003.
[129] 中华人民共和国海事局.《2006年海事劳工公约》海员读本[M]. 北京:人民交通出版社,2013.
[130]《中国大百科全书》总编辑委员会. 中国大百科全书·法学[M]. 北京:中国大百科全书出版社,1988.
[131] 公报编辑部. 中华人民共和国最高人民法院公报·典型案例全集(1985—1994)[M]. 北京:人民法院出版社,1995.
[132] 法(经)发〔1989〕12号.
[133] 宁波海事法院(1999)甬海事初字第55号.
[134] 浙江省高级人民法院(2001)浙经二终字第96号.

二、外文部分

[135] Brian P. R. Eisenhower, et al. Judge John R. Brown Admiralty Moot Court Competition Bench Memo and Winning. University of San Francisco Maritime Law Journal, 2009.

[136] Damages for Non-Pecuniary Loss, Law Com. Consultation Paper No. 140, 1995.

[137] Harvey McGregor. McGregor on Damages. 16th ed. London: Sweet & Maxwell,1997.

[138] International Maritime Law. London:Lloyds' of London Press, 1984.

[139] Friedmann. Social Insurance and Tort Liability,63HaryL. Rev 241(1949).

[140] Harvin. D. Pitch. Damages for Breach of Contracts. Toronto: The Carswell Company Limited, 1985.

[141] Lloyd's Register of Shipping. Lloyd's Ship Manager, 1997.

[142] Bernaerts Arnd. Law of the Sea. London: Fairplay Publications LTD. , 1988.

[143] William L. Prosser. Case and Materials on Torts(English Edition). New York: The Foundation Press, 1988.

[144] W. V. H. Rogers. Winfield and Jolowicz on Torts. 15th. ed. London: Sweet & Maxwell, 1998.

[145] Bryan A. Garner. Black's Law Dictionary. Thomson West, 2004.

[146] Markesinis, S. F. Deakin. Tort Law. 4th ed. London: Clarendon Press, 1999.

[147] Patrick Griggs, Richard Williams. Limitation of Liability for Maritime Claims. 3rd ed. London:Lloyds' of London Press, 1998.

[148] Sieghart P. The International Human Rights in Context. London: Oxford University Press, 2000.

[149] Cox A. Cases and Materials on Labour Law. New York: The Foundation Press, 1995.

[150] Budd John W. , Brian P. McCall. The Effect of Unions on the Receipt of Unemployment Insurance Benefits. Industrial and Labor Relation Review, 1997, 50(4).

[151] Reich R B. The Challenge of Decent Work. International Labour Review,

2002，141(1,2).
[152] Sachs I. Inclusive Development and Decent Work for All. International Labour Review，2004，143(1，2).
[153] Sen A. Work and Rights. International Labour Review，2000，139(2).
[154] Robinson M. Human Rights：Challenges fo the 21st Century. Development Dialogue.
[155] A. C 174(1980).
[156] 421U. S. 397,1975AMC541(1975).
[157] Vaughan v. Atkinson,369 U. S. 527. 1962 AMC 1131(1962).
[158] D. Axelrod，R. Goldstein，C. Kinball，M. M inzer & J Nates. Damages in Tort Actions & 801(1986).
[159] Bouher v. Larson(1733)Cas t. Hard. 53;95E. R. 116.
[160] Curtis v. Curtis，680 So. 2d 1327,1332(La. Ct. App. 2d Cir. 1996).

三、网站部分

[161] http://information hinasuntvonnews251215asPx
[162] http://www. ov. en/zrluzllall/wallgshan1ibo/yili
[163] http://www. 110. com/panli/panli_15103679. html
[164] http://www. ukpandi. com/ukpandi/infopool. nsf/HTML/index
[165] http://www. chinawuliu. com. cn/zixun/201003/12/109584. shtm
[166] http://www. china. com. cn/law/flfg/txt/2006-08/08/content_7062732. htm

后　记

春天播种，秋天收获。

本书是以我的博士论文为基础修改而成的。行文至此，我的思绪仿佛又回到那段青葱岁月，回想起过往的一幕幕，使我心生感叹。

当初选定这个题目作为研究对象，是源于曾经代理的一个船员权益受到侵害的案子。俗话说“行船跑马三分险”，船员其实是个弱势群体，其自身安全和个体利益越来越受到来自多方面的威胁，工作中各种危险无时不在。同时，外派船员人身伤亡损害具有不同于一般人身损害的诸多特殊性，而我国对其立法现状不容乐观，导致实践中的诸多现实困境均无力回应。

为了维护外派船员的价值、尊严和安全，我认为立法应不断加强对其人身权进行法律保护的职能，不断完善人身权保护的立法体系。经过多方调研，本书确定了研究的基本框架。本书以侵权责任法基础理论为支撑，以我国相关立法和司法实践为基础，以国外有关方面的立法理念为借鉴，以国内外有关研究的学术成果为参照，围绕外派船员人身伤亡损害赔偿的相关主体问题、责任承担问题、归责原则问题、赔偿范围及程序问题展开讨论，并针对目前我国外派船员人身伤亡损害赔偿方面的立法存在的问题与不足，提出修改和完善的意见和建议，以求推动和促进我国外派船员人身伤亡损害赔偿方面问题的解决。

诚然，外派船员人身伤亡损害赔偿涉及的法律问题还有很多，例如它的法律适用问题就很值得研究，但是由于篇幅问题，很遗憾只能留待后续探讨。如今我又站在了人生的另一个转折点上，心中难免思绪万千，一种感恩之情油然而生。我要感谢所有支持和帮助过我的领导、老师、同学和朋友们，感谢你们在我学习和生活中所给予的真挚的友谊和热情的帮助。谁言寸草心，报得三春晖。我将以更大的努力回报这份深情厚谊！

王亚男

2017年7月于大连海事大学